风水学探秘

陈良荃 著

中国商业出版社

图书在版编目(CIP)数据

风水学探秘／陈良荃著. —北京：中国商业出版社，2010. 4
ISBN 978-7-5044-6795-9

Ⅰ. 风… Ⅱ. 陈… Ⅲ. 风水—研究—中国 Ⅳ. B992. 4

中国版本图书馆 CIP数据核字（2010）第 053001 号

责任编辑　孙启泰

中国商业出版社出版发行
010-63180647　www.c-cbook.com
（100053 北京广安门内报国寺 1 号）
新华书店总店北京发行所经销
北京龙跃印务有限公司印刷
*
710×1000 毫米　1/16 开　22.5 印张　330 千字
2010 年 4 月第 1 版　2010 年 12 月第 3 次印刷
定价：48.00 元
* * * *
(如有印装质量问题可更换)

目　录

序

有的学者将中国传统文化分为宫廷文化、士大夫文化和民间文化三类，有的学者则将其分为精英文化和草根文化两类。无论分为三类，还是两类，这种研究的视角，对于我们认识和理解传统文化都颇有裨益。

中国传统文化大都萌芽产生于民间，开始属于草根文化，后经社会精英人物，特别是执政者的倡导，而成为精英文化、士大夫文化、宫廷文化、主流文化。而随着社会变革、历史发展，时移势易，又沦落为民间文化、草根文化。中国传统建筑中的风水文化就是其中典型一例。

传统建筑中的风水文化，是伴随着中国传统哲学——易学文化的产生、发展而一起产生、发展的，是我们先民出于优选生存环境的客观需求而发现、认识、创造的一种学问。据说，开始多半称为“堪舆”，意思是勘天舆地，即勘察日月星辰等天体运行对人的影响，同时选择地上适宜人生存居住的地质地理生态环境。也就是风水经典篇目《青囊经》上所言“天光下临，地德上载”和“天之所临，地之所盛，形止气蓄，万物化生”的论述。后来到晋代郭璞著《葬书》，提出“阴阳之气，噫而为风，升而为云，降而为雨，行乎地中为生气”，“气乘风则散，界水而止，故谓之风水”，又云“风水之法，得水为上，藏风次之”，“千尺为势，百尺为形，势来形止，是为存气上地”。也就是说，《葬书》把堪天舆地进一步具体化了，提出堪舆主要就是寻找生气，找出形止气蓄之地，标志性因素主要有两个，即“得水为上，藏风次之”。故而，从此堪天舆地之学，就以得水藏风两个要素为代表，而简称为风水学、风水术了。

传统风水学，在古代，由于士大夫和精英人物的鼓吹，执政者的倡导，几乎一直都是主流文化中的一种。到近现代，随着西学东渐，西方现代科学、现代哲学、现代建筑学逐渐成为社会的主流文化，传统的风水文化逐渐沦落为一种民间文化、草根文化。解放后，由于“批四旧”等极左思潮的泛滥，风水更被打入“封建迷信”、“愚昧文化”之列。

20世纪末期，随着后工业化时代的到来，随着人类对地球生态环境破坏所致恶果的认识和觉醒，随着中华民族在经济、科技、文化等各方面的发展和复兴，中国传统的风水文化，同整个易经文化的命运一样，又被重新认知和重视起来，从海外的“风水热”逐渐引发了国内的“风水热”。以致发展到2009年11月台湾师范大学教授曾仕强先生应邀在中央电视台“百家讲坛”上公开讲解易经的奥秘，并且谈到风水是科学的。

我赞同曾仕强教授的观点，传统的风水文化从本质上讲是科学的，绝不是什么封建迷信。但是正如其他数术文化难免都是精华与糟粕共存一样，风水在流传和应用过程中夹杂着神秘的东西，糟粕的东西，繁杂虚妄的东西。这也是客观存在回避不了的事实。

我们今天研究和继承这份文化遗产，应该站在现代哲学、现代科学、现代建筑学的高度去伪存真，去粗取精，把传统风水学中合理的有用的精华继承下来，加以改造、提高，发扬光大，使其为中国甚至全人类优造生存环境服务。

但是，这里有一个前提，就是首先要搞清楚传统风水学的主要内容是什么，核心技术是什么，究竟有多少种技术，多少种流派，各种派别有什么优长和不足等等。而要搞清这些，难度还真不小。

一者风水文化从精英文化沦落为草根文化已经一个多世纪了，其传承早就出现了断代。二者风水文化的传承，与其他数术文化一样，传承者都十分保守，一般情况下核心内容和实用真诀都不肯写到书上。所以今天研究风水的人只靠看古籍、读风水书是难以达到传承目的的。三者，民间真正有师传或家传的风水实践者，往往文化不高，即使想写也写不出来、写不好。而具有高等学历的学者、教授往往又只会从书本到书本，从理论到理论，缺乏实践经验，难以掌握风水的核心技术。鉴于上述现实，风水文化的传承和发展真是谈何容易!

正是在这种现实情况下，承蒙作者陈良荃同志的信任，通过梁奕明先生，他把自己学习、研究、撰写的书稿《风水学探秘》送到了我的案头，一者请我审读，二者恳请我为之写序。我通览书稿之后，不禁喜出望外。

第一，这部书稿不同于从书本到书本而写成的风水研究著作。作者既有家传，父亲陈忠和是民间风水师，有几十年执业的实践经验。同时，父亲又有师传，师承民间职业风水师刘天禄。而刘天禄又有师承渊源。总之，这部书稿是既有家传又有真正师传的风水传承者写成的。

第二，今逢开明盛世，作者父亲摈弃保守观念，同意将师传、家传的风水主要内容让儿子写成此书，而作者又是在中国改革开放之后培养出来的大学生，具有现代哲学、现代科学的理念和知识结构，这就为风水文化的传承发展带来了希望，带来了良机。

第三，纵观全书，作者不仅将风水的天文学背景，即堪天部分讲得比较清楚，而且尤为突出地讲解了舆地部分，即龙法——寻真龙、点真穴之法，穴法——真穴中立真向、收真砂真水之法，还有师传的种种择吉之法；不仅重点讲解了阴宅的理论和技法，而且也初步讲解了阳宅的理论和技法，等等。总之，在我对传统风水学孤陋寡闻的认知范围内，我认为，该书的出版一定会对当前风水研究的现状，起到正本清源、激浊扬清的作用。

当然，该书也只是传统风水学中的一家之言，一派之理。事实上，我们也不可能要求一部书包罗万象。同时，该书所讲是否确是刘伯温嫡传，读者自然也可以质疑。我既无资格，也无能力对这个问题做出评判。我认为，是不是刘伯温嫡传，并不重要，重要的是该书是否传述了风水学的真谛、风水学的主流理念和内容。

总之，风水既然早已沦落为草根文化，它的传承发展，必须也必然应该从草根做起，从民间做起。所以，我特别期望国内同陈氏父子一样有师承有家传的风水研习者，也能摈弃保守观念，站出来著书立说，使风水文化真正能够得到继承、发展、光大，以造福中国人民乃至全人类。

写到这里，我还想再啰嗦几句。我认为，风水文化要真正能够传承、发展、光大，一要有科学的理论支撑，二要彻底摈弃封闭保守理念。

著名学者吴大猷在回答所谓“李约瑟难题”，即中国古代有领先于世界的科技成就，有对西方近代科学发展起推动作用的天才发现，为何近代科学崛起于西方而不是中国这个问题时，他说，古代中国超过西方的大多是技术，不是科学，没有以科学为基础的技术，发展是有限的。传统的风水学之所以在今天仍然不被主流文化所认可，我认为，其中一个原因，恐怕也是如此，就是只有技术，没有科学，或者说缺乏系统的科学体系，缺乏科学的理论支撑。我们今天的风水研究者，应该从现代天文学、物理学、地质地理学、生态环境学等学科，挖掘出风水学的科学依据，建立起完整的系统的理论支撑。

其次，今天的风水研究者应该彻底摈弃封闭保守的旧观念。

正是这种自我封闭、陈陈相因的保守观念，阻碍着传统数术特别是风水学的发展和现代化。比如，一个著名的保守遁辞就是怕所谓“泄露天机”，说什么“泄露天机，就会遭受天谴”，等等，这种说法，我不赞同。如果说泄露天机的话，那么自古以来，特别是近现代的科学家们，他们泄露的天机最多。时至今日，还没有听说过哪个科学家遭受过“天谴”，倒是遭受“人谴”的听说过几个。比如意大利哲学家、科学家布鲁诺因为发展哥白尼的宇宙学说，提出了宇宙无限的科学论断，出版了《论无限的宇宙和多世界》等著作，而遭到天主教会的激烈迫害。1592 年 5 月被抓捕，囚禁在宗教裁判所的监狱里长达七年之久，最后被判处火刑。1600 年 2 月 17 日被火焚而死，为科学和真理献出了自己的生命。在科学昌明的今天，风水研究者讲出风水的真谛，公开风水的实用技术，不仅不会遭到“天谴”、“人谴”，反而会受到社会和大众的欢迎，是造福人类的善举，是会积德招福的。

张志春

2010 年元月 8 日石家庄

我学风水的经历（代序）

我本人自小就知道，地理（风水）先生是帮人找地葬坟、修房及做事找吉日的。本人之家族，自祖上从湖南迁居四川以来，近几代的前人都没有学过地理，都是请的地理先生来家做事。礼钱出了后，发现结果却是一代并不比一代好。

都说地理有效，为啥结果并不见好呢？

他们说："可能是钱给得少了，或对老师'恭敬'不到位，稍有差错点，老师生气了不点好地给你，还说你家的地里没有好地穴。"

我想："为什么天下又有那么多发大富贵的家庭？"

他们说："要请到好的地理老师来家做事不容易。首先要请老师来家住上好几年时间，他才肯点好地给你；有的老师帮人点了好地后，还要主家子孙供（赡）养他到死，因为穴点真了，老师眼睛都要瞎，等等。如此得了好地，才能发富贵！"

这些说法也有一定的道理，所谓"一穴值千金"，历来"真龙穴地"确实都不是轻易就可以得到的。

但是，我认为那样的地理先生其实并不聪明，为啥要人家子孙供养你呢？

应该是因为自己不懂才去学习，再经过实践，研究如何是对，如何是错，精益再求精。首先把自家的阴阳二宅做好了，再去帮人。自家儿孙有了富贵，那不比帮人更好吗？又何必要别人的子孙供养呢？

笔者按：宋朝有位儒学大家，亦是地理明师，姓蔡名沈，字季通，曾遭乡人嘲之：

“蔡季通，蔡季通，出门指西又指东，山中既有王侯地，何不归家葬祖宗?”

蔡愀然答曰：“山中真有王侯地，怎奈不在我山中。”

其友悯之曰：“使我山有地，即可以奉。”

蔡曰：“君山诚有美地。”

友果以山与之。

蔡死后自葬，其孙蔡杭任宰相之职，果符王侯之说；且蔡氏后人贤贵迭出，人丁大旺。

《宋史》有《蔡沈传》，其墓在福建建阳翠岚山，为“卷帘试殿”格，以俗眼观之，龙虎、明堂、朝对，皆一无可取。然确为真龙穴地，非行家明眼不能识也!

蔡沈之父蔡发，号牧堂，著有风水名篇《发微论》、《穴情赋》、《旨要》等，其自葬“螺蛳吐肉”穴，书云：“螺蛳吐肉穴居中，九世九贤出。”后子孙果出九贤。

风水之有效乎?

故笔者认为：行风水术者，当以此诫——若自家三代未有发富贵者，所学多半不真!

我年少之时，家中也曾请过数个地理老师来家做事，请的都是当地有名的老地理老师。但做了后没见什么效果不说，家境反而逐渐衰败，究竟是何原因呢?

古人云：医理不可不学，地理不可不知。

我这才在二十多岁时，下决心拜师，自己学习地理。

我拜第一个老师学的是《杨公救贫水法》，当时以为这就学完地理了，以为天下的地理老师家也都只有这本书，这就是真地理了。书上配有一图、二图至十二图，只要山水看起来能合得到某“好图”（如合一图）的地就可发富贵，合“坏图”的就不要。谁知实践了十几年都没找出一个“地”来，帮人去做更是没见什么效果。

笔者按：此法在民间尚十分流行，可谓“十人九用”，即所谓“长生水法”，有书为《地理五诀》，口诀即是“辛壬会而聚辰，水局；乙丙交而驱戌，火局；斗牛纳丁庚之气，金局；金羊收癸甲之灵，木局。”如丙午向在艮寅上起长生、沐浴……一律顺行转；也有从坐山起长生的。

笔者近日见市面上有人出版此内容的书籍，与家父当年手抄本上的内容一字不差，并称其为“杨公心法”。

家父言：“多数用此术之地理老师，自家已搞得人财两败。且能合‘长生水法’之地，多在山弯弯里、山咀咀上，地师按图求骥，地又好找，又好向主家交待。”

——无龙无穴，天下合此“图形”之地比比皆是！

故观天下之坟，十之八九在山咀水边，有地乎？发富贵乎？

家父后云：“其实杨公并未写错，错在世人不明真诀，用不来！”

古人云：医理无底，地理也无底。

我于是又向第二个老师学习，他是我拜师多年学习中医的老师，老师也是先学医后学地理。后来，老师传给我他好不容易得来的一本风水秘籍——《辅星水法》。那是一家祖传数代都是做地理先生的，教有数个徒弟都未曾传授的传家秘诀。因老师医好了该家儿子长年医治不好的一种怪病，主人才以书相赠。

《辅星水法》，就是所谓的“依水立向”——来阴水立阴向，来阳水立阳向。

我学后十几年来照此理论去做，虽然发贵有至镇级干部那样小富小贵的家庭，但说实话，自己还是没能找出一个“真龙穴地”来：往往看看这也有点像，那也有点像；前面一点也可以，后面一点也可以；立这样“向”可以，立那样“向”似乎也可以；总之没有什么“把握”。

所幸十余年来帮人所做都还算保得了平安，没有出过什么“纰漏”。

笔者按：本书之后所录，即此《辅星水法》。后经先师刘天禄指点，才知《辅星水法》亦有诸多运用诀窍，不指不破。

自习风水近三十年以来，其间我还拜有数位民间地理老师，学习过许多这样或那样的风水理论，如仅“水法”我就知道四十多种，其中如“长生水法”，就学有四、五种之多，在此就不一一列举了。

不过，我后来礼拜刘天禄老师为师之后，又经过出师后这二十多年来的实践，如今可以比较明确的告诉大家：那些个风水理论基本都没什么用，有的还非常有害！比如现民间还有很多人在用的“四大水口八大起长生”之法，好多用这种理论的地理老师，自家都已搞得人财两败，而且老师还在教徒弟，徒弟再传徒孙，代代相传。

古人云：医理杀人用纸包，地理杀人不用刀。

所以说：地理有利也有害！

笔者按：所谓“四大水口八大起长生”，就是：“乙辰水口坤申起长生；丁未水口乾亥起长生；辛戌水口艮寅起长生；癸丑水口巽巳起长生。”

听家父讲过一事：某一亲戚，爱好风水，一日告诉家父，其好不容易从他老师那里得传一本《风水秘籍》，古印本，书已有虫眼，请家父专程去看。家父略翻了几页，见是“四大水口八大起长生”之法，就对该亲戚说：

“传你书之老师，已是孤人了吧！”

该亲戚忙惊讶问道：“你怎么知道？”

家父答曰：“书上写的。”

该亲戚说：“没见书上写有啊？”

——书上自是不会写有“用之会绝人丁”，但照书去做则会绝人丁也！

在此之前，我也一直在想：难道地理真的就没什么用吗？天下那么多发大富贵的家庭又是从何而来的呢？想想应该是自己学艺未精。

于是又到处拜访明师。

大概是“皇天不负有心人”吧，我在1987年（50岁）时，才有缘遇到了我的最后一个老师——刘天禄老师，投入刘氏师门学习。我也是老师收的最后一个徒弟。

老师刚开始，是看在他年轻时曾与我祖父相识的缘分上，才肯答应收我为徒。

老师听完我的来历，开口第一句话便问我："记得你们陈家以前还算大户人家，怎么现在已败成这样？"

笔者按：笔者曾祖父当年创业颇丰，但在家父三岁时，笔者祖母便因病去世；在家父七岁时，笔者祖父也因病去世。家父自小孤儿，祖业无靠，尝尽世间冷暖。后笔者查阅《陈氏家谱》，才知世事变迁，本门一脉早已是家道中落。

我说："来拜您为师学习，就是来请您帮助帮助我们！也想请您帮忙找找：问题究竟出在哪里？"

老师又问我："听说你也在学地理，都学了些什么啊？"

我于是将所学一五一十地回答老师。

老师听完，微笑着说："还算不错，你'皮毛'都学得差不多了，不过还没学到'肉'，更不要说'骨头'了。"

老师于是告诉我："风水之学，包括形、法、择三家理论。形、法二家是地理，是哲学；择家是天文，是数学。形法择，三家合一，就是天文地理之学。天文地理，天文地理，就是天文和地理要结合。形法择，精通一家，就可开宗立派，傲游天下。三家都精通的，天下没有几人！"

我当时还问老师："那风水真的可以出大富大贵啊？"

老师生气般说："风水如果没有用，前人发明它干什么？没有用，还能流传到现在？还有那么多人相信？你真是榆木脑袋！"

老师停了一会，又接着说："不过，'假的'当然没用了，你以后拿'真的'去考察人家发大富大贵家庭的阴阳二宅，不就知道了。"

哦，原来是这样啊！

我这才重新跟老师从"形家"基础学起，如何认龙，如何认穴、认砂、认水、认风。"法家"从罗盘学起，如何寻龙辨峡，如何立向兼度，如何消砂纳水。"择家"从天文历法学起。"法家"如何和"形家"配合，"择家”如何同“形法”二家配合；怎样才是“真龙穴地”；三元九运（挨星）怎样算？真正的“天星”期（日课）效力有多大，等等。

才知地理实在深奥无比。

拜师期间，我也经历了许多艰难曲折，老师可说是无数次的“考察”过我：

记得刚去老师那里，要帮老师做饭。我在家就从来没有烧过饭，老师用的又是小土灶，我本身又有支气管炎，烟熏得实在受不了。晚上，睡在老师那里，没有床，也没有被子（老师盖两条，他也没说给我一条盖），自己只能合衣坐在凳子上睡，大冬天，冻得不行（后来自己从家里搬了床和被子去）。

一次，就对老师说了点怨气话，老师说：“又不是我让你来的，你回去好了！”

老师大家庭出身，对吃很讲究，所以我后来就经常到外面餐馆去给他买。这期间还遇到这么一件事：

一次，那个餐馆的老板见我不是本地人，就问我：“你经常来买菜，是给谁买的啊？”

我说：“给我的老师刘天禄。”

老板又问：“你是来跟他学什么东西的吧？”

我故意说：“学医。”

老板说：“你怎么跟他学医，他有一套‘手艺’很厉害的。”

我问：“什么手艺啊？”

老板说：“这你都不知道？地理啊！”

这时，旁边有一位八十岁左右的老人搭话，对我说：“刘天禄刚来我们这里，我就认得他。一次，他在路边看见一棺坟，就大声地问：‘这棺坟是谁家的？’我说：‘是我们家的。’他说：‘葬得不好，以后要绝人丁的！”

我忙问老人：“后来人丁绝了没有啊？”

老人说：“怎么没绝，现在就剩我一个人了。儿子们都早死了，现连一个后人都没有。”

我说：“那你当时怎么不请他帮你改改？”

老人说：“我们哪请得起他，都是大户人家来请他，一去就住二三年才回来。”

笔者按：可能这家人当时也不太相信风水，或者说也并未把先师所说的话当回事。只要诚心相求，相信先师还是会出手相助的。

曾听家父讲：当地有一户人家，家里穷得不得了，但经常送些自家种的小菜给先师，长达数年之久。一次，先师就对那人说：“我也帮不上你什么忙，知道你很困难，不过，你哪怕去借，也要借点钱，重新修一个房子，我帮你去做，我如果死了，就帮不了你了。”后来那人真的想办法去借了几千块钱，修了一个不大的房子。房子上大梁的时候，先师只带了家父一人前去，那是家父第一次随师“实习”。现在这家人的子女早就全部考上大学，离开农村了。

一点小菜能值多少钱呢？恐怕“诚心”和“善心”才是无价的吧！

餐馆老板这时又说：“凡是刘天禄去过的家庭，听说没有一个不发迹的。就是他太不好请，不然鸡他都吃得够。”（以那时农村的条件，只有贵客到家，才会杀鸡。）

老板又对我说：“在你之前，已经有二三十个人来拜过刘天禄为师了，听说都没学到什么‘真功夫’，我看你这个人很忠厚老实，希望你能学到他的‘手艺’。他的口味我们知道，以后你尽管来。”

这样经历了大半年时间，老师才对我好了一点，开始教我东西。

记得有一次，我去看望老师，老师正好病了，我说：“老师，您自己不是懂医吗？您开个方子，我马上给您去买药。”老师于是开出药方，我仔细看后，建议他加了一味药，结果服药后老师的病很快就好了。

老师那天很高兴，就对我说：“今天你不要走了，去准备纸笔，我教你‘紫白掌’，多谢你加的那味药这么快治好了我的病，不然传一个‘牌子’给你，你拿去用了也无效。”

笔者按：四川话所说的“牌子”，就是“看看好看、实际没用”的意思。

而秘诀就是所谓的“用神”，先师曾言：“不加‘用神’，天星都无用。”

“三元紫白”日课与如今盛行之玄空风水息息相关。玄空风水开始在大陆流行，大约是在2000年左右。受港台影响，现国内很多“易学家”亦盛谈玄空。家父在1987年就得传“三元大运”与“紫白期”秘诀，其算法与现有许多书上所说的大不相同。“真紫白天星”到宫，必有吉兆，家父20多年来屡试屡验。

故风水之学，如没有明师指点，光靠看书，是绝对学不到真东西的。“三元紫白”择日法，详见书中相关章节。

所以说，这世上什么都有价，只有真情义才无价。自拜师后，我始终都记得“一日为师、终身为父”这句话，尊敬老师，也尽到了自己最大的能力。那时候家里很穷，每次去看望老师回来，总是想尽千方百计凑点钱再去，怕老师年事已高，没人照顾。连很多亲戚朋友都不理解。

最后，老师终于同意让我接他到我家来住，以便养老送终。

一次，老师对我说：“我的书都被人‘拿’光了，只剩下肚皮里的东西没被人‘拿’走了；要是肚皮里的东西都被人‘拿’光了，就没东西教你了。”

后来，老师每次传我东西，都是手把手地教我，直到我学会为至。老师以他八十三岁的高龄，还经常教我到三更半夜，有时师徒二人“摆龙门阵”(聊天)一“摆”就到天亮：听他讲他的过去、他的经历、他的识人之术。真是增长了我许多的见识。

这一晃，都二十年过去了，如今每次回忆起当年跟老师相处的日子，心中都有无限的怀念！二十年的实践下来，才知老师传的样样都是“真功夫”，怎能不让人感怀！

老师曾说：“也幸好你有基础，那些杂七杂八如奇门遁甲等，也没有时间来教你了，‘形法择’及‘天星元运’就这么点东西，你以后好好琢磨，自然一通百通。”

笔者按：此说非轻视奇门之用，《刘氏家传地理总要》有“奇门紫白掌同宗”之句，先师亦传有家父奇门之起掌口诀，可见先师必是精通奇门之术的。（奇门理论较为繁复，不是一二句话、一时半刻就学得会的。）

会得奇门，用于风水之择日有“应事”之效（可预知有何事发生）。先师曾用此法为当地一队长家修阳宅时，说“调”大小官员到场；时辰到时，果然来了十几个干部（最高县级）在他家开计划生育会议。确实蛮神奇的！

然先师曾告诫家父：“无论奇门紫白，不加有‘用神’，皆效力不大！”此是特指奇门用于风水之择日而言。

笔者近日初习奇门，才知奇门尚分数理奇门（预测）和法术奇门两派。数理奇门是预测学中颇为高深之学，应验甚准；法术奇门更是神秘之学，非师门传度，实难窥其奥。

但笔者认为：若仅凭奇门，就去“寻龙点穴”或为阳宅布局做风水，恐非其理论所属；而用于风水之择日，则是奇门所长。笔者近日看国内易学泰斗张志春老师在新著《易学传真》中谈道：“用奇门去预测风水，有很好的效果！”张老师并言：“奇门之术，可作为风水师之第三只眼。”笔者相信此言非虚：“天地间之信息，皆同源一气也！”

一次，我问老师：“您的这些风水理论都是跟谁学得啊？”

老师说：“主要是我们刘家的家传，由我爷爷刘家好从小传授，你没见《三元九运》最后一句是‘刘氏家传三元运，匪根之人永不传’吗？当然还拜有其他老师。”

我又好奇地问：“那你们刘家的家传跟刘伯温有关系吗？”

老师当时反问了我一句：“你说呢？”

老师沉默了好一会儿，才又十分慎重地告诫我说：

“我们刘氏家传地理之学，实源自先祖刘伯温！所以你万不可轻泄，亦不可轻易替人做作。”

笔者按：关于这个问题，笔者亦曾数次问及家父，虽二十多年过去，家父仍很清楚地记得：“老师当时确实是这样说的。”

只可惜笔者现手中未有先师之家谱，尚不能证实先师是刘伯温第多少代子孙。然而，在师传之诸多秘法中，是足可寻得真传之佑证的，如：仅先师所传之“形家”理论，家父得传后，看出了许多隐藏至今而无主的“真龙穴地”，非先贤之真传，焉能如此！

是与不是，不在笔者口中，而在读者心中。

另，据台湾钟义明在其著作《玄空地理业谭》第一辑、第二辑中谈到三元地理之传承时，书言：杨公授徒有曾文遄、廖伯瑀、刘江东、胡矮仙等，其中刘江东分两支脉往下传，一是其次子刘颖，二是其女婿谭文谟；刘基（伯温）是谭文谟的十八世孙谭敦素之表侄婿，时谭敦素以年艾子幼之故，恐家传秘要无继，因撰《金函经》授于基。后基为江西高安县丞时，曾义山（江西上高人，一名法兴）遇之，语曰：“相公绝世聪明，而器宇宏远，当为一代伟人，吾书尽以相赠。”基遂受其学。

本派“刘氏家传三元运”，笔者认为即是青囊诸经所言“元空大卦”的真传用法之一，笔者用其推算过无数处发迹名墓，皆无不合。

本书出版之际，有浙江青田县人士陈先生前来笔者处交流，说起他在广西拜有一位高师，该高师的老师曾在当地为人主葬过一墓，该墓的后人现在台湾，家产百亿；并言其来龙为坎龙，笔者问他具体是何龙，他说要打电话问他老师才知。笔者说：按山向及元运推算，应是子龙。后电话应证，确为子龙。

刘氏的奇门遁甲之术，也相信确有家传。传闻刘伯温的祖上就曾用此术助宋朝皇帝赵构南渡建立南宋，后得封高官厚禄。《总要》中“奇门紫白掌同宗”一句就是明证。

另外，家父曾听先师言及：先师还有两位风水老师，一位姓罗，一位姓章，都是当时非常有名的地理明师。

特别是那位章老师，是民国时期一所著名大学的知名教授，也是一位爱国人士，与一位姓杨的教授是至交好友，据说还是这位杨教授女儿的“红娘”：传闻当时在上课时，章教授见到一位毛姓学生器宇轩昂，与众不同，就对杨教授说：“此人以后必成大器，这等好女婿，哪里去找！”听说这位章老师后来还参与了那个“伟大”日子的选择。其“天文地理”水平之高可见一斑!

按理，家传口诀历来有“传男不传女”或“不传外人外姓”的说法，但先师惟一的一个儿子从小与先师失散，到先师八十岁时，才终于父子团聚。先师之子当时已是某市的高层政府官员，遗憾的是：对此术似乎并不感兴趣。

家父与笔者谈及此事，也不甚感慨：本门一脉有幸得先贤些许真传，实不易也!在古代，亦多有“封杀”风水之举，如笔者曾见有文章说：元朝曾颁禁令——民家凡藏风水、算命等书，抄斩!秦始皇“焚书坑儒”，更不必说了。众所周知，我国解放初期，风水算命亦属于“牛鬼蛇神”一类，家父就曾因学风水而遭批斗。

所以自古真传才有“口传心授”之说。不显于文字，故不传于世也。

先贤数千年之真脉，要历经多少艰难险阻才能留传到今。家父与笔者也恐只得其中之“苍海一粟”而已。今幸逢开明盛世，如何将之发扬光大，为社会发展尽上一份绵薄之力，是笔者深为思虑的一件事。

我曾经接老师来家修改阳宅，我儿子常陪老师下棋聊天，老师十分喜爱我这个儿子。

一次，老师无意中对我说了一句：“就让你儿子将来继承我刘家的事业吧!”

我当时也没往深处想，不加思索就回答：“好啊!”如今想想，或许有些天意在内吧。

刘天禄老师在 1987 年农历 12 月就去世了，距今正好 20 周年。儿子要出版本书，我考虑甚久，还是同意了——就算是作为对老师的一种纪念吧!

本门的一些理论和说法可能会引起人们的一些争议，我在这里只能用一句话来说：“各师各教，实践是最好的老师!”

《刘氏家传地理总要》最后一句是：“为国为家为人民，真传一掌记心中。”我曾问老师：“这是何意?”

老师是这样回答我的，他说：“一个国家，如果出不起几个德才兼备的贤人，这个国家就不会兴旺，这就是‘为国’；一个家庭，如果出不起几个孝子贤孙和聪明读书之人，这个家庭就不会发达，这就是‘为家’；看见人家忠厚善良的家庭如果阴阳二宅有错，帮人家去修改补救，就是‘为人民’！”

懂得些风水之术，又怎能拿去欺世骗人呢？我看到儿子买有很多当今出版的风水书籍，其中某些书籍把“元运飞星”理论就说得神乎其神，我认为确有些“舍本求末”之象。有的“大师”做过的地方，我也亲自去考察过，怎么说呢？以我的看法，是：形不合“形法”、穴不合“穴法”。实在不知该说些什么才好！

古人云：上有天理，下有地理。俗话亦云：“有德之家遇着，无德之家错过。”想世间之富贵，又岂是轻易而能得之！

是为序。

陈忠和

二零零七年九月初九于江苏无锡

本书内容简介及缘起

本书中，作者依据《刘氏家传地理总要》，并以作者家父一生之从师经历，及近五十年之风水实践为基础，结合部分先贤理论，旨在告诉世人：

风水之学，理应包括“形、法、择”三家（派）之内容：

形家之精髓：寻真龙、点真穴之法，即龙法；

法家之精髓：真穴中立真向、收真砂纳真水之法，即穴法；

择家之精髓：三元大运、天星择日之法。

形、法二家是地理，是哲学；择家是天文，是数学。

形、法、择，三家合一，即古代“天文地理”之学。

——此方为风水！

观古今风水之理论，可谓汗牛充栋：有专言峦头者，有专言理气者；有专言三合者，有专言三元者；有专言天星者，有专言水法者……千百年来，众说纷纭，以至世人真伪莫辨。今用者疑之，学者亦疑之。

风水之学，实早由“易简”而变“繁复”，由“繁复”而成“多门”。

今之更甚——风水学界，玄空（沈氏）盛行：著风水，必言玄空；学风水，必习玄空；做风水，必遵玄空。似乎：玄空即风水，风水即玄空。

作者以为：

玄空（沈氏）飞星之法，不过是“三元九运”挨星秘术诸多用法中之一法而已，仅是用来推算该穴（宅）之“山”与“向”二星随元运流转之“运星”的。

可以说：仅是用来推算该穴（宅）之“山（砂）运”和“水运”的；也

可以说：仅是用来推算该穴（宅）之“穴（宅）运”的。

风水之学，尚有更重要的“龙运”存在。

先贤云：“富贵出在龙身上。”穴为龙所生，龙运不到，穴必难发；龙运即到，穴自会发。砂水不过是穴之陪衬，与穴一样，皆是龙身所带之物。该龙穴有何等气势之砂水，龙运一到，自会发何等之富贵。

先师曾云：“龙真穴自真，穴真向自真，向真砂水自真。真龙真穴，立得真向，必大地大发，小地小发；龙运即到，一做就发——此乃百做百发的道理！”

作者在本书中，进一步将山川地脉中运行之气，定义为“地气”；将三元九运及天星等日课之气，定义为“天气”。

作者认为：风水学中所言的“理气”，应是——理顺天地二气的意思。高层次的理气，是用天气去催动（感应）地气。

地之气先理通，再与天之气交感，此方为风水发挥神奇作用之根源！

《葬书》云：“葬乘生气”，其旨在此。

——此乃风水之大道也！

故：无论阴阳二宅，若所在龙脉之气与穴（宅）地之气本就不通，即地气不通：

一、该地不是真龙穴地（未生有穴或未造葬到位）；

二、是真龙穴地，但龙法与穴法不合（立向与真向有差）。

两者居其一，即使是立所谓的“旺山旺向”，其发之效，亦必定微而且短！

特别是——若属真龙穴地，而立向有差（与龙不合即龙上作煞），即便砂合水合，该穴所发：轻则富贵减半，重则必大发一、二代后立至败绝！

明末三元派大师蒋大鸿晚年亦云：“峦头不佳，理气不合，天星亦无用。峦头、本也；理气，末也；天星，末之又末也。”

玄空之飞星，也应属“天星”之一。

故：玄空飞星之法，若仅是用“立向”以求去配合“天气”，反置龙、穴、砂、水、向之天然生成结构于不顾，如削趾适履，焉能如愿！

惜世人多不知风水之龙法、穴法，徒言峦头理气、元运飞星，或者什么左水倒右、右水倒左，离风水之大道，其兮远矣！

风水学之真谛，素为历代明师授徒之“口传心授”，不显于世。更受我国历史原因之影响，多深藏于民间。

本书所言本派为刘伯温嫡传之术，绝非沽名钓誉，实因师学渊源：

先师刘天禄，系明朝开国功臣——国师刘基（字伯温）之嫡系子孙。先师昔日传家父地理真诀时，曾言：“此系我刘氏家传之学，实源自先祖刘伯温！”

家父有幸被先师收为关门第子，以忠厚贤善之德，历经考验，终获先师信任，方尽得先师真传。

故作者万不敢存不敬之心，冒借先贤之名而谤今世之诽。

吾陈氏一脉，藉先祖之德，有幸得刘氏风水之真传，本应遮帚自珍，不哗于世。然，作者自习此道以来，心中常感一叹：

天下得风水之利者，古今皆有证验；而受风水之害者，又何其之多！更甚者，莫过于受其害而犹为不觉，至死不悟。（如民间误用“长生水法”，以至丁财败绝者，不计其数！今又误于“玄空”者，更不胜枚举！）

更观今之风水诸说，早已偏离——言及风水，必问：“汝峦头派否？理气派否？三合派否？三元派否？”若言玄空，更有十余派之多。至于民间江湖之风水派别，更是数不胜数。

实谓：真源不明、本末不分。

长此以往，恐“道”将不“道”——世人不知风水究竟为何物也！

作者认为：

风水者，应是龙法、穴法、元运、天星配合之学，乃古代“天文地理”学说之精髓！

而风水学所言之真龙穴地，如山川地脉运行之气的“呼吸”出口，乃天地自然生成，为山川灵气之所在。

先师曾云：“龙真穴的，葬法得宜，世间之富贵，如囊中探物！”

惜自古明师难求，真诀难觅，故言富贵，又何其易也！

书中附录邵氏家藏秘本《辅星水法》一篇，并录有师传《三元九运紫白期》及《年命真禄马贵》等择日秘法，供有缘之读者参考体会。

最后，作者特别申明：本书中所有观点，仅是从家传风水之角度出发，阐述的是作者个人对中国几千年风水文化的一些理解，如有片面之处，敬请广大读者明鉴。

刘氏家传地理总要

（先师刘天禄于 1987 年 2 月 14 日传授）

门主灶位灶口床，五样命宫大吉祥；
如不合将床灶口，向命天医和吉方。
东四命合东四卦，西四命宫西四同。
勘测形家为基础，辅水纳甲长生冲。
催吉避凶何处求，超神接气躔度功；
三元运中有五黄，通天窍内三合风；
吉星值日禄马贵，吾师传授必降凶；
斗宿大角月建表，七曜禽星会成功；
五星义命太岁找，奇门紫白掌同宗。
在吾门者守规则，孝子贤孙容易得；
为国为家为人民，真传一掌记心中。

笔者按：前三段是讲阳宅内部装配理论，以“八宅派”为主。今世人多以为“八宅派”不真，实乃不知其中尚有诸多运用秘诀。

“勘测形家为基础，辅水纳甲长生冲”，总论阴阳二宅以形家为主、水法配合。

中间全是择家理论：超神接气、三元九运、通天窍、禄马贵、斗宿、月建、七曜、五星、奇门、紫白，无一不涉天文历法，会得其一，择日无虑。龙法、穴法、元运、天星之秘，须入室口授心传。

风水之学，非“天文地理”之学乎？

第一章
先师刘天禄的一些生平轶事

先师刘天禄，四川人士，后隐居于现宜宾县孔滩镇白龙乡，1904年出生，1987年去世，享年83岁。先师之父曾在民国时期的四川省府任高层职位。先师自幼随其祖父刘家好学习“四书五经”及“天文地理”知识。听先师言及：其祖父曾在清末朝中担任过“钦天监”之类的职位。

先师年轻时曾就读过民国一文一武两个大学，曾言“朱姓元勋”是他的同班同学——该同学军事理论非常之好，就是烟瘾甚大，故在班上有“老烟枪”的绰号。

先师之文学功底甚好，可谓出口成章，还说得一口流利的英语。笔者刚上初中时，家父接先师来家，先师虽83岁高龄，还用英语跟笔者对话（笔者听不懂几句）。先师对《毛泽东诗词》格外喜爱，信口拈来，倒背如流；据说有一本自著《诗集》。

听先师言及：他年轻时曾在重庆一高层政府机构任翻译武官之职，后因一些国事家事而退隐山林。

先师在当地素有“刘神仙”之称，当地并有“要当官，找刘神仙；要发富，找刘天禄”的戏言。

据说其“刘神仙”之称谓来源于——先师年轻时，一次给宜宾县政府修一个城楼，“上大梁”的时辰到时，天上突然下起一阵雨来，巧的是：雨点正好只落到城楼上，连城楼周围的地面上都没有雨水。（够神奇的！）当时旁边一位官员就对先师说：“你真的像‘神仙’一样！”

于是“刘神仙”之名便不胫而走。

听家父讲，先师经常感慨：“要当官，要发财，他们都来找我，我又去找谁呢?”

先师小时，家境非常宽裕，曾言他小时候一个人就有四五个奶妈伺候。他小时很顽皮，常拿家里的银子去打狗，看到狗把银子叼走了，就去追赶，并以此为乐。

先师长大后稍懂事时，经常偷偷拿家里银子去送人，他父亲知道后要打他，他说：“我见他们没有饭吃，很可怜!”他父亲也就没再打他。

先师十五岁时就曾到过笔者老家当地，大概是一边办事一边作风水考察吧！有位姓黄的人，在民国期间曾任当地收缴公粮之职，后先师与家父聊天时，先师言此人当年曾是他家的“差人”。家父那时虽年幼，却也认识此人。

(笔者按：当年笔者曾祖父一家在街集上居住，创业有饭店、旅馆、油坊、屠场等四家店铺。后来，主要由笔者祖父管理。家父小时记得每逢赶集，家里都要开三四桌人的饭，可见来往亲戚甚多，也算得上是家境兴隆。

另，笔者老家有一个留题地：“泥落三溪口，一对金鱼往上走，谁人葬得着，世代王侯有。”家父一次无意问先师：“您知道那个地吗?”先师笑道：“那有什么了不起，我15岁就去看过了。”笔者后来无事时也去找了找，寻了三天才把龙脉找对，可惜那个地已经被破坏了。)

一次，笔者曾祖父见到先师，就热情地跟他打招呼，并请他到店里歇脚喝茶。这就是先师见家父第一面时所说“认识笔者曾祖父”的原由，并言笔者曾祖父当年四十多岁，个子甚高，相貌俊朗，看起来十分精明能干。

一杯茶，一句问候的话，到家父五十岁时才拜先师为师，到今天笔者坐在这里写出这段往事，一晃已过去近百年，笔者心中真是无限的感慨!

正所谓：“一句问候三春暖!”试想笔者曾祖父若不是有仁善待人之心，亦不会有笔者今天在此言“刘氏风水”了，或许这一切皆因一个“缘”字!

先师在当地给人的感觉是性情颇为古怪，从不轻易替人做事。听说他若答应帮你，你起码要“逢”（结交）他三年以上；而只要他去帮过的家庭，听说没有不发迹的。

当地流传得较为神奇的有这么几件事：

一、有位姓汪的人家离先师所住地不远，该人认识先师后，经常前去帮先师做些挑水砍柴之类的活，也常陪他喝酒聊天，算得上是好友之交。该人老婆因病去世时是请先师去主葬的。先师在下葬时，当着众人（百来十号人）的面说："这个地方虽不算太好，但我保证二十年后会出一个县长！"当时大家都觉得他这个"牛"吹得大了些，那时该人的大儿子刚上初中。

结果二十年后（1983年），该人的大儿子果然当上了副县长，第二年被提拔为县长。后来，该人去世，他儿子又来请先师去主葬。该人的两个儿子现都是市级干部。

（笔者按：听当地人讲：该人之子当上县长之后，偶尔也会前去看望先师，还帮先师去挑点水什么的。后来，笔者在写稿之际，联系上了该人之子，他尚未退休，聊起往事，其人言道："哦，刘神仙，记得的！那些年我母亲坟上的草都感觉是'气蓬蓬'的"。）

二、在一次闲聊中，先师说："你们信不信，过几年有位叫高某某的人还要回来做几十年父母官呢！"高某某是当地人，当时还在部队当兵。旁人就问先师："你怎么知道？"先师说："他家祖坟是请我去做的啊。"

后来高某某转业回来，果然很快做到了地区的第一把手，一直到前些年才（退休）下去。

（笔者按：笔者毕业后曾分配在一家兵器工业部的厂里工作，老厂长知道笔者老家是四川宜宾的，一次特地买了一些无锡特产，让笔者回老家时带给他的一位老战友，就是高某。笔者进市府将东西交与一位秘书，未能与高某见上面。那时笔者还未听说此事。）

三、大约在80年代初，一次，先师与徒弟们聊天时说："你们看，有位赵姓的将来还要当几年政呢，可惜我给他家的祖坟做得还'嫩'了些，当政时间恐怕不会不长。"并说："那还是我年轻时给他家做的，他家附近有座山很高很高。他家还送了我好多'浮棉'呢！"

（笔者按："浮绵"，是一种高级棉花，在那个年代十分罕见，先师一直没用，几十年了都没坏。后来笔者母亲用这些棉花给先师做了一件棉袄。先师去世时，等家父赶到，其他东西都被人拿走了，惟有这件棉袄因面料是蓝布的，没人要，家父又拿了回来。后母亲在拆洗时，竟发现夹层中有发黄的纸页数张，家父传之笔者，笔者才知乃“三元大运”之起掌图例。此若非“天意”，实不能解释也！

后记：笔者于2009年5月回老家之际，前去拜祭先师，因缘巧合，从一位师伯处得传了先师另外一份重要图表。据说是当年先师去世时，从先师的蚊帐上穿竹竿的洞里找到的，已有些旧损。经笔者研究，该图表与天文有关，其周天宿星刻度与现在的刻度只差1度多，由此可证明先师言其祖父曾任清末朝中“钦天监”之类职务，是可信的。

另外，这位师伯还讲：先师在世时，每个月都会收到来自成都的一位姓赵的人的汇款单，每月五元。)

四、“文革”期间，一次，先师改了毛泽东诗词中某句之一字，有好事者将此事检举上报，后省厅来人，传达上意：“该处改得有些道理，此人我亦认识，不必追究！”省厅之人对先师说：“你老人家以后就不要再给我们制造麻烦了，我们都被你搞得紧张死了！”哎，那个年代！

后家父听先师言及：先师年轻时，在湖南曾与伟人相识，并聊了三天三夜，后大概终因“观点”不同而分道扬镳。

(笔者按：此处特别申明，本篇中之故事，皆属笔者听闻而来，非妄言政治，如有雷同，纯属巧合！)

当地还有先师“救两个孤儿”的故事——乡人见其可怜，齐请先师葬其双亲；给二个小孩“一碗饭”吃。先师言道：“只要你们不怕淋雨就行”。结果上山埋葬时大雨如注，众人从此“怕”了先师；后两孤儿当兵转业皆有工作，但神奇的是：两人各任一个镇的镇长，至到退休，一直没升职，也没降职，就那么“一碗饭”。

听家父讲，先师还做过一件有趣的事：

一次，他对家父说：“我们这里有一个人老是干一些调戏妇女的歹事，现在他不再干了，你知道是怎么回事吗？"

家父说："大概他改正了吧。"

先师说："才不是呢，他现在都'没用'了，还能再干坏事吗？"

家父奇怪地问："那是为什么？"

先师笑着说："我帮他家迁过坟！而且这家人以后也不会再干坏事了。"

家父又好奇得问："那又是为什么？"

先师说："他家都没后人了，还怎么干坏事呢！"

看来先师不仅会帮人，也会"整"人的呢。

先师在当地人心目中最有名的本事，是所谓"吊天星"（即天星择日）。

通俗点说，就是——在做事（造葬）时，如"天星"到宫，说有太阳就会出太阳，说有雨就会下雨，总之必有吉兆。

据说，"天星"还能做到：说发多大就能发多大——此话源于：

一次家父半开玩笑对先师说："您今天给人家做个县长，明天给人家做个市长，他们将来当了官都来'欺负'我们这些当徒弟的。"

先师说："你怕他们干什么，我一个'期会'(日课)都可以出个县长！"

家父问："有那么厉害啊？"

先师答道："我把某个'天星'吊给他，他怎么不发？"并当场背了一个"天星"的断诀，并言：该"天星"到宫，可出统管一百零八将之人！

一次，先师在路边经过，有几个当地人看见他，就拦着他，半开玩笑半当真地对他说："刘神仙，都说你会'吊天星'，今天你要是不'吊'一个出来给我们看看，我们以后就说你'没功夫'，是骗人的！"

先师一听，生气般瞪大眼睛，怒道："你们真的要看？"

众人都说："一定要看！不然今天就不让你过去。"

先师默了一会，抬起头来望着天空，用他手中的拐杖往天上划了一个圈，只见一会儿天上便起了一片乌云，顷刻间下起大雨来。

众人吓得连忙都跑回家去了，从此再也没人敢"调侃"先师了。

这件事是家父听当地之"当事人"亲口说的。不知先师当时用的是什么方法，实话说，虽然"天星"到位是可预知迹象，如仅用"奇门遁甲"择日也可预知时辰到时会发生何事；但那都是事先算好的，这种“说来就来”的本事，有点好像是传说中的“法术”之类。（笔者暗想：会不会就是“法术奇门”呢？先师未传有此类给家父，笔者亦不会，可惜了。）

笔者常以此想：当年诸葛亮借东风，莫非真有其事？

先师在收家父为徒之前，已先后收有二三十个徒弟，家父是他收的最后一个徒弟，也就是俗话所说的“关门弟子”吧。徒弟们都想学得先师这门“吊天星”的本领，有的徒弟从师年龄都有二十几年，也有的坚持不了就中途离开了。

家父后来得先师“形法择”三家真传后，才知：“天星”不过是先师第三等的功夫——择家中之一门而已。今有多少人将“飞星”就认为是风水之精髓，实不知天之何其高也！

一次，恰逢先师生日，所有徒弟都来了，师徒大聚会。刚开席，先师就指着坐在他旁边的家父，对其他徒弟们说：“今天你们都能来，我很高兴，陈忠和还没有正式投师（未写‘投师纸’），算是客人，我们今天师徒之间的谈话与他无关。”（难道先师已预知有不快之事发生？）

（笔者按：关于“投师纸”一事，是这样的：本派拜师，要写“投师纸”，并且要求请族、亲、友三位代表到场画押作证。族，即同一家族中人；亲，要好的亲戚；友，最好的朋友。家父接先师来家举办拜师仪式时，所请族亲友代表，没有一位到场，有人还说：“陈忠和钱多，地理我们都学完了，还拜什么师？”当时家父十分难堪，对先师说：“我们家条件不好，老师不要责怪，我心是诚的！”先师言道：“你不用解释，他们这不是看不起你陈忠和，是看不起我刘天禄！”当时没收家父的投师纸。后来先师在传家父“形法择”真诀时，才收。先师当时并言：“我若不把你陈家扶起来，我刘字倒过来写！”所幸笔者家现在算是脱贫，所以特别感恩先师！）

于是师徒之间开始边吃边谈起来。席间大概趁着酒兴，有的徒弟终于就说了：“老师，我们跟你学了这么多年，你总是今年推明年，为什么一直不肯把‘天星’教给我们?”

先师说：“我教给你们的那些东西，这么多年来让你们去实践，你们都实践得怎么样了啊?”

徒弟们说：“我们都会了啊!”

先师说：“那你们都做‘发’了多少家啊?”

众人皆不语。

先师于是又说：“教你们‘天星’还不到时候，你们还记得‘投师纸’上是怎么写的吗?”

徒弟们说：“当然记得，生养死葬嘛! 你生病都是我们给你去买药啊，还叫家人来伺候你，哪一点对不起你啊!”

先师又问：“那都是谁出的钱啊?”

徒弟说：“钱是你的，我们没有钱嘛。”

先师没有再说话，只是默默接过家父递过去的酒杯喝酒。家父在旁，因不会喝酒，陪着老师喝，只是装装样子而已。

过了好一会，先师把其中一位徒弟叫到跟前，该徒弟马上跑来跪在先师面前。不料先师沉默了许久，叹了一口气，说道：“可惜你不姓刘啊!”让该徒弟起来了。

于是众人也就不欢而散。

后来家父给笔者谈起此事，家父言：当时见此情景，心有所“悟”。在此之前，先师已将部分真诀传给家父，只是家父不知罢了。

家父后来私下曾问先师：“您怎么收有那么多徒弟啊?”

先师叹了一口气说：“他们一定要跟我学，我有什么办法呢。”

先师还常说这样一句话：“山山都有王侯地，只是难寻积德人!”

一次，家父从先师那里回家，在中途转车的一个地方，偶遇一位高人。此人当时也就四十多岁，可能因为小时得病，手脚有些不太灵便。家父听他与别人闲谈，言语不俗，便与之攀谈。

后家父居然无意间问出了一个风水秘诀：“为何有的阴阳二宅只发一代

官，有的却数代出官！”

那人并不知家父是先师之徒弟，当聊到四川省的风水明师时，此人说只佩服三个人。家父问他是哪三个，他说：“一是甘壮元，他葬过一个坟，该坟后代有四十几人为官（应该是清末了）；二是朱老师；三是刘天禄。”

家父于是忙问：“你认识刘天禄吗？”他说：“不认得。”

家父又问他：“那你怎么知道刘天禄很厉害？”

他说：“我去考察过他的做作，知道他有‘真功夫’。”

后来二人又聊了一些风水方面的知识，此人见家父颇为谦逊，还跟家父讲了如“乾山乾向水流乾，乾上高峰出状元”的含意。

（笔者按：自然与今之玄空所理解的不一样，诀曰：“一山收尽圆盘局，富贵荣华永无穷。”

后记：笔者一次到老家某地跑山头实践，终于印证了古人那句“乾山乾向水流乾，乾上高峰出状元”是真话。过后笔者自己也吓了一大跳。后听当地人讲：解放前，先后有两个地理先生，不知从何处寻龙来到此地，刚走到山后，就分别把随身拿着的竹竿（拐杖）插在地上，掉头就走了。笔者无知者无畏，当时还跑到山上去走了一圈，四周一望，原来如此，也赶快溜之大吉。古人云：“大地有鬼神庇佑”，绝对不是空口白说的。）

该人并对家父言道：如拜他为师，愿将毕生所学传授！家父因当时已拜先师为师，便以年纪太大为由婉言谢绝了。家父现在想起来，还觉得颇有些遗憾。

正所谓“行家一出手，便知有没有”。家父后来猜想：“可能此人所说的甘状元或朱老师即是他的师承。”俗话说：徒弟找到一个好老师不易，老师要找到一个可以传承衣钵的好徒弟亦难！

可见民间的高人还是很多的，可谓各有机缘。家父常告诫笔者：“做人一定要谦逊，万不可以貌取人！”后笔者在一次游历中果遇一“乞丐”状高人指点，悟得一“大地”之生成及所在，这是后话。

本书出版亦旨在结缘，欢迎前辈高人及同行们前来交流指导和批评指正。知识是学无止尽的！

不过，笔者曾经有一个问题一直想不太明白：像先师这样一个有才能的人，为何会埋没一生呢？

先师曾言：他年轻时曾遍游天下，除了新疆和西藏，其他省份他都有去过（以当时的交通条件，也不知道他是怎么去的）。他也曾交遇许多伟人，他的同学好友中亦不乏高官巨贾，至于他帮过而发达的家庭听他说更是无数，为何他却是遗老终身呢？难道真的只能用“一切都是命中注定”来解释？还是如常言所说的“泄露天机”的结果？

就在笔者著书期间，一次，笔者与一位长者聊天，长者言及中国那场“史无前例”的浩劫，并言曾亲眼见过多少功成名就之士当时之“惨境”，今日在不可思议之余，犹觉痛惜！或许名利，自古都是一把双刃剑吧！

笔者再思以上疑问，心中已经释然：先师当时若不隐藏民间，焉能保得平安。时也？命也？

先师还有其他轶事，因涉及诸多原因，在此不便述说。本章所述，亦多为笔者听闻家父及师伯们所言而来，真确与否，皆不可考也！

总之，先师刘天禄的一生是颇为传奇的一生，相信仅以他在风水上之成就，足可以称得上是一代明师的！

笔者常以此诫：不敢以欺世盗名之心而有辱先师之名！

后记：笔者后来在网上查询到：1927 年 6 月，国民革命军第 19 军第 3 师师长，名刘天禄。后该军整编为陆军 84 师辖下第 250 旅，旅长刘天禄。1933 年春，该师在冷口参加长城抗战，官兵士气旺盛，坚守阵地，与日军展开激战，伤亡近 2000 人。

笔者曾听家父讲过：一次，先师同徒弟们一起喝酒，大概是喝高兴了，就说：唉！战争才是真叫个残酷，那时我带一个团，打日本人，最后死得只剩 7 个人了，我是从死人堆里爬出来的。

笔者现在还无法考证到当年的历史，但笔者相信，先师是没必要去吹这个“牛”的。

第二章　风水基础篇

第一节　河图洛书的传说与意义

要了解风水，必须先了解《易经》；要了解《易经》，就必须先了解河图与洛书，以及先天八卦与后天八卦。

我们先来看一段关于“河图洛书”的传说：

伏羲与河图

远古时代，有一位圣人叫伏羲，他对日月星辰、季节气候、草木兴衰等等，都有一番深入的观察。不过，这些观察并未为他理出所以然来。

一天，黄河中忽然跃出了“龙马”，就在这一刻，伏羲突然发现自己正处于一种强烈的精神震撼之中，深切地感觉到自身与所膜拜的自然之间，出现了一种莫名其妙的和谐与一致。他发现龙马身上的图案，与自己一直观察万物自然的“意象”心得暗合。

就这样，伏羲通过龙马身上的图案，与自己的观察，画出了“先天八卦”，而龙马身上的图案就叫做《河图》。

在《山海经》中，说：“伏羲得河图，夏人因之，曰《连山》。”

伏羲的“先天八卦”来源于天文现象，它的“根”是《河图》。

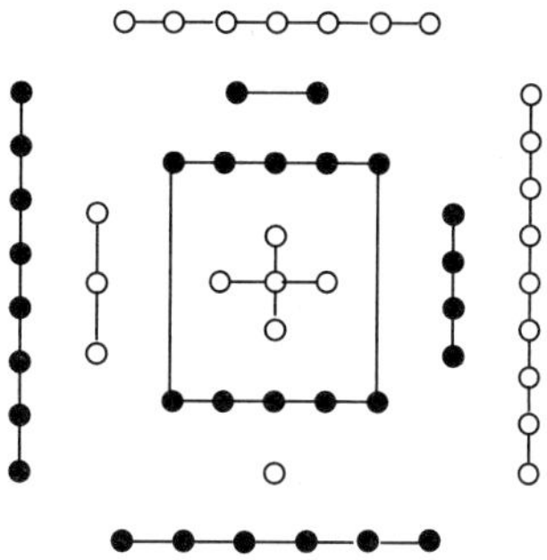

河图

大禹与洛书

自伏羲发明《河图》之后，又差不多过了八百年；当时洪水泛滥，百姓流离失所，大禹临危受命，婚后第四天就率众治水，并且三过家门而不入。各种方法都用过了，大禹始终没有找到治水的良策。

有一天，大禹发现一只五色彩龟出现在洛水，背上的纹理形态如同文字。就此，大禹发明了《洛书》，并根据《洛书》的含义，治理好了洪水；最后舜把帝位禅让给了禹。

后来，周文王根据《洛书》，画出了“后天八卦”。

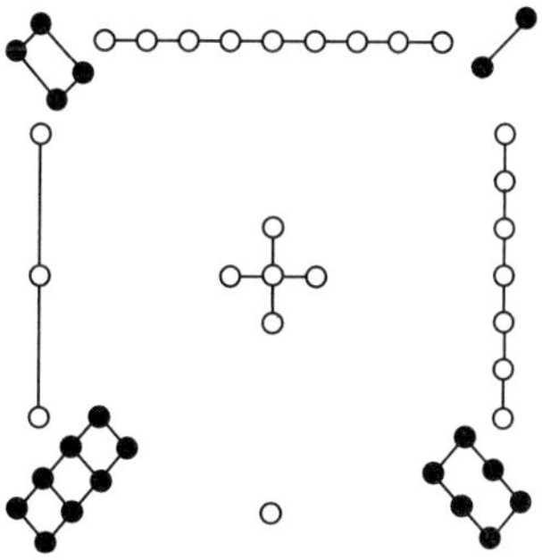

洛书

通过对《河图》《洛书》的了解，我们大体知道了：先天八卦来源于《河图》，后天八卦来源于《洛书》。

先古文化，因年代久远，无从考证，所以遂成神话。

但经现代考古研究证明，先天八卦与后天八卦皆来源于远古文化，并非后人所杜撰。

由此，我们相信：《河图》《洛书》亦不会凭空而来。

那么，我们要问一个问题：《河图》与《洛书》中的那些个“点数”，究竟代表了什么意思？

有说：“天一生壬水，地六癸成之……”这些都是后人的附会之辞，伏羲时代估计连文字都还没有，哪来的什么“天一”？

远古有“结绳记事”的说法，就是说：比如今天打了两只熊，就在一根绳上打两个结。由此，从这个简单的角度去推测，这些个“点数”，可能就是“记象”——记录天地自然之象。

为什么《河图》《洛书》中的点，又分为“白点”和“黑点”呢？

笔者猜想：这可能代表了古人早就认识到了事物都具有两面性，如：有白天就有黑夜；有热就有冷；有单就有双，等等。

不要小看了这个“两面性”，这可能就是我们古人最伟大的发明——阴阳之道。

而阴阳之道，涵括万物，应该就是中华文化，或者说中国哲学思想的“总源头”。

我们先拿《河图》来说：

为何是一六居北、二七居南、三八居东、四九居西、五十居中呢？其中一、三、五、七、九为白点，二、四、六、八、十为黑点，又分别代表了什么意思呢？

古人和现代学者对《河图》从不同角度就有不同的解释和说法。

笔者认为——《河图》代表的，是以地球为中心的整个宇宙空间自然现象的“天象”立体图。所以，笔者在这里，仅从“天象”这一角度，依自己个人的理解，来阐述《河图》的意义。（这里“天象”的概念，就是“天地自然之象”的意思。）

古人所能观察到的“天象”都有哪些呢?

最明显的就是每天从东边升起又从西边落下的太阳，还有每晚升起又落下的月亮；还有，就是满天的星星，特别是北极星和北斗九星（注：那时是北斗九星，现在的北斗七星之前的招摇和天锋（玄戈）二星已隐而不见，故称辅弼。）；还有，就是高山、流水、风雨、雷电、树木、沼泽等自然环境现象，以及古人能感觉到的寒热燥湿之天气和四季温度的自然变化，等等。

我们相信：应该是先有了《河图》《洛书》的这些“点”后，才有后来的“八卦”取象，因为越原始，就越简单。

我们现在反过来，拿先天八卦的取象去“反证”《河图》的原始意义：

所谓“卦”，就是把自然界之象“挂”起来的意思，如乾卦，画三根横的直线（我们现在叫“阳爻”），代表天；坤卦，画三个阴爻，代表地。

我们把先天八卦所代表的“天象”描述出来：乾代表天空（宇宙苍穹），巽代表风（空气）、雨，兑代表海洋、河流，坎代表月亮，离代表太阳，艮代表高山、陆地，震代表雷电，坤代表大地。

（可能）圣人伏羲发现：风总是在天上刮，风（雨）是从天上来的，所以风（雨）跟天是在一起（乾巽）；月亮的阴晴圆缺可引起大海潮汐的变化，所以月亮与海水有关（坎兑）；太阳从东边海上升起，落入西边的山下，所以太阳的家是在山的背后（离艮）；雷电是从天上打落到大地上，所以雷电与大地相连（震坤）。

于是得出：乾与巽、兑与坎、离与艮、震与坤相联。

我们把先天卦序数：乾一、兑二、离三、震四、中五、巽六、坎七、艮八、坤九，套入“河图”，正好是一六、二七、三八、四九在一起，也就是后来说的“一六共宗、二七同道、三八为朋、四九为友”。（有人认为先天八卦的卦序没有中五，正是对先天八卦的误解。）

当然，以上只是笔者的猜想。

照此思路，那么中宫的“五点”又代表什么“天象”呢?

笔者有段时间一直在苦思冥想《河图》的来源和意义，说来好玩，在某一晚上，居然在梦中见到：

北斗七星在天空旋转交错后，留下的痕迹，就像《河图》的点数（梦里的图案不是很清晰）。

醒后，笔者在想：古人观察天象，把太阳画成离卦，放在东边，等等；那晚上看到的星星，特别是最明显的北斗九星或北极星，古人把该“象”放在哪里呢？

——莫非中宫的“五点”，就代表了天顶或北斗？

有可能哟！中宫一点，就是北极星；其周围四星，就是北斗九星的“勺”——勺部之四星，而其余斗柄五星则随天而转，是指针，故隐而不见。

古人既然知道日月风雷等自然现象，不可能不知道“寒暑冷热”之季节气温也是有规律在变化；而观察季节的变化，就一定会用到宇宙空间的另一个坐标系：北极星和北斗九星。

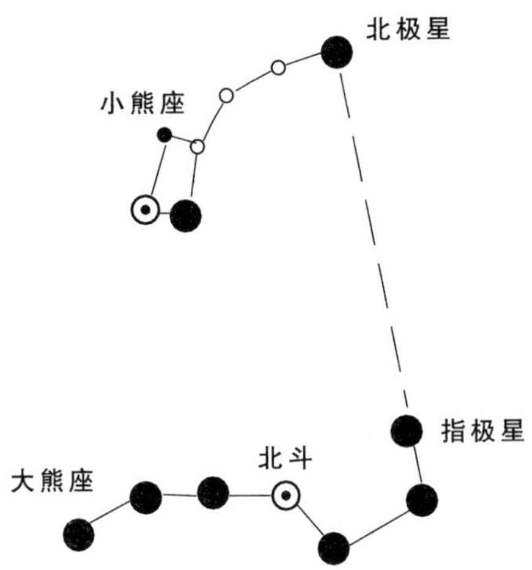

古人在看见的满天星斗中，一定会发现在北方，不管其他星星的位置怎么移动，总有一颗很亮的星位置不动，我们现在叫“北极星”。还有，离北极星外围不远，有九颗星，形如“斗杓”，每当在每个夜晚固定的某个时刻(如黄昏)，观察“斗杓”的柄尖（斗柄）所指方位的变动，地球上的季节气候也就随之变化。如斗柄指在东边的时候，就是春天播种的季节。而且，北斗九星永远以北极星为中心旋转，所指方位旋转地面一周，地上的四季就循环一轮。

古有：斗柄指寅，天下皆春；斗柄指巳，天下皆夏；斗柄指申，天下皆秋；斗柄指亥，天下皆冬。其理千万年来，基本没变。

伏羲时代即使还没有春夏秋冬及十二月的具体概念，但通过观察北斗九星所指位置的变化，而发现地球上的季节气温随之变化，应该是件很容易的事。

我们来看一图：北斗七星运转图。

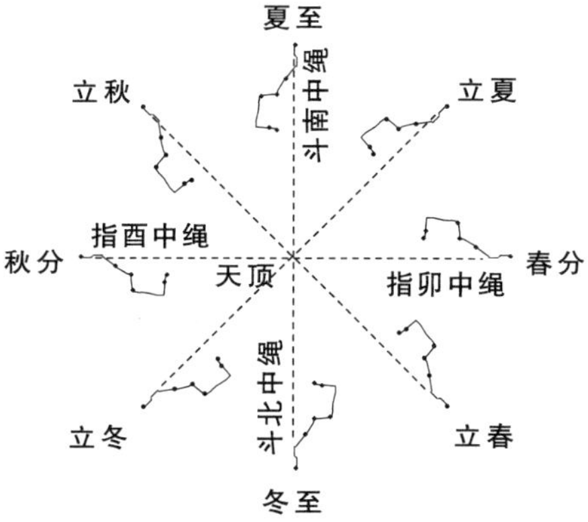

这说明：北斗七星的运转，实与季节，即时间有关。

如何才能把季节变化之“象”，也就是“时间”这一概念表现在《河图》这一“空间”立体图内呢?

笔者见有人提出：“中国古代已知宇宙为一整个有机体，此有机体以‘太一’（也称帝星，即北极星。）为中心，而以北斗为枢纽。譬如‘太一’为发电机，而北斗为变电所。宇宙之气由北斗发出。”

由此，笔者认为：古人可能觉得——决定一切“天象”变化的根源，是季节（时间）的变化，也就是说——是“北斗九星围绕北极星旋转”这一“天象”所致；所以，把该“天象”认为是最重要、最根本的东西，放在了“中间”。

笔者曾看有关书籍上，古人确有把“北极天枢”当作“天顶”或“天心”的说法。

我们再细心去看明代的天文图（后附），就会发现：《紫微垣星图》中的北极天枢（北极星）后面有四颗星（天辅），其旁边的天皇大帝星的后面也有四颗星；《太微垣星图》中的五帝座星，更像河图的中宫五点了；《天市垣星图》中的帝座星后面也有四颗星。

古人具体取的是哪个“象”，就不得而知了。

就在笔者写这篇文章的时候，笔者看到这么一条消息：

“20年前，连云港将军岩发现了6000年前少昊氏族的石刻约300平方米，其中既有北斗九星图（注意：是九星），又有南北子午线。北斗九星图为九个石窝，呈杓状分布。南北子午线是在山坡上沿南北向磨出的一条宽约几厘米、长约几十米的线槽。令人惊奇的是，南北子午线与现代仪器的测量结果的误差只有三度多。”（《理气风水》高友谦著）

（笔者按：那时的古人还没有“指南针”之类的东西，如果古人是以“北极星”来定“北”，那“差的三度多”，就表明北极星在天体运转中，六千年才只“漂移”了3°。同理，天体如一块画布，上面“缀满”了星星，天体之周天“二十八宿”星，也应该“漂移”不了多少度。这就给笔者解释心中的一个大大的“疑问”提供了思路：二十八宿星在罗盘上的刻度，真的是在按“岁差”而移动了吗？岁差，是太阳系里的概念；而北极星与北斗及二十八宿，是银河系里的概念。相对于银河系，二十八宿真的是自宋朝开熙到现在800多年“移动”了11°多吗？照此说法，若干年后，就不是东方青龙七宿，而是变成“北方青龙七宿”了？笔者查阅了相关天文知识，才知：以地球为观察点，所看见的似乎不动的北极星，其实每过大约一千年，就会被替换一颗，以北极星为基点的北斗七星，连同周边的二十八宿星团也会随之而移动。故相对而言，二十八宿星并不会只按“岁差”移动。）

总之，笔者认为：中宫（天顶）之五数，恐与北斗运转有关；而后世风水学之“三元理气”等，无一不与北斗运转有关，如三元九运之九星、玄空之飞星等等。

但是，这种种“天象”都还仅仅是自然的表象，古人认为：在这一表象的后面，一定还隐藏着一个更深刻、更具普遍意义的“真谛”；这个“真谛”

究竟是什么呢？

我们先来看河图中的“一六居北、二七居南、三八居东、四九居西”，这里面又分别蕴含了什么意义呢？

现代天文学已经向人们揭示：水星十一月、六月的黄昏会出现在北方，木星三月、八月黄昏时见于东方；火星二、七月时见于南方；土星五、十月时见于中天；金星四、九月黄昏时见于西方。

古人会不会发现金、木、水、火、土五星的出没规律呢？

那是一定会的！为什么呢？

古人没什么“娱乐”，如为了捕猎、生产和生活的需要，在没有天气预报的情况下，必须通过观察各种天象以定行动；通过几百年甚至上千年盯着天上看，哪能发现不了“天体”的细微变化。何况，金、木、水、火、土五星都是天空中很明亮的星星，也总是有规律的在某时某地方出现。

再说了，那时的夜空多“纯洁”，满天星斗，似乎伸手可摘。

而天上五星的出没规律，不正好与“一六、二七、三八、四九”相合吗？

如此说来，中宫的“五点”，包括一六、二七等，不过是“五星”出没的时间表罢了。

道理上是说得通，问题是：古人能看见的“天象”，不可能只有五星。古人和我们要探寻的，是“安排”这些五星及日月准时出没及北斗运转之现象后面的——那只神秘的“上帝之手”——宇宙运转规律。

如果我们把河图中的一、三、五、七、九单数定义为阳，二、四、六、八、十双数定义为阴，可以发现：一六、二七、三八、四九、五十正好都是阴阳相配；而且，一与六、二与七之间，都是差的五数；除此以外，别的组合都没有这样“完美”。

这样，我们就可以推测——可能古人认为：阴阳之道，就是宇宙的“真谛”。

而一定“标准”的阴与阳（如一与六，而不是一与八）在一起（交媾），通过“中五”的作用，就会产生宇宙万物的“生命力”或是宇宙的“原动

力”，也就是现在还不能名状的某种“能量”。（有点像“万有引力”的意思）

而这种“能量”，具体体现在风水学的理论上，就是“气”。

也就是说：在风水理论和实践中，“一”所代表的本质之“气”，通过中宫“五”（《河图》之时间、空间或洛书之方位）的置换，与“六”所代表的本质之“气”就会是一致的，或说是相通的。

即，古人取象时，可能认为：天空与风雨（空气）之间就存在某种必然关系，所以“一六共宗”。

《河图》（含《洛书》）所要揭示的，就是宇宙间的这种“气”或“能量”的产生原因，以及它的运行规律。

而这种规律，最后又浓缩为“道”——阴阳之道，就是隐藏在宇宙万象背后的，那个更深刻、更具普遍意义的“真谛”。这个“真谛”，可以揭示出宇宙万物之间相互关联的某种神秘“关系”。

所以，笔者认为：“一六居北”可能是指——“乾一”之象，经过中宫“五点”的置换，就是“巽六”之象。而对应反映地面山川的后天八卦，则是“坎一乾六共宗”。同理，二七、三八、四九，也是如此。

关于“气”，或是“原动力”或“能量”，我们举二个简单的例子来分析说明：

春天种子会发芽，使种子发芽的“原动力”是什么？是温度，还是阳光、水？都不是；煮熟后的种子怎么也发不了芽。决定种子是“生的”还是“熟的”的本质是什么？就是种子的“原动力”。煮熟后的种子丧失了这种“原动力”——生命之“气（能量）”，所以怎么也发不出芽来；现代科学分析，可能会说是种子的“基因”坏了。

再如：死人与活人有什么区别？一口气。但让人能活着的本质，是人体的“机能”，机能不行了，器官就会坏，就会生病，近而死亡。人体机能是什么？科学仪器是分析不出来的。而我国的中医理论认为：决定一个人健康甚至生死与否的东西，是人体内部之“气”；而决定“气”之好坏的指标，是看该“气”的“阴阳二性”是否平衡。机能也好，气也好，阴阳二性也好，都是一个人内在“生命力（原动力）”的外在表现。

虽然全是玄而又玄的道理，但在生活实践（如中医学）中却是十分的有用。

而每个有生命的物体，都有“生命力（原动力）”，即本身蕴含的“能量”。

再广而言之，宇宙中所有物体都是有“生命”的：太阳每天在运转，是有生命的，月亮、星星也是有生命的，山水树木都是有生命的；包括一块砖一片瓦，应该也有它的“生命”，不过是这种“生命”的形态不同罢了；宇宙本身也是有生命的。

那么，人死后还有“生命力”或“能量”吗？

笔者认为：应该还有；只不过这种“生命力（能量）”转换成了另一种形式或形态，我们目前还不能探知罢了；所以，宇宙之“气”对死人还能起作用，或者说：死人骨骸里的“能量”，可以借宇宙之“气”的转换，还能起作用。

由此可知：《青囊经》云“气感而应，鬼福及人”，这句话的意思并非是“迷信”的说法，讲的是什么“鬼神”庇护。（具体的意思，我们在后面解读《青囊经》与《葬书》时再谈）

我们再来看《洛书》：

《洛书》点数：一（坎）在北，二（坤）在西南，三（震）在东，四（巽）东南，五在中宫，六（乾）在西北，七（兑）在西，八（艮）在东北，九（离）在南。

就是所谓的：“背一面九，三七居旁，二八四六，纵横纪纲。”

同理，洛书点数的一、三、五、七、九为单，为阳；二、四、六、八、十为双，为阴；其相对之和都是“十”，再加中宫都是“十五”。

笔者认为：《洛书》代表的，是地球自己的平面空间图。

可能《洛书》的出现，让大禹明白了大地山川的自然陈列之道，即懂得了山势、水势的自然走向，因势导向，所以最后把洪水治理好了。相传大禹治水所用的方法是“疏导”（而不是他的前任用的“堵塞”），遵循了山川河流的自然之势。

那么，《河图》中宫内，两边还各有五点共“十点”，又该如何解释呢？

笔者认为：要说意义，于风水而言，该“十点”可假想成是宇宙中“合十之气”：

先天乾一坤九天地之气合十，后天离九坎一之方位之气合十；

先天坎七离三日月之气合十，后天兑七震三之方位之气合十；

先天震四巽六风雷之气合十，后天艮八坤二之方位之气合十；

先天艮八兑二山水之气合十，后天乾六巽四之方位之气合十。

也就是说：先天之合十就有气（其气最真），不合十就没气（有气也不真）。后天呢？按现在的说法：正神与零神之气。

这个最大的“十”数，可能就代表了充满宇宙与大地之间无处不在而又威力极大之“气”，或说是某种现在还不能名状的“原动力”，或者说“能量”。

说了这么多，河图洛书的这些一六、二七、三八、四九等，在风水实践中有什么具体的意义和用处呢？

这个解释起来就很复杂了，具体要分很多种情况：如龙与水的配合，向与水的配合，甚至龙与向的配合，龙、向、水与时间元运的配合，等等。

但总体理解应该是：

风水讲的是一个“气”，阴阳相配就有“气”；一是阳，六是阴，一六在一起，就会产生“气”，而且其所产生之“气”为最真。

因为，“一六”之间有我们尚未发现的某种神秘相联的“关系”在里面；而这种“关系”，是宇宙之“自然运转规律”所决定的。

总结：

《河图》代表的是宇宙立体空间，立体空间可以转换为时间、元运，也就是天文；《洛书》代表的是地球平面空间，就是山川的自然形态，也就是地理。时间元运，是天之气；地理山川，有地之气；天为阳，地为阴，阴阳相合，二气合为一气，即生气出焉。

故《青囊经》曰：天依形，地附气，谓之化始。所以，天文与地理相结合，就是“风水”的全部功用和含义。

同理，于风水实践而言：龙为阴、水为阳，或龙为阳、水为阴，总之，龙与水在一定的条件下交媾，就会“产”生出地脉运行之气的“出口”；而这个气的“出口”，就是所谓的“穴”——真龙穴地！

以上所言，皆为笔者的理解，有没有道理，还得敬请高贤指正。

不过，笔者认为：

首先要明确一个观点——我们去解释古人的东西时，应该站在古人当时的年代去假想，而不应该拿后来复杂的东西去套。八卦也好，天干也好，纳甲也好，以及什么生数、成数，都应该是“发明”在《河图》与《洛书》之后。

现有易学专家将《周易》定义为中华文化的“总源头”，笔者认为：

《河图》与《洛书》，应该才是中华文化真正的“总源头”。

闲话：我们称现代社会已进入“数码”时代；看《河图》《洛书》上的“点数”，就知——我们的远古先祖其实早就在用“数码”了。

第二节　先天八卦与后天八卦

先贤云：伏羲画先天之卦为《河图》，得乾一、兑二、离三、震四、中五、巽六、坎七、艮八、坤九，识天地之阴阳，知世上之吉凶。禹王画后天之卦为《洛书》，故戴九履一，左三右七，二四为肩，六八为足，中五合十。后天卦序：坎一、坤二、震三、巽四、中五、乾六、兑七、艮八、离九，以定八方之正隅，知天地四时八节之气候。二卦合而为一，则知天地之气数，世间之祸福。

依笔者的学习和理解，认为：

先天八卦是古代圣人对地球每天自转之规律及相应现象的图像描述。圣人站在地球上长时间观察，发现总是天在上，地在下，于是便把“天地定位”了。先天八卦的位置是乾在上，坤在下，乾代表天，坤代表地。圣人又发现，太阳总是从东边升起，到西边落下；太阳落山时，月亮每天出现，就把离摆在东边，坎摆在西边。离代表太阳，坎代表月亮。故有：“子午为日月，卯酉（后天震兑）为（日月）门户”之说。圣人还发现地球上有风云雷电雨泽等天象，形成“雷风相薄”、“山泽通气”，也把它们画成卦列入其中，就形成了先天八卦。

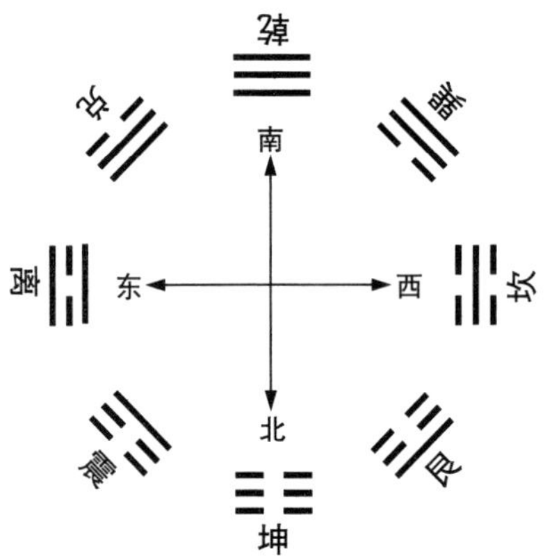

先天八卦图

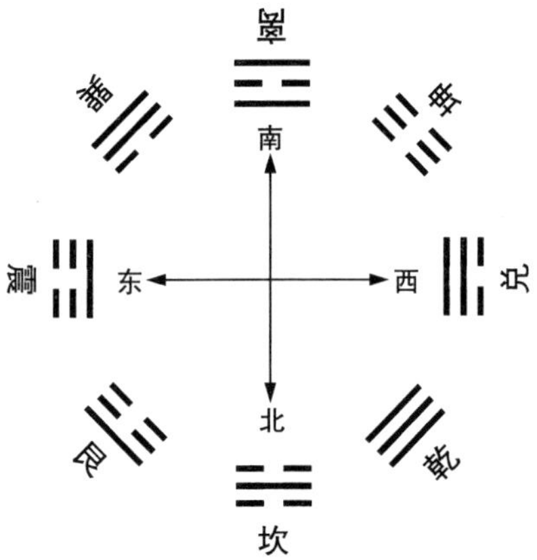

后天八卦图

笔者按：诸书都载有先后天八卦图，这两个图要怎么看？告诉大家一个秘密：把两个图重叠起来看！古人一句：后天来龙先天向，把秘密都泄完了。

先天八卦实际是地球每天自转所看到的“天象”。古人不知地球在自转，认为每天都是太阳、月亮和星星在围着地球转，所以形成了一个以地球为中心的立体的空间方位图。

后天八卦则是古人对地球公转规律及现象的描述。同理，古人不可能知道地球是围绕太阳转，于是把“不动”的地球分为八个方向和十二个方位(子、丑、寅、卯、辰、巳、午、未、申、酉、戌、亥)，形成了后天八卦方位图；并与四时八节（二十四个节气）相结合，描述了地球上春夏秋冬与太阳和北斗七星“运转”的关系。这就是后面“天星卦序”中所说的：“小寒，天帝在丑，太阳临子……”。

后天八卦实际表述的是因地球公转，天体对地球产生的诸多影响之综合反映，是地球自己之“地象”，也就是时间流转图。

因此，先天八卦和后天八卦，既可看作是地球自转公转周期规律的时间流转图，也可看作是地球自转公转过程中现象的空间分布层次图。二者统一起来看，便成为时空规律与现象的统一图。

无论先天八卦还是后天八卦，古人都是从“不动”的地球角度去观察的。

笔者近日看有关书籍上介绍：学术界曾经一直对《河图》《洛书》以及先天、后天八卦的来源存有争议，曾有人认为八卦图等是宋代华山道祖陈抟首次公布于世的，而宋代以前的正规书籍上都没有记载，所以觉得不真。

1977年，在安徽阜阳一西汉墓中出图了《太乙九宫占盘》，盘面上有现风水罗盘上的地支十二宫、周天二十八宿、太阳黄道躔度的节气月份，中间是北斗七星。其刻划与《河图》《洛书》完全符合，这不仅说明了河洛之图在西汉时已普及，非宋人伪托，实由远古流传而来，而且还说明：现风水罗盘上的十二地支方位、二十八宿星、太阳躔度节气等，亦由来久远。

1973年，在一次考古活动中，从湖南长沙马王堆一座汉墓中出土了帛书所写的《易经》，其卦序与现通行本的《周易》不同，内容也多有差异，如通行本的“水火不相射”，帛书本是“水火相射”等，还有很多如一、五、七、九的数字。近期，易学专家们研究后发现：只须将帛书本的卦序稍加移换——先天八卦之四正卦（乾坤坎离）保持不动，四隅卦（艮兑震巽）右旋一位，即成“先天八卦图式”。学术界这才肯定了道教系统中保存的先天八卦图来自久远的古代文献，并非后人所杜撰。（详见河南大学文学院教授王立群《读周易》）

笔者看到后面这个消息特别激动，为什么呢？因为笔者知道：风水的精髓理论实与八卦，特别是先天八卦有密切关系。由此笔者得出以下的推测：可能自从有了先天八卦与后天八卦不久，就有了风水理论。

意思是：风水学的起源应该比《周易》的出生还要早！

为什么这么说呢？

我们现在知道的八卦方面的知识，皆源自《周易》这本书。《周易》实质上是一本用八卦来卜占的断语汇编，是周文王所著，由孔子晚年整编而成，用的是后天八卦。

单就风水学而言，因为风水实践中要同时用到先天八卦和后天八卦，而先天八卦是从《河图》演变而来，后天八卦是从《洛书》演变而来，《周易》系辞里有一句：“河出图、洛出书，圣人则之”，便说明先后天八卦皆早于《周易》诞生。

《周易》系辞里还有：“易与天地准，故能弥纶天地之道。仰以观于天文，俯以察地理……”讲的就是八卦来源于古人仰观天文、俯察地理。古人把风水也叫做堪舆，堪是天，舆是地，观天测地，不就是“天文地理”吗？这段话实际上表明了先后天八卦在风水实践中的运用。

由此可推论出：在周朝以前，甚至更早，古人已把先后天八卦的理论应用于风水实践。据有关资料显示，殷商时代就有相地之例。同理，原始的风水罗盘的诞生也应该很早。

也就是说：本派秘传的龙法、穴法，包括三元大运及天星择日之法，同样由来已久矣！非明代、非宋代、非唐代，可能要上溯到先后天八卦诞生后不远的时代。（注：如汉代就有了“三元紫白”飞星，故有人提出：玄空飞星是紫白飞星的变法。）

因为，笔者心里非常清楚：不懂得先后天八卦之间的妙用，是很难点出

“真龙穴地”来的；而一旦懂得，山川真迹便暴露无遗。为何？易与天地准——穴乃天地之气自然融结也！

观天象而明地理，天地（宇宙）运转而产生“气”——风水学最源头的经典——《青囊经》阐述的就是这样一个道理。而郭璞所著《葬书》，则多处引用了《青囊经》的内容，可说是《青囊经》的注疏，全篇阐述的也无非就是一个“气”字。风水的定义也由此而来——“气乘风则散，界水则止；故谓之风水。”

由此可知：风水之学，实为人类远古先贤观察自然、利用自然、征服自然的无上智慧的结晶，其主要作用就是为了选择人类（活人和死人）的最佳居住环境。

世传易学有三易：《连山》、《归藏》和《周易》，并言《连山》与《归藏》今已失传，笔者猜想：风水精髓恐与《连山》或《归藏》有关。

当然，笔者不是考古学家，亦非易学专家，本书也不是搞学术研究，以上所言也仅是笔者个人的猜想，所以用不着提供相关证据。笔者这样的说法，亦非是想往风水学上贴金，只不过有感而发罢了。

总之，有人认为风水尽是些所谓“迷信”的东西，其实不然——风水学不过是易经八卦等理论在人类生活中之“活人居住（阳宅）”和“死人墓葬（阴宅）”方面的实际运用罢了。

风水并不“神秘”，更谈不上是“迷信”。

第三节　天星卦序

笔者按：本篇《天星卦序》，摘自宋代静道和尚（亦称辜托长老）所著《入地眼全书》之开篇。本篇是理解易经八卦与罗经二十四山的关系，以及天体运行中北极星与北斗七星、地球、太阳之间关系的理论入门篇。全文如下：

天尊地卑，乾坤定矣。卑高以陈，贵贱位矣。动静有常，刚柔断矣。方以类聚，物以群分，吉凶生也。在天成象，在地成形，变化见矣。是故刚柔相摩，八卦相荡，一阴一阳，一上一下，或上临下，或下临上，变化而莫测。是以鼓之以雷霆，润之以风雨，一寒一暑，日月光明，运化不已。

故乾，健也；坤，顺也；震，动也；巽，入也；坎，陷也；离，丽也；艮，止也；兑，说也。是故雷以动也，风以散之，雨以润之，日以暄之，艮以止之，兑以说之，乾以君之，坤以藏之。乾道成男，坤道成女。乾知大始，坤作成物。乾以易知，坤以简能。易则易知，简则易从。易知则有亲，易从则有功。有亲则可久，有功则可大。可久则贤人之德，可大则贤人之业。易简而天地之理得矣，天地之理得，而成位乎其中矣。

笔者按：以上与《周易·系辞》第一章内容完全相同，后面所论则是风水学之“天文地理”。不知原创者为谁，观其文笔，必是“大家”，恐为古代先贤。笔者猜想：此文莫不就是风水学之“易经”？

盖天昼夜旋转而不停，日月五星随之。天帝顺行十二宫，布四时之令。太阳逆行十二宫，宣八节之功。是以八卦阴阳变动，应四时八节交会于天地矣。

大寒，天帝在丑，太阳临子，交会于子丑之间，故子与丑合，万物成终成始。易曰：“成言乎艮”。

雨水，天帝到寅，太阳在亥，寅亥交会，故寅与亥合，丑寅辅艮，东北之卦也。

春分，天帝临卯，太阳在戌，故卯与戌合，卯戌交会，甲乙辅震，正春之令也，万物发生。易曰：“帝出乎震”。

谷雨，天帝在辰，太阳到酉，故辰与酉合，辰酉交会，万物洁齐。易曰：“齐乎巽”。

小满，天帝到巳，太阳在申，故巳与申合，申巳交会，辰巳辅巽，东南之卦也。

夏至，天帝在午，太阳临未，故午与未合，午未交会，丙丁辅离，正夏之令也，万物皆茂。易曰：“相见乎离”。

大暑，天帝在未，太阳居午，午未交会，万物致养。易曰："致役乎坤"。

处暑，天帝到申，太阳到巳，申巳交会，申未辅坤，西南之卦也。

秋分，天帝到酉，太阳在辰，酉辰交会，庚辛辅兑，正秋之令，万物悦成。易曰："悦言乎兑"。

霜降，天帝到戌，太阳居卯，戌卯交会，阴阳相薄，易曰："战乎乾"。

小雪，天帝在亥，太阳在寅，亥寅交会，戌亥辅乾，西北之卦也。

冬至，天帝回归北极，入于垣，太阳复命告终，壬癸辅子，正冬之令也，万物归藏。易曰："劳乎坎"。

夫由出而齐，而相见，帝之鼓乎出机也。而成由入，以向乎出焉。起震终艮，一岁之终也，而循环之妙在中矣。

经笔者研习，认为：古人此处所言之"天帝运转"，即代表了地球围绕太阳公转的规律。

文中所言的"天帝"，实际上是指的"北极星"。那古人为什么又说"天帝在丑"等呢？好象天帝在不停旋转？这实际上是指北斗七星在以北极星为中心周天旋转。古有"斗为帝车"一说，意思是：北斗七星是天帝的马车，天帝坐在斗车里巡视天下一周，即为一岁之终始。所以，"天帝在丑"，是指北斗七星的斗柄指在地球上"丑"的方位时，地球上的季节是大寒。古人通过观察北斗七星所指方位，来确定地球上的四季变化，其实质上代表了地球围绕太阳公转的规律。

古人因不知太阳为恒星，故其词与今之星球运行虽有异，但其理则同。文中曰："帝出乎震"，谓地球运行于东方之际，其时天下皆春，而春为岁序之始，故下文有齐乎巽……相见乎离……等，皆言地球之位置。所谓太阳者，指时间季节也。因地球运行之位置，而与太阳发生差距，故形成春夏秋冬之季节。

今笔者绘图如下，详作说明：

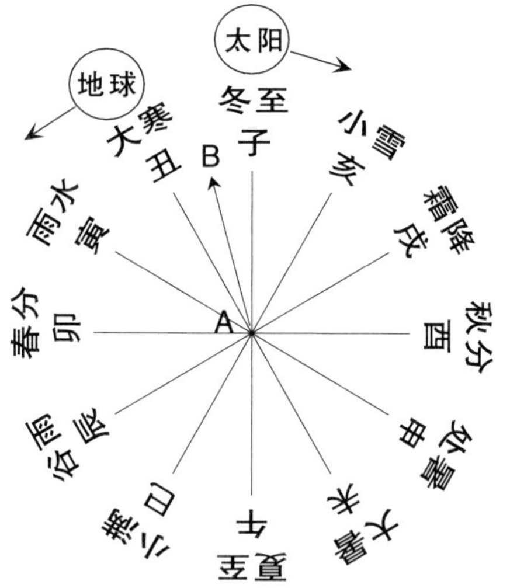

地球自转，且循一定轨道，向东绕太阳旋转。自转一周为一昼夜，绕太阳旋转一周则为一年。若循地球运行之轨迹，等分为十二，以子、丑、寅、卯、辰、巳、午、未、申、酉、戌、亥十二地支代之，并以子始于北，其节气为冬至，则丑为大寒……亥为小雪。其每运行一等分则为一月，十二等分运行同遍，则为一年。

又以“天顶”之北极星为圆点 A（因北极星在天体运行中，相对而言是“不动”的），北极星延伸出去的北斗七星为 B，AB 连线为半径作一圆形，仍以十二等分之十二地支代之。北斗所指，即太阳一年之运行轨迹，亦称为黄道十二宫。

则，地球向东运行至丑位，其太阳所示之节气为大寒，而北极星之 AB 连线，其时正指北方之子位，于是丑子交会而合矣；地球运行至寅位，其时为雨水，北极星之 AB 线则指于亥，于是寅亥交会而合矣……地球运行至子位，其时为冬至，北极星之 AB 连线指于丑，是子丑交会而合矣。至此地球已运行一周，是一年之告终。

笔者按：《入地眼全书》将本文题为“天星卦序”，而本门秘传的“天星”日课运算方法与此文描述的天体运行的规律息息相关，所谓“大道至简”，读者多多参悟，必有所获。

第四节　葬法渊源

笔者按：本篇摘自家父所藏《邵氏家藏秘本——地理风水真传》一书之序，序中言道：

“淇州邵氏，书香世家，豪族大姓，数百年来族中备有人才出，非秀才举子，即进士探花，有流落江湖者，亦医卜名士，星相泰斗。后历百年战火，万卷藏书流失殆尽。惟长门嫡系，尚存有传世秘笈一套，视为至珍，以备凌落之际，可供一饮之术耳。其书者，乃其祖先从万卷藏书中精摘而出，术法灵验，方学妙绝，一经成书即成不泄之秘，不世奇珍。传之子孙，不为发达，只为养身，藏此一物，可保成世无饥馑矣。”

是书言原作者为铁冠道人，不知何许人也；本书第十一章“辅星水法”亦摘自该书。因该书系古印线装本，书中虫眼横生，字迹多有模糊。序文亦不知何人所著，经笔者整理，全文如下：

葬法有天葬、水葬、火葬、土葬之不同。风水之学，皆言土葬之法。所谓葬法，不过峦头与理气两相配合而已。所谓“峦头”，原为山川自然形势之选择，“理气”，则为天星方位如何取舍安排。（笔者按：此句，言尽风水之学。）

汉代以来，对于“理气”之主张，各有不同，于是方位之决定，乃纷纭其说。尤自晋朝郭璞得《青囊经》而著《葬书》以后，历代堪舆家，乃各抒所见，争相撰拟。其中有仅发挥山川情性，而于“理气”之源，方位之定，天星吉凶之断，避而不言者。或有无法追溯其源，乃隐其说，以为玄秘自珍者。或有附会穿凿，而不合原理原则，从以神圣异端而自炫者。或附托于偶像，盲目攻击他人之非，既不能申述反对之理由，且于本身所主张崇信者，亦不能公开辩论，徒托空言。致使读者，遍阅各家著述，仍莫衷一是，无所遵循。跑遍天下山川，犹不能定祸福于掌握，卜吉凶于未来。于是受之者疑之；学之、作之者，亦自疑之。使人将风水之学，目为不可理解之“玄学”，殊可哀也。

自古堪舆书籍之多，可谓“汗牛充栋”，不可胜数。兹举其牵牵大者于次：

相传郭璞得郭公所传《青囊经》九卷，璞门人赵载窃取《青囊经》未及读而为火所焚，后世竟未一见。唐代僖宗时杨筠松有《青囊奥语》，曾求已为之序，清初蒋大鸿为之辅传，并有《疑龙经》、《撼龙经》、《立锥赋》、《三十六龙》、《天玉宝照》等书，流传宇内。惟杨公所言峦头理气，皆简略，并无详尽之叙述。即无原委，而于吉凶祸福，亦未有具体之诀断，仅使读者会意而已。迄明末蒋大鸿著《地理辨正》及《天元五歌》，随后又有假托杨公之名，流传《黑囊经》，及吕才之《铜函经》，皆以干支十二生肖为用，舍星体而不言，成为三合之祖。清代蒋云庵著《地理正宗》，皆匿天星方位之用，而从先天六十四卦。

唐代司马头陀，精堪舆之学，历觉湘赣诸山，有《司马头陀铁案钤记》，录言天下吉地之未葬者，然多作偈语，亦仅述形象，讳言理气。卜则巍之《雪心赋》，董德彰之《四神秘诀》，周景一之《山洋指迷》，何令通之《灵城精义》，冷谦之《归厚录》，蔡牧堂之《发微论》，所述峦头则淋漓尽致，已无余蕴，于理气则亦避而不言。学者虽熟记胸中，一旦登山立穴，仍茫然不知祸福之由，且后世各随所学，加以注解，使其面目全非，可为浩叹！

至于《黄囊经》、《锦囊经》、《玉髓真经》、《狐首经》、《啖蔗录》、《管氏指蒙》、《堪舆金匮》等书，或已残缺不全，或为后人篡改伪托，或将天下山川，排成大小形体，喝形点穴，怪诞不经。然研求此道者，亦不可不读，籍增见闻耳。

又如《地理一贯》、《地理不求人》、《山法全书》、《天机会元》、《人子须知》、《乾坤法窍》、《地理要录》、《风水一书》、《四弹子》、《仙婆集》、《地理原真》、《罗经透解》、《罗经解定》、《地理辨正真解、再解、补义》、《金书秘奥》、《玄空法鉴》、《沈氏绘图地学》、《地学仁孝》、《地理求真》、《挨星寻源》等，诸书或专言理气，未能兼及峦头，或两者均已提及，而祸福之根本，吉凶之原委，皆略而不谈，空言是非，使读者无法证验其事实。

唐代开元时，丘延翰为亚大夫，有文名，当游泰山，于石室中遇神人，授玉经——即《海角经》，于是洞晓阴阳，著有《天机素书》，阐述三垣列宿星象。宋代赖文俊，居官建阳，好堪舆，乃夺职浪游，有《绍兴大地八钤》及《三十六钤》，并著《催官篇》，所述亦以天星之名言方位，定吉凶。然读者若不知天星吉凶之原理原则，虽熟读亦不知何所指，而吉凶祸福亦无由而断。

笔者按：笔者为深研"天星"之法，近期曾反复阅读宋赖布衣（文俊）的《催官篇》，受益良多。并发现：赖师之原文义理清晰，行文层次分明。惟其原注不知何人所作，多错解赖师本意，文意张冠李戴，且前后矛盾，不知所云。先贤之千年心法，恐已毁于"屋里先生"，真正是"误尽苍生"也！

笔者拟近期出版《解读催官篇》一书，本书风水杂篇中节选一二，以飨有缘。

宋代辜托长老，得灵龟之助，乃通阴阳之道，于江西吉安、南昌一带，所扦名墓，至今犹存，流传千载。所述天星立向之法，虽完盘托出，为各家所无，惜不能为文撰著，皆出诸门下弟子所记录者，辗转抄传，记述不无漏误，且部分立论或所述来源，尚有未妥者。明清两代堪舆家徐试可、叶九升，皆著作等身，虽用天星之法，但将三垣列宿，硬排于中原九州，局限一隅。徐氏《顶门针》，仅知当然，而不知其所以然。僧如玉、张鸣凤，阐述三合之法，既未知其源，复未能运用于吉凶之得失，天星吉凶，尤少提及。

明末蒋大鸿著《地理辨正》，尽毁各家之说，并作《天元五歌》，谓为地理之秘薪。以先天六十四卦配罗经辨方定位，谓之玄空大卦，而标榜三元之学。但因其不知先天如何变为后天？又不知星斗如何配卦？更未知河图洛书所包含阴阳各有不同，运用之法，亦各随之而异，不能完盘托出，称之曰"秘传秘诀"。尤有谬者，竟将先天六十四卦配六十花甲用事，美其名曰"卦气"。其说虽出自汉之孟喜，见于京房易传，谓一爻主一日，乃余四卦分诸震离兑坎，谓之二至二分（冬至夏至、春分秋分）用事。疑曰："六十四卦值日用事，何以震离兑坎，但主二至二分？未免削趾适履，强合牵附，卦气之说，或非孟氏本旨。”

蒋氏为《青囊经》补传，认为地理一道，必须河图、洛书、八卦相配，始可知天地之道。此虽确当之言，但蒋氏于论河图洛书之理数，不惟浅薄，而且矛盾。河图之数十，洛书之数九，而卦止八，如何贯通？既有先天，何以又有后天之变？阴阳之道，五行之理，从何而来？皆不能道其原委。所释“太极”，尤为怪妄。

宇宙万事万物之原理，无不包含于河图洛书理数之中。堪舆之道，自不能出其范畴。

堪舆之学，必须首究河图洛书八卦之原，然后及于天星吉凶之道，庶几洞澈精微，不至有丝毫疑惑耳。

注：笔者后看一书，名《刘伯温智囊》（中国文联出版公司，1997年5月第一版），书中有一篇《透天玄机铁冠数》，言道：“元代末年，刘伯温出游于华山，至空峰幽谷洞中，见一道人，号曰虚灵子，即铁冠道人玄真，能经养精练气，详识三元之气数，周天之劫数，祸福吉凶，盈虚消长，及一切天文地理、阴阳顺逆，无不通晓。伯温跪立告曰：‘弟子好学，鬼迷心窍，不知吉凶，愿拜为师，祈指妙理玄机，与人推算得失。’僧人曰：‘尔乃文曲降世，辅佐紫微。吾指明实理，慎之切勿泄露。’伯温拜而受之……”如此看来，或确有名铁冠道人者，似神仙级人物。上文所言是否有理，读者参考之可也。

风水学界，独于蒋大鸿，褒贬不一。笔者则认为：后世玄空学派林立，恐非蒋公之过也——古人云：不得真传用自差！

第五节　风水基本元素

风水基本元素，主要包括：龙、穴、砂、水、向、风、煞、气等八项。

龙

风水学上把起伏盘旋的山脉称之为“龙”。更为精确的说法是：把结有穴的山称为“龙”，不结穴的山称为“山”。“龙气”、“龙脉”的说法也由此而来。龙还分山岗龙和平洋龙，是按山岗和平原之地形来分的。还有“水龙”一说。

寻真龙之法，即龙法。

何谓真龙？真龙藏于地中行度，非俗言之“山脉”。如《都天宝照经》云：“要识真龙结真穴，只在龙脉两三节；三节不乱是真龙，有穴定然奇妙绝。”

穴

风水学上把“龙气”之出处称为“穴”，犹如人身上的可见和不可见之孔窍。风水学认为：山川有灵气，其灵气可随山脉而来，如人身有血，血随血脉而流行。山脉灵气所出之处，就形成穴，如中医学所说的人身经络之“穴位”。

点真穴之法，即穴法。

何谓真穴？龙、砂、水、向，无一不合真法之处，即是真穴。

龙脉结穴，如同果树之结果。树是龙，果，即是穴。比如种西瓜，藤是“龙脉”，西瓜是“穴”；但其中之关键是不仅要明白：西瓜是长在这儿，而不是长在那儿；还要明白：这个“瓜”什么时候成熟。西瓜长出来了当然好找，但“穴”在土里，要找准，挖出来土色土质都要跟周围的不同，还是相当有技术难度的。（详见《论穴之土色》篇）

故笔者有时觉得：研究风水就像农民搞种植一样——农民希望“种瓜得瓜，种豆得豆”，而风水通过“埋葬先人”，希望收获富贵。二者都要讲究技术，不然都可能“颗粒无收”。不过风水之危害更大，高收益自然高风险吧！

砂

即穴场四周远近所有可见的大小山峰。天然生成且跟“真穴”能配合的砂，叫“真砂”。

收（消或拨）砂之法，即砂法。

水

“水”在风水学中占有较重要地位。从“风水”的字眼上就可以看得出来。葬书云：（气）乘风则散，界水则止。所谓风水，简言之，就是“藏风界水”（此“界”字非“见”字）。

水，泛指大小河流，江湖河泊，田冲水源，干流、湿流。能为“真穴”所用的水称为“真水”。

纳水之法，即水法。

水法很多，最是真伪参杂。如长生水法，就有几种起“长生”的说法，但真的永远只有一种。有许多民间地师，懂得一二种水法，就认为学通风水了，实则差之尚远。

向

就是罗经上的二十四个山向。所谓“山向”，如人站立时，前面是“向”，靠背是“坐山”。笔者把能与“真龙”配合，又能收得“真砂”和“真水”的向，称为“真向”。

立向之法，即向法。

本书所言“法家”，就是能与“形家”配合，可立出“真向”之法。

形家理论之精髓为龙法，故法家理论之精髓为穴法。

风水学中所言之“理气”，其实质就是为立向服务的。所谓何运当立何向，或兼左兼右，即是用立向以求“天地”之旺气。

更高明的做法，应该不是择向，而是择地——某穴当立某向，是天地生成的，如向合不得元运，则另选合得到元运的穴去葬，不就行了？

故笔者将“家传三元九运”，列为“择家”理论。择者，选择也！

风

自然界把流动的空气现象称之为风。风水学上把穴场四周有明显“凹缺口”吹来的风称为“风煞”。另外还有把地中不可明见的风称之为“阴风”之说。

风水学讲究的是“藏风”，即穴要“避风”，所谓“藏风方能聚气”是也。

煞

“煞”在风水学中出现频率较高，如黄泉煞、五黄煞、三煞等等，据说光择日之凶煞就有二百多种，言若犯了“煞”，轻则败财疾病，重则死人绝丁。

风水学讲的如何“避煞”，就是所谓的“趋吉避凶”。一切“龙穴砂水向风”的理论，包括择日，都是为了避开这个“凶煞”。

那这个“煞”究竟是个什么东西呢？

笔者认为：“煞”就是气脉不通而产生的“凶”。犹如中医学讲的“通则不痛，痛则不通”之“痛”。

(笔者按：非笔者在此动辄拿中医理论来唬人，实际上，中医理论的基础就是易经八卦和“金木水火土”五行生克理论。不要忘了，中国在没有西医之前，中药可医好了几千年来数不清的病人呢！你能因为它的理论基础因暂时无法获得所谓的“科学验证”，就说其没用？亦或是“迷信”？

现美国都已正式承认中国之针灸术了，而我们有的国人，包括一些医学专家还在抵制中医，非其浅薄，则是别有用心也。

风水之学亦然！国人不当回事，外人拿了当宝，前一阵看报纸上说：韩国言风水是他们“发明”的，还要将风水“申遗”，笔者看了莫名惊诧——说不定再过一阵，有人要说《周易》也是他们“发明”的了。还真是呢！最近听说韩国有专家考证来考证去，说孔子是“韩国人”！晕。

闲话：韩国文化受中国文化影响是可以考证的，其国旗就是一个太极八卦图，台湾一位学者笑谈：可惜只用了四个卦，所以只是半壁江山。不知有无道理?)

依笔者的理解，风水之煞可分为：在地为地煞，在元运及日课为天煞。具体可分为：龙煞、穴煞、砂煞、水煞、向煞、风煞，以及择日中的各种日课煞。

地煞缓，快则一到三年，慢则数代才显（突发大凶或财丁败绝）。天煞速，快则七天之内，慢则三月或一年之内即显。

煞不仅要懂得“避”，更重要的是要懂得“制”。如同医生不仅会识病，还要能治好病，才能成为名医一样。

气

这个“气”在风水学中是最难描述的。风水学之经典源头篇《葬书》，全文说来说去，就是只讲了一个“气”字，如开篇即是“葬者乘生气也”；以及“五气行乎地中，发而生乎万物”；“人受体于父母，本骸得气，遗体受荫”；“气感而应，鬼福及人”等等。《青囊经》所言“化始、化机、化成”也就是讲的“气”。

笔者认为：风水学所讲之“气”，浅显一点理解，就如同人之呼吸或流通于人身血液中之氧气。俗话有将“死人”说成“没气了”一说。

笔者根据自己对风水学的理解，进一步把表现为时空流转运行的元运之气和日课之气称之为“天气”；把地脉山川里运行之气称之为“地气”。

仅“地气”而言，龙脉有“气”的地方就有穴，无“气”的地方就无穴。

《易经》云：气由阴阳交合而生。故风水学中有：山为阴（常静），水为阳（常动），山水阴阳交媾，就会产生“龙脉生气”运行，之“出气口”，就是所谓的“真龙穴地”！

风水学中一切“龙穴砂水向”及“择日”的理论，都是为了理顺这个看不见也摸不着的“气”。

也可以说：峦头理“地气”，元运日课理“天气”；气通则吉，不通则凶。

关于“天气”与“地气”，先师曾经这样说过：

几千年来，地表遭人类的破坏，“地气”都被破坏得差不多了，所以要用“天气”来补“地气”。

何意？如造葬时“元运”或“天星”到位，就是用“天气”来补充或催发“地气”。

先师并言：清宣统皇帝登基，当日的“天气”不大，江山不长也——即俗言之“气数已尽”。

“天气”与“地气”通过先人骨骸相互交感，风水之神奇威力才会显现——即所谓“天地相合”、“天人合一”也，这才是真正的所谓“理气”！

以上“龙穴砂水向风煞气”，是构成风水学的基本元素，要进一步了解风水学，这些基本元素知识都是必须要掌握的，详见书中相关章节。

不过，请读者注意：笔者在讲这些风水元素时，说的是“龙穴砂水向”，而非传统的顺口溜“龙砂穴水向”。这里面有区别吗？笔者认为，顺序代表了它们之间的递生关系和重要性。

具体在后面的形家与法家理论中再阐述吧！

第六节　论罗经三盘的用法

罗经，就是风水实际操作中所使用的罗盘，它是在指南针的基础上演变而来的。谈罗盘，就必须要涉及到诸多风水理论。

明末清初，三元派大师蒋大鸿创造了一个“三元盘”，也称“蒋盘”。于是现在有人把古人创造在先的罗盘叫做“三合盘”了或称为“杨盘”。后来又不知是哪位高人，好像用大刀一劈，又把风水理论分为所谓的“三合派”和“三元派”，或者说是“峦头派”和“理气派”了。

其中理气派又分成了无数个门派。

真是把风水理论分得象武打小说里的江湖派别一般，搞得初学者头都发晕。笔者要不是有家学渊源，亦肯定不知“风水”为何物也。

如理气派之一的玄空派，就分了滇南派、无常派、苏州派、上虞派、湘楚派、广东派等派，还有先后天派。各派之间都以为自己的是“真传”，后来又有“沈氏玄空”，谈养吾之“二元八运”，也各算一派吧，等等。

笔者对“玄空”仅是略有了解，不敢深言。不过，只是觉得：学“玄空”，若无明师指点的话，恐怕穷其一生都不知该信谁的才好。（问题还有：遇到的是真明师吗？）

笔者不禁以为：“风水真的有那么复杂吗？如此复杂，如何传承？”（徒弟笨一点，就有失传的可能吧！）

一次，笔者在一易友家看到某书上载有一墓图：龙脉来处有五马开帐，峦头甚美，酉脉入首，葬的是丁山癸向。

笔者当即就说：“这家人两代后肯定人丁败绝！”

再看图下小字注解，是清末广东派玄空大师蔡岷山自葬的坟墓，果然第三代后人就没有了。

以笔者所学的风水理论去看，认为：

该大师犯的错误，并非全是所谓“飞星”错了，而是错在不合“形家”——即“龙法”上。根本上有错误，再怎么“飞星”都没用。（关于对玄空风水的探讨，笔者在“试解《青囊奥语》”等文中会提及。）

现风水学界有一个很大的误解：认为用三合盘，即“地盘立向、人盘消砂、天盘纳水”就是所谓“三合派”。

其实“三合派”就水法而言，仅是指“三合水法”，再扩大一点说，即包括“杨公派”之论龙、水用的“长生法”，立向要兼看天盘，纳水也是以天盘看。

实际上，风水理论里是并不存在有“三合派”这一说法的，三元派也仅是相对三合派而言之。

三元三合，仅是在风水之“理气”理论方面不同的用法而已，其作用点皆在“立向”上——无论是立向兼看纳水，还是立向合元运飞星或水口城门。

仅谈立向，就还根本没涉及到龙法、穴法；而风水首重在“寻龙点穴”之上，“皮之不存、毛将附焉？”

孰是孰非，又有什么好争辨的呢？（庄子寓言：看见两个国家在蜗牛角上打得你死我活。我们学风水，也不妨把眼界放开一点。）

故笔者谈风水不分三元三合，或峦头理气，只以师传“形法择”为大纲。

而以笔者所学来看：罗盘之三盘用法，乃先贤心血所创，为风水之正学，未经实践（看拿去点不点得出真穴来），实不容轻诽也！

对于罗盘，笔者认为“三元三合”两种罗盘都可用，关键是看采用什么用法。罗盘是死的，人是活的。笔者在此谈“三合盘”。

一次，先师刘天禄问家父：“你知道罗盘有几盘吗？”

家父不假思索就回答：“三盘啊！”

先师说：“不对，应是四盘，天地人河。”

家父于是问：“什么是河盘？”

先师回答：“河盘就是河图，就是先天八卦。”

先师并言：“你三盘用得再对，不懂得河盘的用法都没啥用。精通天地人三盘的用法，最多只能算得上是半个地师。”

笔者认为：罗盘之天盘、人盘、地盘，其实就是一个三维坐标体系。立向、收砂、纳水其实都是用来校正穴的准确位置的，所谓：真穴自然配有真砂真水，自有真向，家父在得师传后的二十年里，看出了不少的“大地”，都合符三盘之法度。而“河盘”的用法，则主要是用于元运。

笔者还见过用人盘立向的，还有用天盘立向的，有人研究说：这样做，如果正好犯“骑缝向”，主大凶。

笔者按：关于“骑缝向”，笔者见台湾钟义明在所著《玄空星相地理学》中言道：据本人近十年来之考验，若立此两种山向（骑缝）的坟、宅，应验的有：年轻人服毒自杀、死于他乡者、车祸残废及死亡者、无子继承者、离婚、家庭破裂者、犯罪入狱者、被诬陷入罪者、鳏寡孤独者、三代而绝者、破产者……总之，横祸凶灾，是一定免不了的。又，凡立出卦（兼得过多）与阴阳差错的山向，若是阳宅，一出元运，十有九个会闹鬼怪邪祟。

钟义明并举了台湾清光绪年间一富绅所造“吴家花园”中家族墓园为例，四十年间，死了十几个人，且有好几个是少年夭折。并言：其墓地是寅龙入首，“猛虎下山”形，墓坐甲向庚兼寅申，是犯出卦（笔者认为“形法”上可能还有问题）。又举了三例犯阴阳差错的，论其后人皆已绝。

笔者自己也考证过老家数例立“骑缝向”的阴阳二宅，确实也是不太好的。

但是，经过笔者后来数年的考察学习，发现“骑缝向”并不是都发凶的。相反，有的立“骑缝向”的阴阳二宅，不仅发得大，还发得久。如：笔者在广东惠州参观过一个非常有名的叶氏宗祠大院，叫“铁门扇”，立的是（地盘）“壬子”中缝（坐山），有个阴宅是“丙巳”中缝，几百年来，叶氏不仅人丁大旺，而且出进士、武将、官员无数。还有，笔者亲自去江西，学习“杨、曾、廖、赖”先师的作品，其中杨公当年亲作的“十八鲤鱼上滩”立“艮寅”中缝，后人出了两个宰相。还有杨公“板凳立向”的管氏宗祠，经实测也是“艮寅”中缝。而且，刘江东自葬墓原为“乙辰”中缝，后人改为“巽山乾向”后，坟之右侧出现蚂蚁。刘江东亲点给传人谭氏所建宗祠，立的是“庚酉”中缝，也是不仅人丁大旺，且官贵无数，等等。其理何在呢？这个问题困扰笔者好多年，直到笔者受一位高人指点，才知道：“骑缝向”，不仅地形有能立不能立之分，还有哪些山家可立、哪些山家不可立之辨。一句话：龙真穴的则可立，天然之向则可立！否则必发凶！

另外，现有一种说法：认为罗盘上的天盘是唐朝僖宗年间杨筠松杨公发明的，人盘是南宋时赖布衣赖公发明的，这种说法笔者认为：也是不太正确的。

我们细读《入地眼》，就会发现：唐开元年间的风水先师邱延翰邱公就提出拨砂之法了，如“翻来倒地面向天，总在拨砂尖上论”，还有陈亚和

《拨砂经》及《洗心镜》的内容等。邱公比杨公早出生二三百年，托长老比赖公也早出生了二百多年，怎么可能先有收砂理论才有人盘呢？

同理，《辅星水法》也是用天盘，相传是与杨公同赴江西赣州的卜则巍（卜应天，著《雪心赋》）所传，据《入地眼》云：辅星翻卦用于辨龙、论水，原创于黄石公。杨公晚年为人造葬用的“五鬼运财法”，就源于辅星翻卦法，怎么可能先有收水之法后才有天盘呢？

实质上，现代研究发现：罗盘的地盘，即子午正针，是以磁针确定的“地磁”南北极为轴向的座标系统（地理自身的南北极）；天盘，即子午缝针，是以日影确定的“地理”南北极为轴向的座标系统（土圭所测日影方位）；人盘，即子午中针，是以北极星确定的“天文”南北极为轴向的座标系统（以北斗七星来确定二十八宿星在周天的位置）。

古人早就通过观察天象发明了人盘和天盘，杨公和赖公不过是进一步完善了人盘和天盘在风水实践中的收砂纳水的理论与应用。

最后，笔者在这里还要说明一下：罗盘指针和刻度也有不准确的，可以说，也就是“假罗盘”。

家父以前在修我们自家阳宅时，立某山某向之正向，对出去是前面山凹的右边。后来先师1987年来我们家帮阳宅“改向”时，用他手中拐杖往前一指，告诉家父：“立向时对准前面山凹的中间就行。”家父表示疑问，先师说：“你不用管那么多，照我说的去做。”

后来家父买了现代制造的较为高级的罗盘，再去考证我家阳宅原来所立的山向，并不是正向；而先师所指的正对山凹中间的方向，才正好是某山某向的正向，丝毫不差！笔者后来亲自去比了比，两个盘子对出去的方向，按罗盘周天360度算，相差近3度！按现在“玄空”之说法：兼3度就算出卦了。（看来，山川自有其“真性情”，实不假也！世传杨公当年也是仅凭手中一“杖”，漫游天下！）

家父用的那个老式罗盘，是在当地市场买的，而且还用了好多年。

哎，天下地师！

第七节　论人盘收砂理论是否还有用

本篇，笔者要重点谈一下关于“人盘收砂理论是否还有用”这一问题。因为，如果这个问题没弄明白，那么诸多先贤创立的整个“三盘”之风水理论，时至今日，就有面临认为是全盘错误而被推翻的危险！

相关书籍上（钟义明著《玄空星相地理学》）说：

天体运动中，太阳系会在宇宙中以一定的速度整体“漂移”，因而形成“黄道岁差”，每年约50.2735秒。而如今用的三合盘之人盘所对应的，按周天三百六十度所划分的二十八宿星所占的不等刻度，是宋朝“开熙”年间的天象度数，到今天已过去800年了，宿星度数与现宿星之所在天上黄道的位置已差了约11度10分。故“（原）亥之天皇，今居于壬，（原）巽之太微，今居于巳……”。

即，“地象”所上应之“天象”已变了。

故认为：再以古时之刻度去消砂，理气必不准也。

因此认为：先贤所创“消砂之法”已完全无用！

按此说法，即：人盘收砂完全已经没有用处了；用收砂之法去校正“穴位”和“立向”也没有什么道理可言了；按收砂之法去理气，吉凶也自然不会应验的了；罗盘上的人盘，甚至天盘都是无用的了；于是认为只用地盘就可以了。

甚至由此引申出：风水学惟有“玄空”才是真的！因“玄空”只用地盘一盘，等等。

笔者敢说，凡习“玄空”的风水爱好者可能大多数都有以上想法。笔者未真正得传“刘氏风水”前，也是看了些“玄空”书的，当时也有以上的认为和想法。

因为，天体“漂移”之岁差，是现代天文学的科学结论。

但笔者却又发现：家父与笔者在风水实践中，凡以“形法”真诀点出的大地，按“真向”收四周之砂，依宋朝之人盘之刻度，又自然收得到合得收砂法所言的生旺之砂，可谓天造地设！因大地生成，必有一二生旺之砂在其左右。

同样，按“真向”收四周之水，依“天盘”之刻度，又自然“收”得到吉水，水在盘上一点都不会出现偏差的情况。无论用“辅星水法”、“长生水法”还是“纳甲水法”去论，都是吉水。（当然，真的“长生水法”才行。）

如按现在的刻度，那些砂肯定变成是“煞砂”及“泄砂”了，这些“龙真穴地”还能葬吗？若把向扭转“十一度”来做，那“山水”看起来还能协调吗？不别扭吗？应该也不可能这样去立向的。

这个问题困扰笔者很长时间，道理究竟在哪里呢？

一日，笔者想起看过著名学者南怀瑾先生在其书中讲过这么一句话，大意是：“翻译古人之书，如《老子》等，要‘以经解经’，不可妄加揣测。”

意思是说：解释古人书中文字的本意，要用古人书中本有的其他文字或能代表当时那个年代意思的文字去解释，而不能用含现代意思的文字去“贴近”古人的想法。即：不能偷换文字之概念！

由此笔者终于悟出：“天文是天文，地理是地理！”

就是说：如宋朝国师赖布衣《催官篇》所言：把地盘之“亥龙”，名为天上之“天皇星”。可能是“亥龙”正上应当时天上之“天皇星”，“天皇”就像是给“亥龙”取的名字一样，代表了“亥龙”具有如“天皇星”的某种内涵。

这跟后来天上“天皇星”的位置跑到别的地方去了，又有什么关系呢？“天皇星”不过是给“亥龙”定的一个属性罢了（如把亥砂定性为属水）。

说白了，“天皇”只不过是“亥龙”的一个名字而已。

打个比方：张三在这儿叫“张三”，跑到别处还叫“张三”，“张三”只是那个人的代号。即使这个张三跑到别处，甚至改名为“李四”了，可他还是原来那个张三的身体，思想内涵也还是原来张三的，这与张三跑哪里去了，和改叫“李四”了，其实都是没有关系的。

先贤所定消砂的“天星”之名称，仅是地上二十四砂的“代号”，非“择日”算出来的——正在天上运行之“天星”。

也就是说：地理之代号只代表地理，不能同时代表天上。天上之星跑位了，与这个地理代号，其实根本是没有关系的。

经笔者对我国的阴阳合历之历法，以及古人用“天干地支”计量时间，及本派秘传“三元九运”与“天星”择日法的研究，认为：“岁差”确实需要在历法中经过修正，才算得出真正的“天星”到位！（如算历数太阳到山，就比宋朝刻度要差好多天。）

但这是“择日”的修正，与“静止”的地理山川（砂水）之间的五行属性是无关的。

至于诸如先贤把“亥”归位于“天皇”之类，笔者认为：这可能还跟“八卦”的本身属性有关。如“乾”宫地盘在西北，主肃杀之气，故“乾”宫来龙结穴，一定煞气很大，做得好发福极大，且多主武职，出将入相；做得不好，为祸也甚大（笔者曾亲自考察过一“乾”龙立穴，事实如此）。

难道多少年后地盘“乾”宫上应天象为别的天星了，“乾龙”就没煞气了？就变成出文人了？应该没有这个道理！

风水历来有言：“上有天理，下有地理”。天理与地理，原本一理才对。

由此，笔者认为：可能是先贤洞察天机后，觉得“天皇星”当时正好可代表“亥龙”的某些内涵，所以把“天皇星”作为是“亥龙”之表象来加以描述。

故二十四龙和二十四砂，包括二十四水、二十四山，各有自己的“天星”内涵，如每个人有不同性格和名字一样。

还有，如先贤之拨砂歌中规定的“子午卯酉砂属火”，有可能是因为“子午卯酉”砂那时分别正好对应当时天上的二十八宿中的某个宿星，因把当时所对应之某宿星属性为“火”，子午卯酉砂便属“火”的属性了。（但这个“火”只是个代号。）

先贤并由此归纳出了，依“当时”这种五行属性而定出来的生克关系：

如“火生土”——生我者为生砂，如葬的坐山是“乙辛丁癸”属“土”，外围有“子午卯酉”砂便是生砂。

假设：如果把当时的“子午卯酉”砂所对应的某宿星的属性规定为“水”，而坐山“乙辛丁癸”还是规定为“土”，那对应的生克关系就有可能规定成别的生克关系——如变成“水生土”，“子午卯酉”砂同样还是生砂。砂还是那个砂，位置没动，属生砂的性质也没变。即使生克关系不变，若把“乙辛丁癸”定性为“木”，“子午卯酉”还是“水”，水生木，还是生砂。风水学中有“洪范五行”、“双山五行”，所规定的二十四山的五行属性跟本身的“老五行”的性质都不一样。

由此可知，任何一种风水理论，都是人为规定，或者说是先贤洞察天机后，人为“发明”出来的。

风水学中之收砂之法，就是用当时规定的砂之五行属性，并依当时规定的生克关系来进行比较而确定的一种关系。这种关系一旦确定下来，单方面改变是没有用的。也可以说，是永久不变的。

即：地上某方位上的砂在罗经上已规定属“火”，就应该永远属“火”。

再简单一点比喻：二人若是“亲生父子”关系，就永远改变了其中的血缘关系。在现实生活中如有人从法律上脱离了“父子”关系，父子之间的血缘关系就不存在了吗？一样存在！

收砂之“生克关系”，就如同父子之“血缘关系”。

所以，把现在的天上已移动的天星刻度之“属性”，去拿当时所定的“生克关系”来衡量，就好像是拿“张冠”去给“李戴”一样，觉得不对，便说人盘收砂没用了，说是天上对应的星座跑掉了。天上的星是能跑，可地上的山水和穴能跑吗？

天上是天上，地上是地上。

故笔者认为：这种说法，粗一听，挺有道理，实则是没明白其中的深意。

又有人说：天上“二十八宿”移了位，对地上所有山水都会产生相应影响。此话不假。但这种影响力是借时间和元运来完成的。如依“岁差”来调整影响力，是天文历法“择日”的事，与地上固定不动的山川之间“地气”的影响是两回事。

故笔者言：“天文是天文，地理是地理!”

况天体运动中，尚有另一个“坐标系”，那就是——“北斗七星”，无论太阳系“漂移”了多少，从地球上观察，“北斗七星”之斗柄，永远是冬至时指正北，夏至时指正南。《天星卦序》所云：“天帝在子，太阳在丑”，就是以“斗柄”所指地球之二十四山方位而言的。

而人盘中针，就是以北极星确定的天文南北极为轴向的座标系统，北斗七星旋转，天体二十八宿星随之旋转，实质是地球在转，而天体不动。即：有可能是——二十八宿相对于太阳系，是移动了；但相对于银河系，其实并未移动多少。（这就是“相对论”）

当然，笔者非专业的天文学家，姑且只能作出以上解释，有机会再请教高贤释疑。

但笔者同时亦认为：不经实践，就盲目相信某书或某种的理论和说法，甚至某些理论，看起来好像是些新研究或新科学，也是不可取的。要看这些理论是用在何处。况风水在实际运用中流传下来的许多秘传之“实用技术”，用之则有效，看起来好像根本就没什么“道理”可言，但其中肯定是蕴涵理论基础的，只是我们今人不知不懂罢了。

我们在某些方面是很难超得过前人的，特别是这些术数文化。

所以，笔者的观点是：一切以实践为准——找得出穴就是真，找不出穴就是不真!

依先贤“拨砂法”，用人盘收砂校正，能精确找得出穴位，所以说——是真！能用!

天盘收水，自不必论也!

后记：关于天盘收水，笔者提出以下观点，与天下同道共讨：人盘也好，天盘也好，其二十四个字只是一个代号，不可死执其二十四个字之范围。听说有位明师在即将去世时，弟子问之：“老师，您还有什么秘诀未言?”师良久叹曰:“万水皆从天上来!”随之闭眼。笔者结合师传,认为:其所言“天上”的“天”,非天盘之天,实是“天上”之“天”,天上有什么?日月五星及二十八宿也!明此,则知天盘收水真正之法了。

第八节 浅释《青囊经》

笔者按:相传《青囊经》为黄石公所传。

黄石公,就是传说中汉朝刘邦之开国军师张良的老师,三次将鞋子扔到桥下让张良去捡的那个怪老头。笔者相信黄石公应该是确有其人,而非传说之神异的黄色石头——天下之奇人异士多也,特别是隐藏在民间的高人。

《青囊经》首现于蒋大鸿之《地理辨正》,相传是蒋从宁波魏相国府中得幕讲(目讲、无着)禅师之遗秘而来。

世传原经有九卷,为郭璞门人赵载窃后为火所焚;后郭璞在著《葬书》时,则多次引用有《青囊经》上的辞句;所引中有的内容是以下三卷中所没有的,详见后面所录——据说是“原版”之《葬书》。

年代久远,实不知其可也。

青囊经

上卷

经曰

天尊地卑,阳奇阴耦,一六共宗,二七同道,三八为朋,四九为友,五十同途。辟阖奇耦,五兆生成,流行终始,八体宏布,子母分施。天地定位,山泽通气,雷风相薄,水火不相射,中五立极,制临四方。背一面九,三七居旁,二八四六,纵横纪纲。阳以相阴,阴以含阳,阳生於阴,柔生始刚,阴德宏济,阳德顺昌。是故,阳本阴,阴育阳,天依形,地附气,此之谓化始。

中卷

经曰

天有五星，地有五行，天分星宿，地列山川，气行於地，形丽於天，因形察气，以立人纪。紫微天极，太乙之御，君临四正，南面而治，天市春宫，少微西掖，太微南垣，旁照四极。四七为经，五德为纬，运斡坤舆，垂光乾纪，七政枢机，流通终始。地德上载，天光下临，阴用阳朝，阳用阴应，阴阳相见，福禄永贞，阴阳相乘，祸咎踵门。天之所临，地之所盛，形止气蓄，万物化生，气感而应，鬼福及人。是故，天有象，地有形，上下相须而成一体，此之谓化机。

下卷

经曰

无极而太极也，理寓於气，气囿於地，日月星宿，刚气上腾，山川草木，柔气下凝，资阳以昌，用阴以成。阳德有象，阴德有位，地有四势，气从八方，外气行形，内气止生，乘风则散，界水则止，是故，顺五兆，用八卦，排六甲，布八门，推五运，定六气，明地德，立人道，因变化，原终始，此之谓化成。

一、浅释《青囊经》上卷

天尊地卑，阳奇阴耦，一六共宗，二七同道，三八为朋，四九为友，五十同途。

释义：此是讲的河图及河图之数。

天尊地卑，不是说：天是尊贵的，地是卑贱的；意思是：天高远，地低近。阳奇阴耦，耦，同现代的“偶”，意思是单数为阳，偶数为阴。后面“一六共宗”等，就是河图之数——阴阳之象的配合。

辟阖奇耦，五兆生成，流行终始，八体宏布，子母分施。

释义：此是讲先天之气生成而流动。

辟（古之繁体字外面有“门”偏旁）是开辟，阖（he）是关闭，辟阖的意思就是一开一关。辟阖奇耦，言：阴阳之象一开一合，或互相“碰撞”，即交媾之状。

兆，这个字很关键；查字典，兆有五个意思：1. 古代占验吉凶是灼龟甲所成的裂纹；2. 预兆；3. 预示；4. 数目：百万，古指万亿；5. 法定计量单位 M。

这里的“兆”应该是什么意思呢？有的易学者解读时，把“兆”当成是数目的意思，形容很多。笔者认为：第 1 种解释应该最接近古人的意思。五兆，就是五条龟甲上的裂纹，就是五个“点点”。

“辟阖奇耦，五兆生成”连起来的意思是：河图之阴阳之象（如一六）一开一合（交媾），再通过中间“五点”的置换，就产生“气”了。

说得再白一点：犹如夫妻同房，种下种子，再经十月怀胎之“中宫孕育”，就生下小孩出来了。

这才有后面的“流行终始”，只有“气”才讲“流行”；而且，此气流行，无始也无终。

五兆，应该就是河图之“中五”之意。

看看古人的文采多好，太精炼有神了！

八体宏布、子母分施：八体就是八卦及八个方位；子母，父母就是乾坤，子女就是另外六卦，这里的八卦是指先天八卦。此是讲“气”是怎么“流行”的——往四面八方；父母卦及子女卦各自流行之“气”的属性不同。

天地定位，山泽通气，雷风相薄，水火不相射，中五立极，制临四方。

释义：此是讲先天八卦图式。也可直解：宇宙之象——天、地、山、泽、雷、风、水、火等，相互作用，再加“中五”，就产生了“气”。

注意：中五立极，极的意思是：1. 顶端，最高点，尽头处；2. 地球南北两极；3. 副词，最。这里的极，应是无极、太极的“极”，就是“基本点”；如果当成是“顶端”，就是天极、北极、天顶。

所以，笔者在前面说：中宫五点，有可能代表天顶之“北极星”。意思是：气从此出，发而“临至”四方。

笔者查阅有关资料，发现：古人确有把北方的“天极”定义为“天心”的说法。

三元九运也有“哪颗星入中，哪颗星主运”的说法，这个中，就是所谓的“天心”。

背一面九，三七居旁，二八四六，纵横纪纲。

释义：此是讲洛书，也就是后天八卦图式。

先天论气，后天论形，这就是风水学的全部。

阳以相阴，阴以含阳，阳生於阴，柔生始刚，阴德宏济，阳德顺昌。是故，阳本阴，阴育阳，天依形，地附气，此之谓化始。

释义：此是讲阴阳相涵，天地之“气”始生，故谓化始。

笔者见有人将此处“阴德”意为“阴宅”，“阳德”意为阳宅，这都是哪跟哪啊？老子的《道德经》，就该是“道宅经”了。听说该人还是“易学大家”呢！

关键是最后一句：“天依形、地附气”，天上有各种形态的东西——太阳、月亮、金木水火土五星、北极星、北斗星、三垣二十八宿，等等；地上的山川附有因天上之形而产生的“气”。这就是“气”的来源——化始。

而下面之中卷，接着马上就阐述“天依形”了。

参考：

蒋大鸿《地理辨正》本卷注解要点：“此篇以无形之气，为天地之始，而推原道之所来也。”

“二气相交，无一息不流行，无一息不交媾。”

“然则天之气，常在地下，而地之气，皆天之气，阴阳虽曰二气，止一气耳，所以生天地者此气，所以生万物者此气，故曰化始也。”

二、浅释《青囊经》中卷

天有五星，地有五行，天分星宿，地列山川，气行於地，形丽於天，因形察气，以立人纪。

释义：天有五星——金木水火土，地有五行——金木水火土；天上有星宿，地上有山川；气在地中行，气之形（本体）却显现在天上；看地上的形，可察知天上的气，以确定人事——葬人和住人，或观天象即知人事吉凶。

简单吧？好懂吧？其实一点也不简单，一点也懂不得；真懂了，就是“神人”！

我们只能说：意思大概是那个意思，真正的内涵却不懂得。

看完下面再说。

紫微天极，太乙之御，君临四正，南面而治，天市春宫，少微西掖，太微南垣，旁照四极。

释义：此是讲天上之紫微、天市、少微、太微四垣。具体内容，请看后面“三垣星座详释”，此处不赘。

“天极”一词，值得琢磨。君临四正、南面而治——值得深思：四正，无非八方之正东、正南、正西、正北，其余四方叫四隅；古代皇帝为何是“面南而治”？盖因气从北方“天极”而来。

四七为经，五德为纬，运斡坤舆，垂光乾纪，七政枢机，流通终始。

释义：四七是什么？五德呢？七政呢？枢机呢？何为经？何为纬？

四七就是二十八宿，五德就是金木水火土五星五行之性，七政就是日月再加五星，枢机就是北极天枢加北斗。

这里的“经纬”，不是现代地理学讲地图时的“经纬度”的东经北纬。此处的经，是指古时拴织布机上的竖线；纬，是织布机上的横线；经纬交错，才能织出布来；或制作出其他编织物。

运斡坤舆：斡（wo），斡旋，旋转之意。

整段话的意思是：（天体中）周天二十八宿如竖线，五星如横线，经纬交错；在北极天枢的发动下，北斗九星的旋转下，其“气”从天（乾）到地（坤），流通终始。

有点好像在说宇宙间之“万有引力”。实则笔者认为：天地之气，应该就是由宇宙中各种星体之间的引力相互作用而产生的。

地德上载，天光下临，阴用阳朝，阳用阴应，阴阳相见，福禄永贞，阴阳相乘，祸咎踵门。

释义：天上的天光——“气”从天上下临而来，地面之山川前去承载。一上一下，是互动的。

重点是“阴阳相见，福禄永贞；阴阳相乘，祸咎踵门”四句——只要是阴阳相见，互相匹配，就大吉大利；阴阳相乘，相背，不匹配，就不好。

这里的“阴阳”在风水实践中有具体所指吗？应该是有的，如能悟得，并运用得来，就是真正的地仙了。

笔者的理解是：假设“地德”是指静止的山川，为阴；“天光”是指时间元运，为动，为阳。阴阳相见，就是说：元运之气要与山川之形配合；直白而言，即在某运葬某山，要元运算来该见山的地方有山，该见水的地方有水，则气与形正好配合，就是“阴阳相见”。否则，就是“阴阳相乘”。关键是：算元运的理论要正确。

有人将此处“阴阳”仅释为“龙来得低，穴必高”等，恐有些牵强和片面。

（后记：笔者经过数年学习，才体会到，地德上载，天光下临”。不仅指元运，更重要的是“日课”与龙、山的配合。简而言之，一个能发180年的阴（阳）宅，就必须配上能发180年的“日课”，否则，就是阴阳相乘，发不久。）

天之所临，地之所盛，形止气蓄，万物化生，气感而应，鬼福及人。是故，天有象，地有形，上下相须而成一体，此之谓化机。

释义：“形止气蓄，万物化生”及“气感而应，鬼福及人”，《葬书》上都有引用。

整段话，意会起来是很容易的，但要具体解释，还真不太能说得明白；关键是“气感而应、鬼福及人”一句，很难解释。

笔者对整段话的理解是：这个“气”，实从天体运转之下临而来，地上山川则盛载（充满）着这个“气”（无处不在）；当地上的“山形水势”在有“止”的形态时，该“气”就停蓄了；该停蓄之“气”有能力去化生万物——即该“气”是生气而非死气。这个“气”，可以通过“感应”，由“鬼”到人而起到降福的作用。所以，天有天象，地有地形，（其气）在上下是一体的；这个“气”，是“事物发生、变化的枢纽”之所在。机：事物发生、变化的枢纽（关键所在）。

古人说的“鬼”，实际上应是指“魂魄”的意思；“鬼福及人”翻译成现代语，有点接近于是“心灵感应”之意。

“气感而应，鬼福及人”，直白点说，就是：该“气”对死人和活人都能起作用。先人之骨骸与该“气”结合，对其后世子孙——活人能起到“好的”作用。先人骨骸是“媒介”，但真正起作用的，还是“气”。先人的魂魄也好，骨骸也好，包括活人的“运气”等，都是万物形态之一，无一不受到宇宙之“气”的影响。

“气感而应、鬼福及人”一句，《葬书》（四库版）上的注解大意是：天上之气，通过地形，感应到祖先的骨骸上，再通过“人心”转验到其后世子孙的身上——山川秀丽（吉），子孙也秀丽（吉）；山川丑恶（凶），子孙也丑恶（凶）。

关于风水的作用原理，现代有“基因说”、“微波发射说”等，但风水究竟是怎样具体“作用”的，还是没有标准答案；而风水的好坏，只能通过实证——“后人怎么样”来评判；这也是风水还不能被“科学”认同的原因。但愿随着人类科技及文明的进步，能破解这一千古之谜。

笔者还理解：中卷总体之意，是接上卷，言“气”产生后，如何观察、把握、抓住这个“事物发生、变化的枢纽”所在之“气”。化机之“机”，也可以理解为机会、机缘的意思。

如何才能把握这个气的“机”呢？

“天有象，地有形，上下相须而成一体。”——看天上星宿之象，与地上山川之形态结合，就明白了；因为地上山川中所运行之气，与天上星宿所蕴含之气，是一致的！

参考：

蒋注要点：“此篇以有形之象，为天地之化机，而指示气之所从受也。”

“地理之道，必使我所取之形，足以纳气，而气不我去，则形与其交而为一；必使我所据之地，足以承天，而天不我隔，则地与天交而为一；夫天地形气既合而为一，则所葬之骨，亦与天地之气为一，而死魄生人，气脉灌输，亦与为一，福应之来，如机张审括，所谓化机也。”——意思是：知天地之气，更要把握住那个“机”，机者，时机，大而言之为“元运”，小而言之，则是“日课”也！；若不能为我所用，一切皆是虚谈。

三、浅释《青囊经》下卷

无极而太极也，理寓於气，气囿於地，日月星宿，刚气上腾，山川草木，柔气下凝，资阳以昌，用阴以成。

释义：要解释“无极”和“太极”，估计就要写一本书；我们还是直白浅显去意会吧。

整段话的意思是：气之从无到有的过程，就是无极到太极的道理；气有其理而来，并隐藏（规限）于地理山川之中；（囿，1. 养动物的园子；2. 局限，被限制。）日月星宿之气，为刚为阳，呈上腾之势；山川草木内部之气，为柔为阴，呈下凝之势；阳刚之气的作用是生发，阴柔之气的作用是成就。

“资阳以昌，用阴以成”，意思就好像是：八卦之乾卦——天行健，坤卦——厚德载物。也寓意了一六、二七、三八、四九生成之理。

阳德有象，阴德有位，地有四势，气从八方，外气行形，内气止生，乘风则散，界水则止。

释义：阳气的表现方式是在天上有天象之感应（外象），阴气的表现方式是在地上有方位之分辨。德，就是属性，即从内部表现出来的表象。老子的《道德经》的道，是内涵、真谛的意思；德，指的就是这种真谛在外部的表现和属性。

地有四势，《葬书》言是“寅申巳亥”；气从八方，则言是“八卦”方位。道理我们在后面解读《葬书》时再细谈。其实简单来说，就是指：气顺着地势，向四面八方运行。

外部表象之气，根据山川之形而行；山川之形的内部之气，则是该形在“止”的时候，气也就“止”了，该气就是“生气”。该形若是（外部）有（开阔之）风吹到，其内气就发散了——气“止”不住；若有水来与该形“相交”，其气才“止”。界，相交的地方，如边界。

形与势，在《葬书》中是两个不同的概念；形，指山川中小一点的形态；势，则指山川之大势；故云：百尺为形，千尺为势。

是故，顺五兆，用八卦，排六甲，布八门，推五运，定六气，明地德，立人道，因变化，原终始，此之谓化成。

释义：所以，顺着“天极”产生气的原理，使用河洛之八卦，排算干支六十甲子（具体定年月日时），布置八门吉凶，推定五运六气；明白地理之德，确立人世之道；了解（气之）变化，搞清楚（气之）始终，就懂得了（气）是怎么成就万物的。成，指事物生长或发展到一定的形态或状态。

“顺五兆、用八卦”等，都是实际的运用方法，犹如“择家”——具体选日子的理论。

至于“布八门”是不是指的奇门遁甲的八门，有待考证。笔者认为此八门，是指八方，或后天八卦，不应该是特指奇门之八门。理由：奇门理论应该发明在八卦之后，且奇门并非专用于风水。

“推五运，定六气”，中医经典《黄帝内经》专门谈到有“五运六气”。“五运六气”，实质就是太岁之气，由此笔者悟通了师传口诀之“五星义命太岁找”。

参考：

蒋注要点：“此篇申言形气虽殊，而其理则一，示人以因形求气，为地理入用之准绳也。”

“顺五兆，以五星之正变审象也（蒋认为‘五兆’乃‘五星五行之气’）；用八卦，以八方之旺衰审位也；排六甲，以六甲之纪年审运也；布八门，以八门之开阖审气也，地理之矩矱（yue,尺度、标准）尽于此矣；推五运，以五纪之盈虚审岁也；定六气，以六气之代谢审令也，谨岁时以扶地理之橐籥（tuo′yue,口袋，古代打铁炉的风箱），尽于此矣。”

读此，知蒋公颇重视岁时之气的运用。

总结：《青囊经》三卷，关键词是“化始、化机、化成”，所谓“化”，是指“性质或形态改变”，就是变化、生成的意思。

由此，我们可以相信：

《青囊经》全篇所讲的，就是“气”之生成的来源（化始）、转化的关键（化机）和成就万物的道理（化成）。

这个“气”，就是河图、洛书及先天八卦和后天八卦所要揭示的，由宇宙万象所产生的，无处不在而有生生不息的“原动力”——一种无法定义的“能量”。

浅释完《青囊经》，我们再来看一下据说是无极子传蒋大鸿的《天心正运图》（来源于笔者所得一《三元秘本》），或许对《青囊经》的理解和对风水之三元理气学说的认识能有所帮助。

无极子传蒋大鸿之《天心正运图》

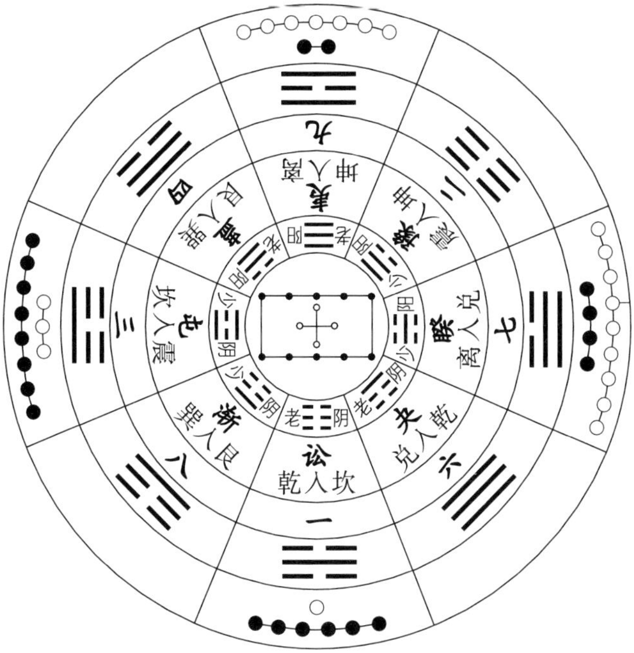

笔者按：原图有些模糊，现经笔者重绘，图中“卦爻”由外往内看。

原图中有文：

先天查气，用于穴中；后天看形，用于象外；河图辨阴阳之交媾，洛书察甲运之兴衰。

先天之象，乃阴阳对待之体；对待之中，化机所出，造物之意原起于此，故曰天心。

洛书之数，上应九星，宰持大地，布渡六甲，斡维元运，而挨星旺衰之辨，又皆从中推出，故曰正运。（注：斡 wo，斡旋，调停、扭转之意。）

三元理气学说，都会提到“天根月窟”和“天心”这两个概念名词；而且，似乎如果真正懂得了这两个词的意思，就等于拿到了打开“三元理气”神秘大门的钥匙。

何为“天根月窟”呢？笔者试着来解释一下：

天根，直白点讲，就是天之“根”；相对应的，是月之“窟”。如果我们把这里的“天”与“月”也对应起来理解：天，应该就是“日”，就是太阳。再从阴阳的角度去理解：日，为阳，有根；月，为阴，有窟。如用“人分男女”来比喻，就更加形象了。

相传“天根”与“月窟”这两词，最早来源于宋代著名的易学家邵康节（邵雍）的一首诗：

耳目聪明男子身，
洪钧赋予不为贫，
须探月窟方为物，
未蹑天根岂识人，
乾遇巽时观月窟，
地逢雷处是天根，
天根月窟闲来往，
三十六宫都是春。

注：蹑（nie），1. 踩：蹑足其间（指参加到里面去）；2. 追随：蹑踪。

蒋大鸿所撰三元罗经图（蒋盘之背面）上，有这么一段话：

天地定位，阴阳迭更。
仰观俯察，河洛呈文。
先后八卦，体用咸明。
抽爻换象，阖辟推寻。
五德为纬，四七为经。
宫移度改，分秒殊情。
嗟彼庸术，罔识权衡。
删邪表正，协古宜今。
分元定卦，测日推星。
天根月窟，来往皆春。

可见，“天根月窟”是个大秘密！

那么，“乾遇巽时观月窟，地逢雷处是天根”究竟是什么意思呢？

我们先来看什么是“天心”？

笔者看诸多三元理气之书，对“天心”一词的解释是五花八门，不知所云。为止息“江湖”纷争，笔者在此“泄秘”——告诉大家：

所谓“天心”，就是一卦之对宫的先天八卦。如：坎卦，对宫为离，离之先天就是乾（乾——丙午丁），所以坎宫是“乾入坎”。

同理，乾宫的天心，是巽的先天——兑；坤宫的天心，是艮的先天——震。

所以，“乾遇巽时观月窟”的意思就很明白了——兑就是月窟；“地逢雷处是天根”——震就是天根。

“帝出乎震”、“子午为日月，卯酉为门户”，都能理解了——太阳从东方升起，震是天根；月亮落入西边，兑是月窟。

反过来说：天根与月窟，合称起来，也就是所谓的“天心”。

邵康节的哑谜不就解了吗？

所以，笔者疑问：三元理气，真的那么神秘，那么难学吗？

题外话：《青囊经》上卷中谈先天八卦之序数的配合后，有“子母分施”一句，有人注解时马上就说：这是讲《青囊序》或“玄空”所言之父母卦，顺子卦，逆子卦。

太有些“迫不及待”了！

——《青囊经》出生之时，《青囊序》及“玄空”等，还不知在哪里呢！

还有，笔者近日见有人写文章说：《青囊经》是伪造的！这让笔者很郁闷。

该人提出的理由是：

《青囊经》是蒋大鸿在魏相国府里得幕讲禅师之遗秘而来，且蒋并不知其真正的具体用法；《青囊经》为蒋大鸿著《地理辨正》所首次公布于世，前朝书典均未见有收录。

并言：《青囊经》亦非黄石公时代所创，理由是——如卷中“无极、太极”之词，乃宋陈抟道士公布“太极图”之后，方有此一说。

并言《青囊经》中语句，多抄自《玉尺经》、《葬书》，等等。

笔者非史学家，没办法去考证。笔者读的书也少，不知道在宋朝之前有没有“无极太极”之说。

不过，说到“河图洛书”，也是宋朝陈抟公布于世的，后人多说是伪造，至到20世纪70年代经考古发现，才知“河图洛书”在汉朝就有了，包括先天与后天八卦的图式，以及天体之二十八宿和黄道十二宫（子、丑等）。

所以说，“没看见过或听说过就是伪造”这一说法，不一定成立。

再说了，如风水学精髓之“形法”理论，不知该人听说过没有？没听说过的东西多着呢！

笔者想：就算《青囊经》不是黄石公时代所创，著该经之人也必是一个大大的“行家”，“伪”得行文如此流畅，如此有层次、有内涵。笔者观之，实比市面所传——清之《四库全书》所录《葬书》之东一句、西一句要好得多矣！

另外，如《葬书》中有：“《经》曰：气感而应，鬼福及人；《经》曰：气乘风则散，界水则知。”等等，这个《经》指的是什么经呢？

还有：“《经》曰：外气横行，内气止生（《青囊经》上是：外气行形）；《经》曰：地有四势，气从八方。”等等。

说《青囊经》是抄《葬书》，不如说《葬书》是《青囊经》的注疏更能让人信服。

当然，《葬书》中还有如“《经》曰：形止气蓄，化生万物，为上地也；《经》曰：葬山之法，如呼吸中”等语，《青囊经》上确实没有。笔者后来看到“原版”之《葬书》，才知这几句话原出自《万金经》。

《四库全书》言《葬书》时，云：“璞从河东郭公受青囊中书九卷，遂洞天文五行卜筮（shi）之术。璞门人赵载尚窃青囊书，为火所焚……”

笔者认为：可能“装在青囊中”之书，并非只是专言地理之书，应该还有别的内容之书，不然怎么言郭璞“遂洞天文五行卜筮之术”。相信所言之赵载窃书，也必不会空穴来风。

而郭璞，必熟读了青囊九卷，不然怎么写得出《葬书》来？

所以笔者认为：不管蒋大鸿公布的《青囊经》从何而来，后人（一般人）是很难“伪造”得出如此高深而有条理之文字来的。郭璞何等才学，著《葬书》亦只是亦步亦趋——“《经》曰”如何如何。

笔者对“言《青囊经》是假”的朋友说一句：“你若是有本事把遗失的另外六卷都伪造出来，不要说像模像样，只要能沾点意思，我就相信《青囊经》是伪造的。”

郁闷啊！这个赵载，偷什么不好，偏偏偷书，害得我们都没“书”可看。

第九节　浅释“原版”《葬书》

笔者按：笔者某日，从一易友处得到一篇与今之“四库版”不同之《葬书》，笔者研读后，叹为观止！并自认为应是郭璞之“原版”。

笔者在此，将两种版本之内容相互比较，并依自己的理解，对该《葬书》浅释之，全作抛砖之用。

为保持文章原貌，笔者不作任何一字和标点的改动，或调换词句之前后次序，只是在“分段”上根据自己的理解作了如下处理。

原文如下：

葬书【郭景纯引青囊经注疏】

葬法者·承生气也·五气行乎地中·发而生乎万物·青囊经曰·土形气行·物因而生·

体受于父母·本骸得气·遗体受荫·青囊经曰·气感而应·鬼福及人·

是以铜山西崩·灵钟东应·木华于春·栗芽于室·

葬法者·气之聚·凝结者成骨·死而独留·故葬者·反气纳骨·以荫所生之法也·

阴阳之气·噫而为风·升而为云·降而为雨·行乎地中为生气·丘陇之骨·冈

阜之支·气之所随·青囊经曰·气承风则散·界水则止·故谓之风水·

风水之法·得水为上·藏风次之·何以言之·夫外气所聚内·气界水所以止·来龙千尺之势·委宛顿息·外无以聚内·气散于地中·青囊经曰·不吉之穴·腐散之藏·

噫气为（风）·能散生气·龙虎所以卫穴区风·叠叠中皋·左空右缺·前圹后折·生气散于飘风·青囊经曰·腾漏之穴·败棺之藏·

故聚而不散·行而有止·气行地中·气行因其势·气聚因势止·葬法者·原其起·承其止·

势原脉·脉原骨·委蛇东西·或南或北·千尺之势·百尺为形·势来形止·是为存气上地·青囊经曰·宛委自腹·回环重复·若踞而候·若揽而有·欲进而却·欲止而深·

来积止聚·冲阳和阴·土高水深·席草茂林·贵若千乘·形势之止·当葬其穴·如万金经曰·形止气蓄·化生万物·

气之盛则流行·而其余气犹有止·衰则零散·而其深处犹有聚·故藏于涸燥者宜浅·藏于坦夷者宜深·青囊经曰·崇冈叠阜·群陇众支·深浅得承·风水自成·

当择其特·大中特小·小中特大·参形集势·如万金经曰·主客同情地不葬·

支欲伏于地中·陇欲峙于地上·观支之法·平夷如掌·支葬其巅·陇葬其麓·上支如手·小（下）陇如足·形势不起·气脱如逐·贵地平夷·土贵生支·支之所起·气之所随·支之所终·气随而钟·青囊经曰·地有生气·土随而起·支有止气·水随而比·势顺形动·回复始终·隐隐隆隆·微妙玄通·吉葬其中·永吉无凶·

山势者·险而有情·葬其所会·乘其所来·审其所相·择其所安·避其所害·祸福不旋日·君以葬法夺神功·改天命·如万金经曰·若呼谷中言应速·

五气以和·童山不葬·气因形来·断山不葬·气因土行·石山不葬·气因势止·过山不葬·气以龙会·独山不葬·五山之不可葬也·狐首经曰·童石断过独·生新灾而消已福·

上上之地·若伏若连·其源自天·若水泛波·若马奔驰·其来若宾·其止若侯·若怀万宝而咽息·若具万膳而结齐·若鼛之鼓·若器之贮·若龙若鸾·或腾或

盘·禽伏兽蹲·乘万至尊·天光发生·朝海拱辰·四势端正·五害不侵·

势如万马·自天而下·其葬王者·势如巨浪·重岭叠嶂·贵若千乘·势如降龙·水绕云从·爵禄三公·势如重屋·茂草乔木·开府建国·势如惊蛇·曲屈徐斜·灭国亡家·势如戈矛·兵死刑囚·势如水流·胎生鬼怪·占山之法·以势为难·

形如植冠·永昌且欢·形如伏釜·其巅可富·形如负扆·有陇中峙·葬承其止·王侯崛起·形如燕巢·葬承其凹·胙土分茅·形如侧罍·后冈远来·前应曲回·九棘三槐·形如仰刀·凶祸伏逃·形如卧剑·诛夷僭逼·形如横儿·子灭孙死·男病女忧·形如灰袋·灾舍焚仓·形如投算·百事昏乱·形如乱衣·妒女淫妻·

若牛卧马驰·鸾舞凤飞·委蛇顿曲·鼋鼍鱼鳖·以水别之·牛富凤贵·螣蛇凶危·形类百动·葬皆非宜·响应朝案·同为忌之·

青囊经曰·地有四势·寅申巳亥·气行八方·坎离震兑乾坤艮巽·四势之山生八方之陇·四势之龙生八方之郡·壹得其中·吉庆昌隆·

乾者势欲起伏而长·形欲阔厚而方·坤者势欲连长而不倾·形欲广厚而长平·艮者势欲委蛇而顺·形欲高峙而峻·巽者势欲峻而秀·形欲锐而雄·震者势欲缓而起·形欲耸而峨·离者势欲驰而穹·形欲起而崇·兑者势欲大来而坎垂·形欲方广而平夷·坎者势欲曲折而长·形欲瘦而昂·

势与形·顺者吉·逆者凶·势凶形吉·百福者一·形凶势吉·祸不旋日·

青囊经曰·势止形昂·前涧后冈·龙首之藏·尤显吉昌·角目灭亡·耳致侯王·唇死兵伤·宛而中蓄·谓之龙腹·其脐深曲·必后世福·伤其胸肋·朝泣暮哭·

支陇之辨·眩目乱心·祸福之差·侯虏有间·土圭测其方·玉尺度远迩·乘金相水·穴土孕育·外藏八宫·内秘五行·龙虎抱卫·主客相迎·微妙在时·触动悠长·玄通阴阳·功夺造化·

穴土·欲细而坚·润而不湿·除肪切玉·备具五色·干如聚粟·泽如封肉·水泉砂砾·为凶为祸·

穴有三吉·天光下临·地德上载·藏神合朔·神迎鬼避为一吉·阴阳冲和·五土四备为二吉·目力之巧·功力之具·趋全避缺·增高益下为三吉·

穴有六凶·阴阳差错为一凶·岁时乖戾为二凶·力小图大为三凶·凭福特势为四凶·僭上逼下为五凶·变应怪见为六凶·青囊经曰·吉地凶葬·与弃尸同·

穴外·左为青龙·右为白虎·前为朱雀·后为玄武·玄武垂头·朱雀翔舞·青龙蛇蜒·白虎驯服·

形势反此·虎蹲衔尸·龙踞嫉主·玄武拒尸·朱雀腾去·法当破灭·

以支为龙虎者·来止迹乎冈阜·如人肘臂·卫穴环抱·平洋之地·无山为卫·平支水支·为其龙虎·平支来止·支水为之·

水为朱雀·朱雀发源生气·派于未盛·朝于大旺·泽于将衰·流于囚谢·始终往返于不绝·衰旺兮乎形应·忌水气湍急·谓之悲泣·朱雀每（舞）折·潴而后泄·扬扬悠悠·顾我欲留·来若无源·去若无流·青囊经曰·山来水回·贵寿财权·山囚水走·虏王灭侯·

吾不作葬书·后人必不能作葬书·不将此理竟湮没而不传乎·吾不必计后人知与不知也·吾但作之·以俟千百年后必有一人与吾心相印者·则此理不湮没于天壤·而吾之愿足矣·此作葬书意也·景纯氏·

葬书终·

讹传葬书廿四篇·蔡氏增修成八篇·草芦吴氏鄙蔡氏·私定内外杂三篇·郭氏原文致全非·恨·(原按)

浅释：

葬书【郭景纯引青囊经注疏】

释义：开篇即言“郭景纯引青囊经注疏”，不知是后人所加，还是郭公之自语。

葬法者·承生气也·五气行乎地中·发而生乎万物·青囊经曰·土形气行·物因而生·

释义：一开始，问题就来了。《葬经》（以下以《葬经》为“四库版”，以《葬书》为“原版”，下同）云：“葬者，乘生气也。”

显然，“葬法者”要比“葬者”含义更准确。葬法，就是讲求埋葬之道的方法。

“承”与“乘”呢？查字典：承，1. 在下面接受，托着：如承尘（天花板）；2. 承担，担当；3. 继续，接连：承上启下；承接。乘，1. 骑、坐；2. 趁，就着：乘机，乘势；3. 乘法。4. 量词：千乘（sheng）之国。

看来，“承生气”的承，理解为“承接”较合理；“乘生气”的乘，理解为“乘势”较合理。但比较来看，还是“承接”更形象：所谓葬法，就是（穴）承接生气之法。

两个字，音同字不同，意思还是比较接近；但用“承”则更形象。

全段：葬法，就是承接生气；五行之气在地中运行，发动起来就可以生发万物；如《青囊经》说：气行于山川之形中，万物都因此而生发。

从辞章布局来看，前面是郭公对葬法的理解，也就是定义；后面则引用《青囊经》的原句来总结和应证。以下多是如此。如果《青囊经》原经确实被焚，那本文中《青囊经》的内容，就是郭公凭记忆所录了。

但《葬经》上，却将“《经》曰：土形气形（行），物因而生”一句，放在“夫土者气之体，有土斯有气；气者水之母，有气斯有水”之后。其他地方也多是如此。

细观《葬书》，通篇都没有什么“有土斯有气、有气斯有水”及什么“气为水之母”这类话。这段话本身来得也颇有些唐突：“土者气之体”——气之体在天上，怎么气之体是土？“气者水之母”——把天地之“气”直接当成是“蒸气”了？再观《葬书》全篇，没有一个“斯”字。所以笔者怀疑此段恐全为后人所添撰。

注意：“土形气形”与“土形气行”，“形”与“行”一字之差，意义就完全不同了。

体受于父母·本骸得气·遗体受荫·青囊经曰·气感而应·鬼福及人·

释义：《葬经》是“人受体于父母”，不如“体受与父母”用词精炼。

意思：人体受之于父母，所以（父母）死后之骨骸，如果得到了地中之“生气”，其后世的子孙就会得到好的“荫佑”。如《青囊经》说：生气通过先人骨骸，而感应并降福于后人。

《葬经》原注言：之所以能“感应”，是因为“人心”的感念。人心通乎天地之气，心之所念，气之所感。所以，我们中华民族历来就有祭祀祖先的文化传统。

是以铜山西崩·灵钟东应·木华于春·栗芽于室·

释义：为什么能有“感应”呢？你看：西边的铜山崩塌，东边的灵钟都会有振动；春天，野外的草木开花了，在房屋里的栗子也同样发芽。此言气之感应无处不在。

《葬经》原注有：“曾子很孝，他母亲想他，一咬手指，曾子的心就会痛”；所以笔者认为：“气感而应”，有点“心灵感应”的意思。这也提醒我们：祖上风水再好，你若无敬念之心，恐怕也“保佑”不了你。

葬法者·气之聚·凝结者成骨·死而独留·故葬者·反气纳骨·以荫所生之法也·

释义：葬法，就是——把地中所聚凝之气，承接到先人虽死却留下的骨骸里，气与骨骸凝结后，其气再“反出”（返出），就可以起到“荫佑”其后人的作用。反，同“返”；“反气”的大意是指：气与骨骸结合后，（该气）再反作用到后人身上。凝，凝结，聚集。

气，天有天气、地有地气、人有“运气”，故：先人之风水好，后人之运气就好。

《葬经》原文是：“盖生气之聚，凝结者成骨”，笔者认为“气之聚凝·结者成骨”这样分段更简炼合理，与全文读起来更通顺。“气之聚凝”处，就是“真龙穴地”之所在，其气自是生气。结者成骨，言生气与骨骸相融结。

“反气纳骨”，《葬经》为“反气入骨”。这是倒装句：纳骨反气。

骨骸能“结合生气”吗？在风水实践中有没有道理，或说是“实证”？笔者认为：有的。

风水中有一种说法：说如果一个地方风水好，埋下的尸骨都不会烂。当然，这种情况很少很少。不过，有反证：笔者有一位表哥，今年快六十岁了，在农村经常帮人做葬坟和迁坟的事，据他讲——见过不少迁坟的，才埋下去一二十年，开坟一看，骨头都找不到了（哪去了呢?）；坟中有水有蚂蚁的，更是多多。当然，这种坟地的后人多是不怎么样的。

所以民间有：如果先人的骨骸呈红色或金黄色，说明该坟风水很好；还有开坟见有“白气”冒出，或什么“紫藤缠棺”，内有“热度”，有活（动）物等等，都是好坟，破不得等之类的说法。

笔者家父的实践经验：真龙穴地——就是有“地气”的地方，确有“暖气”，是真的！

以上三段，都是阐述“葬法——承生气”。

阴阳之气·噫而为风·升而为云·降而为雨·行乎地中为生气·丘陇之骨·冈阜之支·气之所随·青囊经曰·气承风则散·界水则止·故谓之风水·

释义：这段是接着阐述“气”的运行变化，并给“风水”下了定义。

噫，是叹息的意思；这里的意思接近“吹动”。

阴阳交媾之气，被吹动就变成风，升上天就变成云，云凝结落下来就是雨；行在地中就是生气（有没有点“河图”之“一六共宗”的意思?）。如山脉之骨的丘陇，如山脉之支的冈阜，气就随着它们运行。

所以，《青囊经》说：气如果被风吹到（承风，风跟在后面），气就散了；气到有水相界的地方，就停止（不跑）了。这就是“风水”的定义。

《葬经》在定义“风水”前，还有一段话：“古人聚之使不散，行之使有止”，一看就是把“古人”说的套用在这里，原话是“故聚而不散，行而有止”，位置原在下面阐述气之“聚散行止”一节中。

风水之法·得水为上·藏风次之·何以言之·夫外气所聚内·气界水所以止·来龙千尺之势·委宛顿息·外无以聚内·气散于地中·青囊经曰·不吉之穴·腐散之藏·

释义：本段是继续阐述“风水”的定义，也就是“具体找风水宝地”的方法。

风水之道，得水为上，藏风次之。为什么这么说呢？外气所凭借的山川形势，是聚结内气的根本；气在形势界水的情况下，（气）就止了。所以，得水为上。前面《青囊经》有“外气行形，内气止生”一句。

（来龙）千尺之势，宛转委曲，顿挫止息，（虽然很好看）但如果外形没有界水之势去聚结内气，气就发散在地中——即气就处在“发散”状态。

所以，《青囊经》说：葬在这种（气散的）地方，是不吉的，尸体会腐败朽散。

笔者反复读上段，觉得这样“标点”似更通顺：“夫外气所（以）聚内气·界水所以止来龙·千尺之势·委宛顿息·外无以聚内·气散于地中”。意思更加明白。

《葬经》将上句放到《外篇》里，而且是“过水所以止来龙”；“过水”是什么水？不明白。山前有水“过”，就是风水宝地乎？难怪天下之地，多在山咀水边也！

噫气为（风）·能散生气·龙虎所以卫穴区风·叠叠中皋·左空右缺·前圹后折·生气散于飘风·青囊经曰·腾漏之穴·败棺之藏·

释义：上面讲“得水为上”，此段接着讲“藏风次之”。你看，古人的行文布局多么严谨；哪里像《葬经》，东挪一段，西凑一段。

笔者觉得“噫气为能散生气”一句，可能中间掉了一个字，如：“噫气为（风）·能散生气”就更通顺了。

说：气被吹动就会变成风，风能散发生气，所以要“青龙白虎砂”来卫穴挡风。区，同“驱”，驱赶，风怎么驱赶？只能是遮挡。

皋，查字典：水边的高地。《葬经》是“叠叠中阜”，阜，土山。一字之差，其义迥然。

所以，笔者越来越有信心认为：此《葬书》，才是真正“原版”的《葬书》。

说：水边重重叠叠的高地，虽然界水了，但如果左边空右边缺，前面空旷（无朝案且受风吹），后面来龙折凹（无靠山，即仰瓦），生气就会被吹散于飘风之中。

注：明堂宽阔之地，只要四周无“凹风”吹射之象（四维周密），也无不吉。笔者在此告诉大家：风水中所忌的“风”，是那种明显有“凹缺口”吹来的风。飘风，是“大风”的意思。

所以，《青囊经》说：葬在这种地方，就是腾漏之穴，败棺之藏。

故聚而不散·行而有止·气行地中·气行因其势·气聚因势止·葬法者·原其起·承其止·

释义：“聚而不散，行而有止”一句，是对上面阐述“得水为上，藏风次之”的总结，在这里起承前启后的作用。

说：所以，气要聚而不散，气要行而有止。意思是不仅要界水，还要藏风，才能聚，才能止。

《葬经》上把这句总结的话和上面的阐述分离了，变成“古人聚之使不散，行之使有止，故谓之风水”，古人能“聚之使不散”，今人就不能乎？再说了，地中之气的“聚散行止”，岂是“人”所能“使”的？气该聚就聚，该止就止，岂是风水先生所能“聚之、行之”？风水先生“做风水”，不过是去找气之“聚止”之地，让骨骸“承接”罢了。

实是有些“画蛇添足”之嫌。所定义的“风水”，也变成了“做风水”的意思。

何为聚？何为止呢？

接着说：气行于地中，气行是因其山川之势而来，气聚是因山川之势而止。葬法，就是要探寻因其势行来之气的起源，承接因其势所聚之气的止处。这里就引出“势”的概念来了。

《葬经》原文是：“夫气行乎地中，其行也，因地之势；其聚也，因势之止。”一看就没有上面精炼。把“势”说成是“地之势”，也有些偏颇，平洋之地就无势吗？山有山势，水有水势，平洋有平洋之势。

势原脉·脉原骨·委蛇东西·或南或北·千尺之势·百尺为形·势来形止·是

为存气上地·青囊经曰·宛委自腹·回环重复·若踞而候·若揽而有·欲进而却·欲止而深·

释义：何为势？山川之所以有“势”，其根源是因为内部有“脉”，即“地脉”；脉中之气盛大，山川之“外势”就雄伟。地脉的根源是其内部有“骨”；骨，山脉之骨，如人之骨；骨中之“骨髓”，即地中精华之气所依也。山脉之势，如蛇一样委曲宛转，一会儿往东，一会儿往西，一会儿往南，一会儿往北，让人眼花缭乱，不易辨认。讲句笑话：做风水不懂得寻龙之法，登山茫然，就是这个样子。

千尺之来势（形容雄伟），到最后（粗变细、老变嫩）成百尺之形，如果势来形止（就是该形“界水又藏风”了），该形就是存气之上地。存，就是聚。

《葬经》上：“千尺为势，百尺为形；势来形止，是谓全气。全气之地，当葬其止。”何为“全气”？有气之地自有气，无地之气自无气，哪有“半气”、“全气”的说法？“千尺为势”在这里也不如“千尺之势、百尺为形”在语气的承接上感觉更好些。

所以，《青囊经》说：（结穴之地的）山势，整体是宛委盘旋，回环重复（穴如在腹中）；到形止之时，好像蹲或坐着在等候的样子，又好像怀中揽而有物的样子，又好像要前进却又止步、要停止却又想（往前）深入的样子。踞，蹲或坐。

来积止聚·冲阳和阴·土高水深·席草茂林·贵若千乘·形势之止·当葬其穴·如万金经曰·形止气蓄·化生万物·

释义：本段是否应是上段《青囊经》的后续句子，不得而知；观其大意，重点落在“形势之止、当葬其穴”上，所以笔者将之与上段分开，认为是“势来形止”的引申。

说：如果（形势）是积集其来，聚结其止，呈阴阳冲和之态，如土高水深、草木茂盛之地，那就贵若千乘了；意思是：葬在这种地方可出“千乘”之富贵。千乘，古时的诸侯国；放在现在，与省部级差不多。

冲阳和阴，就是阴阳冲和的意思，讲阴阳（山水）之势要匹配。懂得阴阳冲和，是点穴的关键。

说：这种形势之止的地方，应当葬穴。就如《万金经》所言：形止气蓄，化生万物。

《万金经》是什么经？没听说过也没见过，估计是古代地理经典。可惜啊！

《葬经》上在“贵若千乘”后，加有一句“富如万金”，也可。自古好地皆是“富贵双全”也。但“贵而且富”和“富而且贵”之地，在风水之形峦上还是有所不同的。

气之盛则流行·而其余气犹有止·衰则零散·而其深处犹有聚·故藏于涸燥者宜浅·藏于坦夷者宜深·青囊经曰·崇冈叠阜·群陇众支·深浅得承·风水自成·

释义：气之势如果来得很旺盛，则会流行很远，到余气了才会止；意思要反过来理解：形势雄壮，则其气旺，虽然“止”——结穴了，但余气还会跑很远；若是在余气上去葬，那也发不到哪里去。

气之势如果来得比较衰弱，则易成零散之势，但其“沉处”还是有聚气的地方。深，下沉。

所以，葬在干燥之地（如山龙所结）宜浅，因气其盛；葬在平坦之地（如平洋龙所结）宜深，因其气沉。涸，水干。

《青囊经》说：高崇的山岗与层叠的平地，连绵的群山与众多的平支，懂得其深浅之法去承接生气，风水自然就成功了。陇，寓意高一点的山脉，如同“势”；支，寓意山脉之低一点的支脚，如同“形”。但“形”与“势”在同一处是相对而言，有的“形”也是十分雄伟状观的。

读到这里，各位观众——大问题来了：《葬经》上是“故藏于涸燥者宜深，藏于坦夷者宜浅”，整个意思反了一个“180度”。

《葬经》之注解是：高陇之地，阴之象，气在内，强刚而沉下，故涸燥宜深葬；平支之地，阳之象，气在外，弱柔而浮上，故坦夷当浅葬。

谁说得更有道理？

笔者认为——涸燥宜浅，坦夷宜深，才是正理。（当然，这里面也有地区差异。）

为何？

总体而言，山龙结穴，其来势必雄猛，其气必旺而上浮，穴内土色穴情必浅掘即见，若挖得太深，岂不破了？平洋龙之来势必缓坦，其气本身行得就深沉，怎么可能“浮上”？葬得浅，气都接不上，发个什么？再言：强刚之气会沉下乎？弱柔之气有力浮上乎？是山龙之气刚强，还是平洋之气刚强？

读者可看：现在考古发掘出来的古墓，凡平洋（平原）之地，都葬得很深，谁是浅葬了？古人在这方面比我们“笨”？

所以，笔者甚至有理由相信：《四库全书》所录《葬经》，并不是“排版或印刷”错误，而是经后人“篡改”过的，恐“真机”泄露。后面还有相关“证据”。

而后世的一些“屋里先生”，不遇明师，不得真传，不经实践，凭着自己读过几天“之乎者也”，强以什么“阴阳之象”去以错解错，皆想当然耳！实在误人非浅——若按他说的去作，葬法相反，还能“葬承生气、风水自成”乎？

风水学之“老祖宗”——《葬经》都有疑，难怪有人说：风水之难学，惟“口口相传”与实践为真。

当择其特·大中特小·小中特大·参形集势·如万金经曰·主客同情地不葬·

释义：上文是接着上面“崇冈叠阜、群陇众支”一句来的，进一步阐述“深浅得法、风水自成”的含义。

说：在“崇冈叠阜、群陇众支”之中，应当选择比较之下显得呈“特别”之态——就是大中特小、小中特大的地方；再具体参看形止之态，总体结合大势之象。

如《万金经》言：主（结穴的主龙主山）与客（维护结穴主山的外围砂

山）无法分辨的地方，不要去葬。

为什么呢？

不是“大中特小、小中特大”的形势，说明“龙”还在跑，还没有落穴——够简单，够直白了吧？（学风水，要有悟性啊！话说回来，学什么不要悟性？）

《葬经》上是“参形杂势”，不知怎么个“杂”法？

本《葬经》全篇共出现过三次《万金经》，看来此经郭璞很重视。

支欲伏于地中·陇欲峙于地上·观支之法·平夷如掌·支葬其巅·陇葬其麓·上支如手·小（下）陇如足·形势不起·气脱如逐·

释义：支好像要隐伏于地中（气欲往下，实则往上，故葬巅），陇好像要从地面耸出（气欲往上，实则往下，故葬山脚）。看支（结穴）之法，其支必要是平夷如手掌（不管是手背还是掌心，隐约也必要有窝、突之象）；支结之穴，要葬在其巅（顶端上）；陇结之穴，要葬在其麓（山脚）；麓，山脚。

（山脉）有的上面一点的支生得就像人的手，有的（下面）小一点的陇生的就像人的足；如果这种“支陇”没有生成结穴那样“止”的形势，气就会像跑步一样脱掉了。逐，追逐，形容快。意思是：不要去葬那些个“上支下陇”，只是“手足”而已。

以上是支陇之辨；并言：支有好支差支，陇有好陇差陇。

《葬经》上是“卜支如手，卜陇如足”；卜，大意是观察。如果直接说支是手、陇是足，恐不太合理。“卜”与“小”，恐皆为传抄之误。“小陇”或应为“下陇”更宜——“上支如手·下陇如足”。

“支葬其巅、陇葬其麓”与上面“涸燥宜浅、坦夷宜深”是两个概念：一言穴结何处，一言穴中深浅。高处（支结）之穴宜浅，低处（陇结）之穴宜深，方识“阴阳之道”也！

贵地平夷·土贵生支·支之所起·气之所随·支之所终·气随而钟·青囊经

曰·地有生气·土随而起·支有止气·水随而比·势顺形动·回复始终·隐隐隆隆·微妙玄通·吉葬其中·永吉无凶·

释义：（山川）地脉（到结穴之时）贵在有平夷之势（雄猛变平缓），土（结穴之星体）贵在生有支阜；支起气随，支终气止。地，泛指山川；土，可喻为结穴后的父母山，或泛指结穴星体。《葬经》是“地贵平夷”。

所以，《青囊经》言：地中有生气，随着山脉而起；支阜中有止之气，水随之而环绕；（外局）大势顺行而来，形局有灵动之态——形与势回环往复；（内气）隐隐隆隆，微妙玄通；葬在这种吉利之地，永吉无凶。（观穴地之气，只可意会而不可言传，“隐隐隆隆、微妙玄通”一句，用词极为精炼传神。）

《葬经》上是“地有吉气”、“法葬其中”，用“生气”和“吉葬”似更妥当。

山势者·险而有情·葬其所会·乘其所来·审其所相·择其所安·避其所害·祸福不旋日·君以葬法夺神功·改天命·如万金经曰·若呼谷中言应速·

释义：先回顾一下：上面总体讲了“势与形”、“陇与支”之辨，从这一段开始，再次详细阐述“势”与“形”。

本段讲“势”。说：山脉之势，虽险峻但也有“有情”之地——要葬其（整体气势）会聚之处，乘其所来之势，审视其旺相之态，选择其安顿之所，避开其危害之方，可以很快改祸为福。所以，得道之（高）人，可以用葬法（风水）去夺天地之神功，改变（已生或后世之）天命。乘，乘势。

就如《万金经》所言：如同人在山谷中呼喊时，可以马上听到“回音”那样的快。比喻风水“夺神功、改天命”应验的速度之快。该句在《葬经》是“《经》曰：葬山之法，若呼吸中。言应速也。”

《葬经》原文：“山者势险而有也，法葬其所会；乘其所来，审其所废，择其所相……”词句多变，不明所以。

关于“改天命”一说，笔者考察过先师当年所做的数例阴阳二宅，皆是荫佑的已经出生的后人。

五气以和·童山不葬·气因形来·断山不葬·气因土行·石山不葬·气因势止·过山不葬·气以龙会·独山不葬·五山之不可葬也·狐首经曰·童石断过独·生新灾而消已福·

释义：此段接着讲“有害之山势”，共有五种情况。

说：五行之气贵在和合，故童山不可葬；所谓童山，就是没有地气，光秃秃的不长草木之山。气因形来，故段裂之山不可葬；气因土行，故光石无土之山不可葬；气因势止，故只是“过龙”的山不可葬；气以龙会，孤独之山不可葬。

《狐首经》言：“童石断过独”这五种山势，葬之会生新的灾难，消散已有的福气。

我们反过来理解：“五气以和、气因形来、气因土行、气因势止、气以龙会”，与上面“葬其所会、乘其所来、审其所相、择其所安、避其所害”是相呼应的，这些就是寻龙点穴的基本要点，也就是《葬书》所想表达的风水真谛。

《葬经》上：“童断石过，独生新凶，而消已福。”明显是标点有误。

不知《狐首经》是什么经？

上上之地·若伏若连·其源自天·若水泛波·若马奔驰·其来若宾·其止若候·若怀万宝而咽息·若具万膳而结齐·若絷之鼓·若器之贮·若龙若鸾·或腾或盘·禽伏兽蹲·乘万至尊·天光发生·朝海拱辰·四势端正·五害不侵·

释义：本段讲“上上之地”的势。

说：上上之地的势，是起伏连绵，好像源自天上而来；（其起伏）就像海水泛波，又像万马奔驰；其来好像贵宾所至（有迎有送），其止好像欲踞而候；好像怀揣万宝（跑到这里刚停下）喘气休息，又好像面前整齐摆好了膳食（正准备坐下来吃饭）；（其动势）好像马之缰绳随马在鼓动（絷，zhi，拴捆、马缰绳），（其静势）好像器皿中盛装了东西，不满不溢；好像飞龙之盘旋，又似凤鸾之飞腾；外有降伏之禽、蹲守之兽跟随，乘有至尊之万千气象；又似天上瑞光发生，有万水朝宗、众星拱（卫）（北）辰之势。四方之势端圆方正，无有“五害”之弊来侵。四势，即青龙、白虎、朱雀、玄武之势。五害，童断石独过。

《葬经》上“其来若奔、其止若尸”，有些粗俗——尸者，无活力之象也。

势如万马·自天而下·其葬王者·势如巨浪·重岭叠嶂·贵若千乘·势如降龙·水绕云从·爵禄三公·势如重屋·茂草乔木·开府建国·势如惊蛇·曲屈徐斜·灭国亡家·势如戈矛·兵死刑囚·势如水流·胎生鬼怪·占山之法·以势为难·

释义：本段是具体讲各种“势”的吉凶。

言：势如万马自天而来，是王侯之葬（即葬之可出王侯）；势如巨浪，重岭叠嶂，是千乘之葬（比王侯差一点）；势如降龙，水绕云从，可位列三公；势如重屋、茂草乔木之地，可出开府建国之人？（重屋之势，比万马之势贵乎？）势如惊走之蛇那样曲屈斜窜，葬之要灭国亡家；势如戈矛一样直硬，葬之有兵死刑囚之凶；山势似流水倾泻，葬之如鬼怪入胎之不吉。

总之，占山之法，以认“势”为最难。

本段中“势如重屋”一段有些费解。重屋，如是指一层房屋上再重上一层，那就是形容其山势之高，但古时高层之房屋很少；如果是指山势如层层叠叠的房屋从高到低，形如天梯而来，那就确实了不得。茂草乔木，是形容其水土肥沃。

形如植冠·永昌且欢·形如伏釜·其巅可富·形如负扆·有陇中峙·葬承其止·王侯崛起·形如燕巢·葬承其凹·胙土分茅·形如侧罍·后冈远来·前应曲回·九棘三槐·形如仰刀·凶祸伏逃·形如卧剑·诛夷僭逼·形如横几·子灭孙死·男病女忧·形如灰袋·灾舍焚仓·形如投箕·百事昏乱·形如乱衣·妒女淫妻·

释义：本段是具体讲各种“形”的吉凶。

形如树木之顶冠（似金星体），永昌且欢；植冠，如松树等植物之顶冠。

形如伏釜（锅），葬在其顶，可以富贵。这句话要特别提出来，《葬经》上是：“形如覆釜，其岭可富。”伏釜，就是伏过来的锅，形如金星，其

“岭”在何处？郭璞告诉我们：金星要葬顶。其他《地书》上言：金星要开窝，或金星取水；如此处是有意“篡改”，就有“误人子弟”之嫌。

形如负扆，扆的意思是屏风，意思是：来山开帐，形如屏风，有山陇从（局）中峙立，葬其气之所止之处，有王侯之贵。注意：书中数次强调一个“止”字。

形如燕巢，要葬其凹，可以列土分疆（胙土分茅，有点“封疆大吏”的意思）。

形如侧罍（lei），罍，古代一种形状像壶的盛酒的器具。

这句话，要特别注意：《葬经》上是“形如侧垒”，垒的繁体字是“壘”，与罍不一样，“垒”的意思是——古代军中作防守用的墙壁。这就可能是后人在传抄或简化中把“罍”写成“垒”了。看《葬经》上此段原文下的注解是：“穴形偃诈，如垒之侧，玄武来上，前朝后应，法当就垒口扦之，主三公九卿之贵。”整段话说得是莫名其妙，不知道讲的啥意思。查“偃”的意思是“仰面倒下”，“诈”是“假装”；全句：穴形如侧倒之垒，呈假装仰面而倒之态——啥啊？扦垒口——哪呀？

虽然笔者不知“罍”是怎样的一种酒壶，但“侧罍”的意思绝非“侧倒的墙壁”。通过这一字之辨，由此，笔者更加相信：本篇极可能确是《葬书》之原文。

“后冈远来、前应曲回”是把形比喻成“侧倒之罍”的样子；九棘三槐，寓意三公九卿。后，有一次笔者确见一大地，是“后冈远来，前应曲回”，形如侧罍，穴绝非在罍口，而是在罍底。笔者由此十分敬佩郭璞先师。学者宜熟读《葬书》再登山实战，方知其所言之妙也。

后面“仰刀、卧剑、横儿、灰袋、投箕、乱衣”等，都是比喻形之凶象。这些凶象具体是什么样子，难以用具体语言来表达。

“横儿”，《葬经》上是“横几”，横几的意思是：横着的玉儿，就是“御案”，应该是好东西才是。横儿，是否指形如“横尸”；投箕，箕是簸箕之意，投箕，可能是指形如倾斜的簸箕；《葬经》是“投算”，更不明其义。《葬经》上在“男病女忧”前，有一句“形如覆舟”；读起来是通顺多了，就是不知“形如覆舟”之地真的能不能葬：形如一只船覆过来，有点像“太阴”金星体，好像也凶不到哪去啊。

笔者的意思是：真龙穴的，其形必是吉象；如此这般不吉之象，多不结地，葬之自凶；就算是奇龙怪穴，非“道行”高深，亦不可妄下。

若牛卧马驰·鸾舞凤飞·委蛇顿曲·鼋鼍鱼鳖·以水别之·牛富凤贵·螣蛇凶危·形类百动·葬皆非宜·响应朝案·同为忌之·

释义：一看此段，就有点像是在讲“喝形点穴”；实则是以“喝形”来喻形——形得本性之象方为真确。“委蛇顿曲”一句，结合后面“艮者势欲委蛇而顺”，委蛇，是讲“形”要如蛇一样有委曲盘旋之势，而不是具体讲的“蛇形”之山。“委蛇顿曲”是指不管“牛卧马驰”，还是“鸾舞凤飞”，都要有委曲盘旋兼有停顿之势。后面的“螣蛇”大概才是形容蛇形之山飞窜无盘旋停顿，故凶。《葬经》是“螣蛇委蛇”、“螣蛇凶危”，螣蛇，古书上说的一种能飞的蛇；但其前后意思矛盾，不好理解。

“鼋鼍鱼鳖、以水别之”，言都是水族，以其在水中之形来分别。

“形类百动、葬皆非宜”，形在动，说明气未止；“响应朝案，同为忌之”，朝案如果也是呈“动”象，也不吉利。《葬经》是“四应前桉，法同忌之”；桉，桉树，不知何意；应是“按”或“案”字。

非笔者在“抠字眼”，如笔者没有找到本篇《葬书》，现行版之《葬经》的好多地方真是看不懂。古人用字十分讲究，一字之别，其意就差之千里了。

另外，从语气上来看，“牛卧马驰，鸾舞凤飞，鼋鼍鱼鳖”之地，皆无法与前面“势如万马”之地相比。

青囊经曰·地有四势·寅申巳亥·气行八方·坎离震兑乾坤艮巽·四势之山生八方之陇·四势之龙生八方之郡·壹得其中·吉庆昌隆·

释义：这是用《青囊经》所说的话来总结上面一大篇讲“形”与“势”的内容，就是说：不管山脉呈什么“势”，只有“四势”；不管气怎么行，只行（后天八卦）八方。“四势之山生八方之陇、四势之龙生八方之郡”一句，恐有大学问在内。

为何言“四势”是“寅申巳亥”呢？笔者也想不太明白。看《葬经》注解是说：“寅申巳亥为五行之长生之地。”意思是五行之气由此而出。结合下面具体讲“八卦”之势与形，说明并非“四势”，而是“八势”。是不是说天下龙势从发祖而来，只“乾、坤、艮、巽”四龙呢？看杨公《撼龙经》，开篇言“须弥山是天地骨……生出四肢龙突兀……南北东西为四派……惟有南龙入中国……”。再看曾公著《青囊序》中，有如此句：“乾坤艮巽号御街，四大尊神在内排”，如果“寅申巳亥”意指四维之“乾坤艮巽”，就有点意思了。

总之，《青囊经》言“四势生八气”，其“寅申巳亥”究竟何意，不易破解。

《葬经》原文：“是故四势之山生八方之龙，四势行龙，八方施生，一得其宅，吉庆荣贵。”八方之“陇”变为八方之“龙”了，其意更是只能意会，不知其所以然也。

乾者势欲起伏而长·形欲阔厚而方·坤者势欲连长而不倾·形欲广厚而长平·艮者势欲委蛇而顺·形欲高峙而峻·巽者势欲峻而秀·形欲锐而雄·震者势欲缓而起·形欲耸而峨·离者势欲驰而穹·形欲起而崇·兑者势欲大来而坎垂·形欲方广而平夷·坎者势欲曲折而长·形欲瘦而昂·

释义：本段细讲“八卦”之各自的势与形，是排比，笔者觉得十分重要。

乾者，是说“乾方来龙”呢？还是指形势如“乾”（金星体）呢？还是直接就是“戌乾亥”三龙呢？还是暗指结的“戌乾亥”三穴呢？结合上句“四势之山生八方之陇”，此“八卦”应是指八方之陇——山脉。乾者，就是指从西北乾方来的山脉。

乾方来龙，势要起伏而长，形要阔厚而方；说明西北来龙气势较雄状；乾宫金，有肃杀之气。

坤方来龙，势要连长而不倾，形要广厚而长平；说明坤宫龙属土，气势较平和。

艮，势要委蛇而顺，形要高峙而峻；艮宫属山，艮卦有止、顺之意。

巽，属木，故势要峻而秀，形要锐而雄；气势较急。锐，尖锐。

震，也属木，势要缓而起，形要耸而峨；意思好像与“巽”差不多，但势缓。峨，高。

离，属火，势要驰而穹，形要起而崇。穹，高起成拱形。火形之山也结地乎？这说明是在讲来龙的势态，非讲“五星”结穴。

兑，为泽，势要大来而坎垂，形要方广而平夷；意思有点“沼泽”之象。

坎，为水，势要曲折而长，形要瘦而昂；水星体。

《葬经》上在每“卦”前都加有一个“葬”字，意义就大不一样了——葬乾者，直接就是说“葬乾龙或乾山”；与上面的“四势八方”意思就连接不上。还有如“葬兑者，势欲天来而坡垂”，也是不知其意；恐为字误。

势与形·顺者吉·逆者凶·势凶形吉·百福者一·形凶势吉·祸不旋日·青囊经曰·势止形昂·前涧后冈·龙首之藏·尤显吉昌·角目灭亡·耳致侯王·唇死兵伤·宛而中蓄·谓之龙腹·其脐深曲·必后世福·伤其胸肋·朝泣暮哭·

释义：本段再次阐述“势与形”之间的关系。

势与形，顺者吉，逆者凶；何为顺？何为逆？《葬经》言：形势二者以止伏为顺、飞窜为逆。笔者理解：势大形小，势与形之间地中之气“顺”则有穴，不“顺”则无穴。顺，就是通气，有情的意思。

势凶形吉与形凶势吉，言：形吉稍有福，形凶则祸速。

最后，用《青囊经》的话来具体说明“形与势”二者之间产生吉凶的道理——势止形昂，前有河涧后有山冈，像“龙首”一样，葬之尤其吉昌；(但是）葬龙首之上，如果葬在“龙角”与“龙目”会灭亡，葬在“龙耳”则可致王侯，葬在“龙唇”却又不吉；如果葬在“宛而中蓄，其脐深曲”的龙腹，那是更好——后人必世代富贵；但如伤了龙的“胸肋”，那就大大不妙——早上哭了，晚上接着哭！凶事不断。

一条“龙”，就有那么多的讲究。龙是势，穴是形，势吉形吉，就是龙要真、穴要的。

《葬经》上是“龙首之藏，鼻颡吉昌”，颡，额，脑门子；意思变成“龙鼻”和“龙额”可葬。有没有道理，笔者也不知道。但不管“龙首”葬何处，落穴必有穴情，立向后四周砂水也要看起来吉利才行吧；非实地勘察，不敢妄言。

支陇之辨·眩目乱心·祸福之差·侯虏有间·土圭测其方·玉尺度远迩·乘金相水·穴土孕育·外藏八宫·内秘五行·龙虎抱卫·主客相迎·微妙在时·触动悠长·玄通阴阳·功夺造化·

释义：郭璞再次感叹：所以，支陇（形与势）之辨，实在是眩目乱心，十分不易。差之则福可为侯，祸可为虏。怎么办呢？所以要用“土圭”去测量（穴的）方位，用“玉尺”去度量（穴的）远近。迩（er），近。

土圭玉尺，应该就是晋朝时及前朝古人寻龙点穴的工具。如此说来，晋朝之时还没有“罗盘”乎？古人用“土圭玉尺”就行了，我们今人把“罗盘”越搞越复杂，反而找不出穴了！

后面几句是接着讲（点穴、认穴的）具体方法：“乘金相水”？要与“穴土孕育”一起看；意思大概是：穴外要有“乘金相水”之状，穴内才有“土色孕育”之象。

《葬经》上是“乘金相水，穴土印木”，五行只差“火”了。注解说：金是生气之异名，水为金鱼虾须之水，土是中央，木是蝉翼之砂。

笔者结合诸书，认为：乘金，是指穴后有微高之起顶；相水，是指穴之两旁有蝉翼牛角之细砂；穴地才可呈“开口”之状——古人云：龙神不开口，神仙难下手。

“外藏八宫，内秘五行”，《葬经》上是“外藏八风，内秘五行”，让人颇费思量。八宫，无非八卦之方；五行，不过金木水火土。但，何为“外藏”，何为“内秘”？

笔者理解："外藏八宫"，是指穴内藏有外围八宫方位山水之气（外气）；"内秘五行"，是指穴内蕴含有山川内部之气（内气）；而外气与内气相结合，穴内才有"孕育"之象。故穴土呈现五行之色，或红或黄，而上吉之穴则为五色皆备。

"龙虎抱卫，主客相迎"一句很好理解。

"微妙在时，触动悠长"，不知何意？《葬经》上是"微妙在智，触类而长"，有点"妙法存乎一心"或"举一反三"的意思。但实际是否真如此意，恐非定然。

"玄通阴阳，功夺造化"大意是：通晓"阴阳"之道，（葬法者）可以"夺神功、改天命"。具体怎样才能"通晓"，郭公没明说；所以笔者也不懂得。

整篇《葬书》，惟以上两句十分隐涩，不明所以。

后记（本篇浅释《葬书》与上篇浅释《青囊经》，皆为本书初稿完毕后所加）：

不过，笔者在此，可以提供一个同广大读者一道去"意会"以上奥语的思路，说起来有些话长：

近日，一位也是笔者老家四川籍的李先生，看了笔者网站上的一些文章后，打电话与笔者交流风水心得，不久又前来无锡与笔者会面。

李先生言道：他父亲也十分爱好风水，其经历与笔者家父十分相似。他父亲曾拜有一位风水老师，姓张；张老师的"功夫"非常厉害，如其中一项，十分神秘，就是用"吊天星"之法去"看"地；什么意思呢？比如去点一个地，不知道穴位究竟是真是假，或具体在哪里，怎么办呢？用"天星"之法去"吊"出来看；怎么看呢？（可能是）事先算好某时某刻，就守在那里，如果穴真，就可以看见穴内有"光"射出！有呈红光、白光或五彩之光等。

笔者对此也是闻所未闻，以前只是听家父讲过：听民家传说，如"莲花地"开的时候，会有光从地中涌现；但这种情况百年难遇，听说还要有福分的人才有可能碰上。

笔者还问李先生：白天看得见吗？李先生说：听他父亲的一位师兄讲——曾跟老师去看过几处，白天也有看得见的。

笔者虽然惊讶，但还是有些“心理准备”：笔者在后面《改向秘法》中讲过——先师刘天禄曾为笔者老家阳宅下石改山向，用的日课就是“天星”，时辰到时，家父等人亲自见过一道“光”从天上一下子“射”到下石的巷道里。这真不是传说。

如此理解，其理恐有相通之处。

李先生言：张老师活到快一百岁才去世，以前到他家时，只听张老师在掐掌（算）时曾反复念有一句口诀是——“子癸午丁，子癸午丁。”只可惜最后机缘错失，他父亲也没有得到传授。（注：蒋大鸿著《地理辨正》中所载《青囊奥语》中有一句“左为阳，子癸至亥壬；右为阴，午丁至巳丙。”该句与《四库全书》所载不同。）

李先生说：其大体意思，要看蒋大鸿《地理辨正》中“辨阴阳交媾”一段——

“天地之道，不过一阴阳交媾而已。天地有一大交媾，万物各有一交媾，变变化化，施之无穷，论其微妙，莫可端倪而实有其端倪。故曰玄牝（pin）之门，是为天地根。地理之道，若确见雌雄交媾之处，则千卷《青囊》皆可付之祖龙。斯理甚秘，而实在眼前，若一指明，触目可睹……即以天地之交媾者言，天气一降，地气一升，而雨泽斯沛矣。子能预定天地之交于何方，合于何日乎？……则知地理之所谓天根月窟，亦犹是矣。此惟杨公《都天宝照》言之凿凿……具神识者，精思而冥悟之，或有鬼神之告也。”

如果蒋大鸿先生所言的“预定天地之交于何方，合于何日”，就是李先生所言——张老师之“天星吊地”之法，那就不得了！那笔者就要对蒋大鸿先生“肃然起敬”了——曾经大大“低看”了蒋大鸿先生，要对他说声“对不起”！

由此可知，真正能看得懂《地理辨正》的人，估计天下没有几人。后世“玄空”林立，实怪不得蒋公也。

所以，“微妙在时，触动悠长；玄通阴阳，功夺造化”一句，如从上面所言去体会，可能就可以“意会”到是什么意思。毕竟，郭璞所著《葬书》，目的是给《青囊经》注疏。《青囊经》中一句“地德上载，天光下临”，为何不用“天气”，而是用“天光”呢？天上有光，地中有气；“地气”恐怕可以转化成“天光”吧？《青囊经》中“气行于地，形丽于天”一句，确乃神来之笔！

——用“时”（择日）去“触动”这个天地交媾之“气”，该“气”就悠长而显现（或起作用）了吧？

写到这里，笔者不禁想用时下的一句流行语来形容笔者此刻的心情——郭公（或杨公、曾公、赖公、蒋公等）当年写的不是风水，而是寂寞！

如果以上之意真如笔者所想的话。

穴土·欲细而坚·润而不湿·除肪切玉·备具五色·干如聚粟·泽如刲肉·水泉砂砾·为凶为祸·

释义：本段专讲穴土。从全篇内容层次之逐步深入，可看出郭公行文布局十分讲究。

《葬经》上是“欲细而坚，润而不泽”及“裁肪切玉”、“湿如刲 (kui) 肉”；刲，割。泽，光泽或湿之意。

穴土备具五色，似可以与上“内秘五行”之意相通。

穴有三吉·天光下临·地德上载·藏神合朔·神迎鬼避为一吉·阴阳冲和·五土四备为二吉·目力之巧·功力之具·趋全避缺·增高益下为三吉·

释义：此讲穴之三吉。吉也分层次：

第一吉，要“天光下临、地德上载、藏神合朔、神迎鬼避”，这说得十分神秘，究竟是什么意思呢？

《葬经》注解“朔”为年月日时，“神迎鬼避”为得吉年月，恐非道理。朔，字典解释是“夏历每月的初一日”，就是阴历之每月初一。每月初一天象会发生何事呢？日月合朔！就是日月交会。那么“藏神合朔”可喻为：藏有日月之精华——生气（神）之所在。

民间俗有传言，说：大地有鬼神庇护。意思是：大地是留给有福德之人的，无德无福之人想去“贪”也得不到；而且，大地连风水先生也不能去乱点乱说，甚至去看一看都会有“麻烦”。

笔者就听家父讲过一事，说：老家当地之某姓祖上曾有一位地理先生，听说某地有一处葬了可出“皇帝”的大地，千里迢迢跑去“看”；可能是“看”出来了，不料下山的时候摔了一跤，回家后不久，背上就生了一个大疮，俗名“背瘩”（好像传闻奸臣秦桧也是生的这病），怎么医都医不好。后来，该人摆了香案，向天发誓——那个地方不向任何人说，自己也不去“贪”；结果病真的好了。

听起来真是有些不可思议；不管是不是“事有巧合”，但这件事情却是确有其事。

所以，第一吉之意，笔者只能这样理解了。也可结合上面“阴阳交媾”去意会吧。

第二吉，“阴阳冲和，五土四备”；阴阳冲和，在前面“来积止聚、冲阳和阴”一段中出现过了；类比的话，就是“贵若千乘”之地。五土四备，可能是指穴土之五色至少要有其四；或另有所指：结穴之“金木水火土”星体，至少具备其四。

第三吉，“目力之巧、功力之具、趋全避缺、增高益下”，似是指该穴生得有所“缺憾”，但可以用人工目力之巧去完善——点穴（或立向）或左或右、或前或后、或上或下，以“趋全避缺”为宗旨。

穴有六凶·阴阳差错为一凶·岁时乖戾为二凶·力小图大为三凶·凭福特势为四凶·僭上逼下为五凶·变应怪见为六凶·青囊经曰·吉地凶葬·与弃尸同·

释义：穴有六凶。

一凶，阴阳差错：何为“阴阳差错”？《葬经》上是与“岁时乖戾 (li)”一起，解为“葬日不得方向、年月之通利”，笔者认为非然。阴阳差错，就是《青囊经》所言“地德上载，天光下临，阴用阳朝，阳用阴应，阴阳相见，福禄永贞，阴阳相乘，祸咎踵门”中的“阴阳相乘”。简而言之，就是“地德”不载“天光”之地。

二凶，岁时乖戾（li）：戾，乖张，不顺从；此指葬时。看来郭璞也很重视“择家”日课运用。

三凶，力小图大：来之势小，图大之形；形势不配，自非吉穴。就是龙气甚弱，妄想为大地之意。

四凶，凭福特势：《葬经》上是“凭福恃势”，注解为“发福之家，后人不思前人得地之不易”，有点玄。意思应该是：该穴地与整体形势之“气势”不符；本可凭借整体形势之福气，却葬在特别（不合理）的地方，或葬法不合理，反成凶恶。有点“大地作成绝地”的意思。

五凶，僭上逼下：与“增高益下”是反义词。僭（jian），超越本分之举；逼，强迫。意思：穴位该高不高，该低不低；与外部环境不“和谐”。

六凶，变应怪见：就是奇奇怪怪，毫无道理可言之葬法；或言穴外之山水看起来奇奇怪怪，毫无情意可言。

《青囊经》曰：吉地凶葬，与弃尸同。说明上面所言“穴之六凶”，并非专指无穴，而是指葬不到位或葬法不对。

穴外·左为青龙·右为白虎·前为朱雀·后为玄武·玄武垂头·朱雀翔舞·青龙蛇蜒·白虎驯服·

释义：不知“青龙”等四神是否为郭璞所首创运用于风水。四神原为周天二十八宿，此处喻为穴外之砂。可见，言罗盘之人盘或用二十八宿收砂之法，为宋朝赖布衣所创，恐亦非理也。

形势反此·虎蹲衔尸·龙踞嫉主·玄武拒尸·朱雀腾去·法当破灭·

释义：是以上之反义词。虎要伏，不可蹲；龙要蜒，不可踞——主才可以“踞”；“玄武拒尸”，指玄武仰天高昂，不落脉去结地；如有落脉，玄武高昂也并非一定不吉。朱雀“腾”是可以的，但不可“腾去”。

以支为龙虎者·来止迹乎冈阜·如人肘臂·卫穴环抱·平洋之地·无山为卫·平支水支·为其龙虎·平支来止·支水为之·

释义：前面讲龙虎卫穴区风；细心体会“如人肘臂，卫穴环抱”一句，其中也大有深意。快结束了，讲一点“平洋龙”——以平支和水支为龙虎；精髓无非也是一个“止”字。“止”字贯穿全文。

水为朱雀·朱雀发源生气·派于未盛·朝于大旺·泽于将衰·流于囚谢·始终往返于不绝·衰旺兮乎形应·忌水气湍急·谓之悲泣·朱雀每（舞）折·潴而后泄·扬扬悠悠·顾我欲留·来若无源·去若无流·青囊经曰·山来水回·贵寿财权·山囚水走·虏王灭侯·

释义：最后讲水。上言“朱雀翔舞”，朱雀为明堂，言水要有“飞翔腾舞”之美好吉象。

此言水可以“发源”生气，发源，不是指生气从水中发源，而是指：水可以“带动”生气，水之“旺衰”之象，即地中气之“旺衰”之象。水之旺衰，则以“形”观。派，分派，意为水之起源处。朱雀每折，“每”疑应“舞”字。

所以，《青囊经》说：“山来水回，贵寿财权；山因水走，虏王灭侯。”（《葬经》上是“贵寿而财”。）

——这是整篇《葬书》的总结之语。

风水者，不过山与水耳。

吾不作葬书·后人必不能作葬书·不将此理竟湮没而不传乎·吾不必计后人知与不知也·吾但作之·以俟千百年后必有一人与吾心相印者·则此理不湮没于天壤·而吾之愿足矣·此作葬书意也·景纯氏·

释义：这段话是四库版《葬书》上所没有的，笔者一直在揣摩：此句，是否真是当年郭公之手笔？

整段话说得有些“孤傲”，也有些“悲怆”。郭公之文华自不必言，郭公之结局也确有些悲怆——相传有一人要谋反，来问精通“天文地理”的郭公：能否成功？——可能有拉其入伙之意，时郭公为某府幕僚。郭曰：不成！其人言道："你算得出自己之死期否？"郭公坦然答曰："今日！"果被杀。后，该谋反之人确以失败而遭灭族。

《辞海》载："郭璞（276~324年），东晋文学家，字景纯，河东闻喜人，博学古文奇字，又喜阴阳卜筮之术，东晋初为著作佐郎；后王敦任为纪室参军，敦欲谋反，命其卜筮，璞谓其必败，为敦所杀。王敦卒，追（谥）宏农太导。擅长诗赋，所作《游仙诗》（通过）对神的境界的追求，表现优生避祸的心情。词赋也较有名，所著《尔雅注》、《尔雅音》、《尔雅图》、《尔雅图赞》，集《尔雅》学的大成。今存《尔雅注》三卷，刊入《十三经注疏》中，又有《方言注》，以晋代语词解释古语，可考见汉晋语言的流变。另有《山海经注》、《穆天学传注》原集已佚。今传《郭宏农集》，系明人所撰。"

有心之相印者，郭公必不寂寞也！——幸有《葬书》，吾辈后人方知风水之概貌。

为之叹息掬泪。

葬书终。

讹传葬书廿四篇·蔡氏增修成八篇·草芦吴氏鄙蔡氏·私定内外杂三篇·郭氏原文致全非·恨·（原按）

释义：此为原文稿上之按语，言后世所见之《葬书》非原《葬书》，恨事也。是乃恨事！

笔者按：笔者细读此《葬书》，深以为叹！与《四库全书》所录《葬书》比较，此《葬书》行文布局层次分明，遣辞用语精练有序，非文华出众，且深谙青囊之旨者，实不能之。

放眼古往诸贤，除郭景纯公，不作第二人想也！

第三章 风水之天文初探

第一节 中国古代风水学与天文学

按照现代科学观点，天文学是研究宇宙星象（即天象）性质、关系及运动规律的理论。它的研究对象是辽阔空间中的天体。近百年来，根据其研究的性质及运用属性，由古天文学逐渐演变为两大分支：

一是现代天文学，是以精密观测和计算为基础，与人世关系脱离，成为一门只研究天外星体本身现象的纯科技。

二是星象学，西方称星辰学，是根据天象关系及运动规律来推测和预测人世事务吉凶规律的学问，亦即是研究天体对地球及人类的影响关系的学问。

现代天文学和星象学同宗同源，但后者，备受科学的歧视和冷落，以至称作“迷信”、“伪科学”，这实欠公允。

人类的今天与昨天是发展关系，承袭关系，人类历史上的古科技，由于认识工具原始，具有“感知”特点，其信息获取及类比推理显得粗糙，欠准确精密，但它毕竟也是优存劣汰，指导人类的生产生活，由蛮荒走向今天的文明。而且，其中也闪烁着伟大的认知和发现。

星象学最重要的科学命题是天体与地球及人类有着相互影响关系；而且，这种关系是有规律的，由天体的异常变化可以预知和推测地球及人类的吉凶祸福。

现代天文学的发展也再次证明天体与地球及人类之间存在着某种相互影响的关系。实际上，现代天文学也已不再是单纯的理论科技，它同时也肩负着预测地球及人类命运的使命。

那么，何谓星象?什么是星象学?现代人知之甚少。

一、星象是天空中日月星辰的各种现象。简单概括为：

①太阳、月亮及太阳系各行星的运行周期路线位置及光象；

②二十八星宿的位置、区域及其光象；

③太阳黑子、日食、月食、彗星、流星、新星、极光等星曜异变情况；

④日月星辰之间的位置关系的变化情况等等。

二、星象学，在西方称星辰学，分为两大部分：占星术和星命术。中国，在汉代萌芽，唐代形成体系。

占星术是根据各种星象的异常变化来预测地球上的自然灾害及人类社会中的异常事变的学说和技术。《开元占经》是集中国古代占星术理论之大成的巨著；汉墓出土的竹简文书《五星占》是中国古代占星术的生动实例；《天文志》是中国古代占星术及其实例的渊薮。

星命术是古代根据日月五星四余二十八宿及其运行变化关系来预测和判断个人命运吉凶祸福的学说和操作技术。唐朝李虚中《命书》三卷，《张果星宇》为其典籍，宋代徐子平（著《渊海子平》）等人发展。

占星术主要用于国家朝廷的军国大事上，受其影响最深的是社会上层；而星命术则主要为个人推测命运吉凶祸福，通行于社会中下层。

但作为星象学的一个整体——中国古天文学，还有一个重要使命，就是历法的计算与编制——推演出一部具有中国特色的“阴阳”历法。它是中国科技、政治、军事、经济及文化等领域的宇宙时空参照系，有很多内容，至今沿用，功不可没。

中国风水学之“理气说”来源于古天文学 。

中国古天文学和星象学根据月亮（太阴）的盈亏和太阳的行程，确立了地球一年四季十二个月的“时间”序列。并由此，把“时间”扩充到天体和宇宙的“空间”，形成了按照中国地理的“星象分野”之学，即二十八宿与地球表面的对应关系，天文的名称叫做分野。

这是中国古文明的“时”、“空”统一观念，即宇宙观。为进一步探索宇宙物理的变化与人事演变的微妙关系打开了大门。由此，产生了“知天”、“知命”、“反身而诚”而合于“天心”的中国风水学说。

北宋五大儒之一邵康节，在其《观物内篇》和《观物外篇》合集而成的《皇极经世》的千古名著中，他把人类世界的历史寿命，根据易理象数和古天文星象学的法则，归纳为一个简单易记的公式。这个公式叫做“元、会、运、世”。

一元包含十二会

一会包含三十运

一运包含十二世

一世包含三十年

即：一世=30 年 为一世

十二世=30×12=360 年 为一运

三十运=30×12×30=10800 年 为一会

十二会=30×12×30×12=126900 年 为一元

简化公式为：

30 (年/世) ×12（世/运）×30 (运/会) ×12 (会/元) =126900 年/元

一元便是代表这个世界的文明形成到毁灭终结的基数，由开辟以后到终结的中间过程之演变要经过十二会。用现代地球物理的概念，就是一个冰河时期。

一会是 10800 年，约一万年。天由子会开辟，即十二辟卦的复卦开始，约有一万多年。然后形成了地球，是用丑会，十二辟卦的地泽临卦，如一年中的十二月天气变冷；这和现代的地球物理学说一样，在那时代，地球因冷却而慢慢冻结起来，表面凸出的是高山，凹下的成为海洋。到了有人类存在天地间，已是进入了十二辟卦的泰卦，三阳开泰，为寅会。由尧甲辰年登位那一年作标准而开始计算。我们现在是处在“午”会。（见下十二辟卦图）

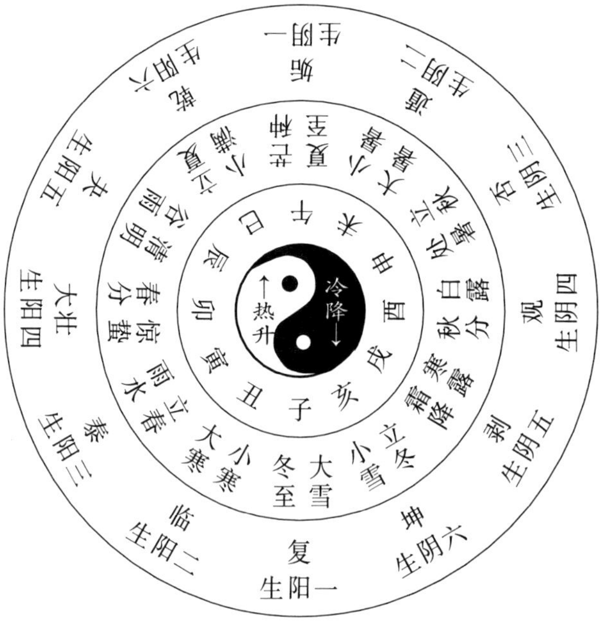

历史上的“烧饼歌”，“推背图”均源自于邵雍的《皇极经世》。

为便于记忆，年配上“天干”“地支”，于是“天开于子，地辟于丑，人生于寅”的观念为中国风水学说奠定了理气（三元）理论基础。

干支法为天干记日，地支记月。《山海经》记述了十日十二月的传说，《大荒南经》：“羲和者，帝俊之妻，生十日。”《海外东经》：“汤谷上有扶桑，十日所浴。在黑齿北，居水中，有大木，九日居下枝，一日居上枝。”《大荒西经》：“帝俊之妻常羲，生月十有二。”

在现今出土的甲骨文中，已经有完整的天干与地支，并且排列成六十甲子的形式，用于记日。现在我们采用的甲子年是从黄帝甲子年一月一日开始计算下来的。

天干有十个：甲乙丙丁戊己庚辛壬癸。根据《群书考异》说，“甲者拆也，言万物割符甲而出也”，“乙者，万物初生，曲孽而未申也”。天干是取象种子从甲壳中生出，破土而出的状态；很像菜市场的“豆芽菜”的形象。

地支有十二个：子丑寅卯辰巳午未申酉戌亥。子，“孳也，阳气始萌，孳生于下也。”，丑，“纽也，寒气自屈也”。也是取象天地万物随时间变化的状态。

天干地支的先后不是简单的先后次序，而是通过生物的发生、少壮、繁盛、衰老、死亡、再生而体现宇宙气场的变化规律。

天干地支是中国祖先的天文坐标系统。

甲与子、乙与丑依次组合，成为六十甲子。六十甲子来源于土水木三星。天文学证实，这六十年恰是三星的会合周期：木星绕太阳一周约十二年，土星绕太阳一周约三十年，两者最小公倍数是六十年，而水星是五十九年回到原方位。

例如：1966 年 3 月 23 日河北邢台发生 7.2 级大地震，上推六十年，1906 年 12 月 23 日新疆玛纳斯发生 8 级地震；1976 年 7 月 28 日河北唐山发生 7.8 级地震，上推六十年，1917 年 7 月 31 日吉林浑春发生 7.5 级地震。

六十年是土、木、水星与地球会合周期，在地球对应的区域，地球引力增大，加大了发生地震的外因。

三个六十甲子是一百八十年，这就是三元运气说。

现代天文学证实，一百八十年恰是“九星连珠”的会合周期，当天上的九大行星同处于太阳的一侧，分布在一个小的扇面内时，成为行星的大会合，民间叫九星连珠，古人认为这是很危险，地球将有大灾变。

“花甲”，花甲之年是指人进入六十岁以后暮年危险期，“生于上元吉，生于下元凶”是一百八十年“九星连珠”的危险周期。

由甲子年推得的“九星连珠”应满足如下两个条件：

(1) 五大行星——金木水火土的冲、留、合状态，《参同契》称之为“五纬错顺”。

(2) 五大行星冲、留、合天象状态对应地球所处的区域。

五大行星的冲、留、合之天文学的概念：

合，是指地球轨道外的行星，火、木、土星等，当它们运行到太阳的背后时，它们和太阳在视天球上处于同一位置，叫合；对于地球轨道内的行星，一个运行周期内有两次合，一次在地球和太阳之间，称下合；另一次它同地球分在太阳两侧，称上合。

留，随着外行星由西向东移动的速度愈来愈慢，最后好像住了下来，叫留。

冲，然后外行星开始由东向西逆行，当地球绕过太阳，与外行星处于太阳同侧时，地球与外行星距离最短，叫冲。

地球轨道内的水、金二星叫内行星。它们不能与太阳分居地球两侧，所以没有冲，而只能居地日之间，叫上合或下合。

例如：1982年1~3月，金、水二星在南半球“下合”，又有木星在同一纬度上对应。三星对应区域是澳大利亚中、南部及南美南非相同纬度一带，1~3月又恰是南半球雨季。因此预报上述时间和地区将有百年不遇的大洪水。事实竟如预报的一样，1月下旬，南非马达加斯加发生洪水灾害；南美秘鲁河水泛滥；澳大利亚北降水200~500毫米，较常年同期偏多4~9成，属特大暴雨量。3月中旬，南美玻利维亚中部发生洪水，淹死十万头牛。

中国风水学在涉及建筑事务的一系列活动中，诸如：选址、规划、设计、营建、时间等，不像西方仅仅考虑太阳的采光一个因素，而是把太阳、月亮、地球围绕太阳运行一周天的过程中，所对应的二十八星宿及彗星流星雨群等都纳入了其参照坐标系。

用现代观点分析，这是非常科学的。

笔者按：本文是笔者近期从网上搜索而来，稍作整理后摘录于此。

笔者觉得该文写得非常之好，把古代和现代天文学中的许多概念讲得十分的清楚。笔者没有查到原作者是谁，如涉及版权问题，请作者与笔者联系。笔者是“拿来主义”——知识是人类共同的财富。在此，对原作者表示谢意！

不过，笔者借此也谈一点自己的看法：

地球上的陆地和海洋、山川与河流，之所以形成我们现在看到的这个样子，是地球在宇宙的运转过程中，各种“力量”经过长时间的综合作用的结果——有宇宙星体间的各种“引力”，也有地球自己内部运动之“力”。也就是说：从小处言之——这里是高山，高山下面是沟田，也同样是宇宙间各种力量的综合作用所致。

那么，于风水而言，所谓有“地气”的穴位，也是宇宙间各种力量经过不知道多少年之综合作用才“生”成的。比如：笔者去南京紫金山游玩，就发现——最高山顶上的石头里，有很多小贝壳及小螺蛳的化石。

由此可知，言“天文”只与“元运”有关，恐还是不够全面的。

而风水学里所有的龙穴砂水的理论，教给我们的，就是让我们能把那个“天地生成”的穴位找出来，并配合好“元运”去做，如此而已。

至于有没有用，或有什么更“科学”的道理，不是一个“风水先生”就能够将之说得清楚明白的（那是“学者”的事）。但是，说不明白，不等于就没用；相反：说得明白，不一定就有用。

所以，笔者认为：风水，是“实证科学”，不是“理论科学”；要说“理论”，也是风水学自己的理论。

笔者按：以下几节内容系笔者参照诸多天文书籍整编而成，主要讲述九星及三垣二十八宿。

第二节　九星总论

天体乃由无数之星球组合而成，吾人居于地球之上，亦星球之一也。宇宙一切之变化，皆因星球之变化以及互相感应所产生：如地球之自转、公转，形成昼夜季节年月之变化；太阳之光辉，能产生热量；星球之运行交替，以测算时间之分秒；日月之于海洋所产生之潮汐，此皆显而易见者。而古人有观天星知国家之盛衰隆替，或雨或晴，或亢旱为殃，或疫痢流行，或干戈罅起，或盛世清平，皆能一一了然在目。

笔者按：近二十年来，欧美之科学家，亦集中探索星球之奥秘，谓星球之变化，不仅能产生上述之事实，且能推算各大人物之死生祸福等云。想吾辈中华子孙，如视祖先所传之“珍宝”为“弃履”，诚可哀也！

星球既与盛衰与兴败悠关，则地理之于星体尤当讲究。且古圣贤所传之地理，无不重视星体。虽现今之天之日历所载之星象，与古人所传有些微之差别（“岁差”关系），惟今之“时”与古之宋代“开熙”有所不同者，故各有使用之法——不得以“开熙”之星度用之于今“时”，亦不得以今“时”之星度而用之于“开熙”也。

地理讲求之星体，除三垣列宿另章叙述外，则为九星。

所谓九星者，一贪狼、二巨门、三禄存、四文曲、五廉贞、六武曲、七破军、八左辅、九右弼是也。

九星同名，而用之者，其法甚多：有形状九星、有方位九星、有元运九星、又有时气九星等名。

其用各别：有用之于察山龙者、有用之于辨水法者、有用之于阳宅者、有用之于立穴定向者、有用之于选择凶吉者、有用之于察气数之衰旺者。

其星名虽同，但卦例之变化有别，而所式用之法，各有所指，不得以甲用之于乙，否则吉凶不准矣。

现分述于后。

第三节　形状九星

九星出于北斗，北斗即大熊星座，环绕北极星，自东向西旋转，每转一周即为一年。北斗第一星为天枢，二为天璇，三为天玑，四为天权，四星连成方形如斗，统称为魁。五为玉衡，六为开阳，七为摇光，此三星连成一线，统称为杓（斗柄）。开阳、摇光之旁有小星，左为辅，右为弼，合为九星。

（笔者按：先师所传“天文”有如此口诀：“一为天枢二璇星，三玑四权五衡世，六七开阳摇光明，摇光旁边天枪立，更看玄戈居其南。”据相关书籍言：北斗古有九星，斗杓前尚有招摇和天锋二星，天锋即玄戈；因天体运转，此二星现隐而不明，故为辅弼。另：摇光（破军）前方有一“大角”星，古人将摇光和大角星连线，用其所指之方位定季节变化，故有“斗宿大角”一说，可看《东方七宿图》。）

故地理家有九星之形：贪为木，巨、禄为土，文为水，廉为火，武、破、辅、弼皆为金。又以九星配八卦，辅弼为卦之本体，余七卦翻变之例，自上爻变起，如乾以兑为贪狼，坤以艮为贪狼，皆以上、中、下、中、上、中、下、中，八变而归于辅弼。

凡六书卦（六爻卦）从下变上，三书卦（三爻卦）则从上变下，如乾兑同为老阳，震离同为少阴，坎巽同为少阳，坤艮同为老阴，故各以同宫之卦起生气贪狼也。从乾卦翻出者，曰天父卦，又曰天定卦，从坤卦翻出者，曰地母卦。

星以贪、巨、武为三吉，卦以艮丙巽辛兑丁为六秀。惟坤以艮为贪，巽为巨，兑为武，这与吉秀相符，坤为地故也。

九星卦各有取用，另述于后。若阳宅卜居，亦以对宫卦起贪狼，但以贪、廉、武、文、禄、巨、破、辅为序。如乾宅从兑起贪（生），廉在震（五），武在坤（延），文在坎（六），禄在巽（祸），巨在艮（天），破在离（绝），辅在乾（伏），故乾宅以坤兑艮门为吉也。

（笔者按：此法与大游年歌所配相同。《阳宅三要》之“八宅派”理论还是有真东西在里面的，只不过于阳宅布局尚不够精细。）

故此凡以九星本体之五行，而配山峦者，谓之星体五行。

九星之配卦，凡以四象中同宫卦者为贪狼，即乾兑共一太阳，离震共一少阴，巽坎共一少阳，坤艮共一太阴也。

凡太阳与太阴交互者，为巨门，为武曲。而少阳与少阴交互，亦为巨门与武曲。太阳与少阴交互者，为破军，为廉贞。太阴与少阳交互亦然。凡太阳与少阴交互者，皆为禄存、文曲。

三爻不动谓之伏，即卦之本体，乃为辅弼也。

（笔者按：本书附录《辅星水法》所论，即此。故笔者认为：用得来“辅星水法”，善莫大焉！笔者不惜珍秘，只愿“识货”之人用之，虽不言大富大贵，然小富小贵可期也！但愿笔者苦口婆心，能减少一些江湖“杀戮”！

今幸逢开明盛世，“大家好，才是真的好”啊!)

第四节　方位九星

方位九星者，即洛书之紫白也。

以洛书九宫配后天八卦之方位。一白坎居壬子癸北方，九紫离居丙午丁南方，三碧震居甲卯乙东方，七赤兑居庚酉辛西方，此子午卯酉四正方也。二黑坤居未坤申西南方，八白艮居丑艮寅东北方，四绿巽居辰巽巳东南方，六白乾居乾亥西北方，此乾坤艮巽四隅之位也。

以五黄居于中宫，合为九畸，为九星之方位。其五行亦以坎为水，离为火，坤艮为土，乾兑为金，震巽为木。

以其气数有一定之流行转移，故推方位之吉凶否泰，亦有至理。且洛书宫位凡九，而白黑黄碧绿赤紫之色彩仅七，另白色（三白：一坎、六乾、八艮）二者为何也?

今笔者参考有关学说，有以光学原理试阐述之者，备录于下：

紫白古传为吉位，合之洛书方隅八位，这为生、开、休、景，奇门之“生开休景”之辐射角度亦随时间之变化，以至影响人类之吉凶晦吝，乃发明此紫白飞星，随年月日时而转进。其时所认定之七色光，与现今之光谱色散现象完全吻合，惟名稍异耳。

其所异者，洛书一白坎在光学中认为橙色，二黑坤则定为蓝色。然而依现今光学证明，橙色于人类可视色光之光度极为明亮，能误认为白色，或古时未知白色原为七色光之复合现象，故以“一白”代之为第一位之橙色也。科学之分析，橙色物体于直射光热绝大部分皆成反射，其光能令人生舒畅、兴奋、坦率等之心情，故古人称为吉方。

蓝色之可视光度中，为最不明亮之弱光，故古人可能不解黑色乃吸收一切光色之眼底现象，然后以黑代之为第二位蓝色光也。蓝色物体之于直射热绝大部分均能吸收，其反光令人生寂静、悲凉、伤感等情绪，故古人称二黑为死，乃不吉之方也。

三碧即青色光，亦能使人生空虚、忧郁、自卑等情绪。

四绿之于现代光学则谓绿色物体吸收光热量，仅次于黄黑二色，然植物能由“光合作用”化光热为潜能，其吸收之光热超过其他色光，而其反光则令人生娱乐、消沉、淫乱等情绪。

中五为黄色物体，于直射光热作半吸收，黄色反光有令人生尊重、义愤、冷酷等情绪。

六白因与七赤相连，即红外线也。红外线为非目力可视，成若有若无明晕。因无色可视，则古人以“六白”代之也。红外线之光波最长，辐射热能亦极强，可促进生物之生活机能，并能产生特殊之营养。故古圣以六白为开，亦属吉方也。

七赤则其反光令人生热烈、勇敢、牺牲等情绪。

八白与九紫相连，光谱认定为非目力可视之紫外线。在紫外缘一线，为若有若无之明晕，因无色可视，故古圣亦以“八白”代之。紫外线之光波最短，但其辐射能深入生物组成之内，破除老化之细胞，而促进新生，且能消减附着之病菌，保持健康；紫色物体，则能消减强烈光热之侵害，其反光，能使人产生慈爱、温和与自动之心情，故古圣以八白为至吉之生方也。

白色光线对人体生理无偏颇之刺激作用，其光度最强而不刺眼，光学之证明并非雪白。反光，或纯白反光线，后白中微有若红若黄之土色意味之色光，即长时反射眼底，亦无损于精神也。

第五节　元运九星

方位九星随年月日时而流转于八方九宫之中，又因各宫之五行生克，发生不同之感应，其于阳宅地理之吉凶否泰此其一端也。而以此察山川气数，观岁月与替，亦有至理。

洛书之宫位凡九，配于九星，则一为贪狼，二为巨门，三为禄存，四为文曲，五为廉贞，六为武曲，七为破军，八为左辅，九为右弼。

以花甲一周一元，故分上中下三元，于是每元管三数，亦即每元管三星也，自一至九为上中下三元花甲之周天，凡一百八十年。又自上元复始，每元管三星数，则每星数仅二十年。一二三之星，贪巨禄为上元；四五六之星，文廉武为中元；七八九之星，破辅弼为下元。

而以洛书之数配，一坎为贪狼，二坤为巨门，三震为禄存，四巽为文曲，五黄为廉贞，六乾为武曲，七赤兑为破军，八白艮为左辅，九紫离为右弼。

因廉贞在五中无卦，乃将五中各分十年于四禄巽及六白乾，是以四六两运各为三十年也。

（笔者按：本门《刘氏家传三元运》的分法，即是中元巽、乾各三十年。）

九星配洛书之数如此，配后天之八卦亦如此。若以二十四向分之，则九星配卦皆以天地人三元之气运合成罗经二十四方位，例如一白坎为贪狼，坎（癸）为天元，甲为地元，申为人元（甲癸申，贪狼一路行）；二黑坤为巨门，坤为地元，壬为天元，乙为人元（坤壬乙，巨门从头出）；三碧震为禄存，震（卯）为人元，子为地元，未为天元（子未卯，一三禄存倒）；其余星卦均如此。

故此气数之运行，系以河图、洛书互体作用，并以北斗天星配后天之卦气，而运行不息也。阳尽阴生，阴尽阳生，始而终，终而复始，中五立极，乾巽为天纲，坤艮为地纪，居于四维，以运极轴。坎离震巽为水火，居于四正，为天地之用。

先天以南北为经，天地居之，体也。以东西为纬，而水火居之，用也。后天则以天地为体，居于四维，以水火未收，故散于秋，及水归其根，则旺于冬矣。水火为天地之用，居于四正。震者雷也，火之方位，故动于春，及火播其气，则旺于夏矣。兑者泽也，水之未收，故散于秋，及水归其根，则旺于冬矣。水火为天地之用，故居四正以司时令。天地水火体用互根，以生成万物，故宇宙间，不过天地水火而已。

然天亦是火，地亦是水，河图一六水，成卦则为坤艮土，先天乾坤之位，后天离坎居之，是四物止两物而已。太极生两仪，原仅一阴一阳也。

先贤江氏永谓："三书八卦，足以书万物之理，圣人作易，若不必为人占筮以仆人事，则书止于三，而卦止于八，足以书其能事。故地理之道，止于八而已。"

惟蒋大鸿有玄空大卦之学，以先天六书卦而推气运之流行，又是一义，兹解之于后，以当学者之参证，兹定其名为时气九星。

第六节　时气九星

时气九星，即蒋大鸿氏之玄空大五行，是以先天六十四卦为用。

先天八卦方圆图，为乾兑离震巽坎艮坤。配以河图之数，则为九乾、四兑、三离、八震、二巽、七坎、六艮、一坤，每数管二十，为二十年时气之主宰。数与卦配合为上中下三元，中五无卦，则四六各为三十年。

坤之数一，故凡坤与乾兑离震巽坎艮坤所配之六书卦，皆属一运，主上元之上二十年之时气。如地天泰、地泽临、地火明夷、地雷复、地风升、地水师、地山谦、坤为地。此八卦是也，又因河图之一数为水，故其五行亦属于水。

二为巽，凡巽于乾兑离震巽坎艮坤所配之卦，如小畜、中孚、家人、益、风、涣、渐、观，此八卦皆为二运，河图之二数为火，故五行属火，主上元之中二十年之时气也。

三为离，凡离卦与乾兑离震巽坎艮坤所配之卦，皆为三运，主上元之下二十年之时气，河图之数三为木，故五行属木。

四为兑，凡兑与乾离震巽坎艮坤所配之卦，皆为四运，河图之四数为金，故五行亦属金，主中元上三十年之时气。

五为居中，皇极不动，临制八方之数，若遇两水对待，或龙与水对待合十，即五运也，主中元大发。

六为艮，凡艮与乾兑离震巽坎艮坤所配之卦，皆为六运，河图之六数为水，故其五行亦属水，主中元下三十年之时气。

七为坎，凡坎与乾兑离震巽坎艮坤所配之卦，皆为七运，河图之七数为火，故其五行亦属火，主下元上二十年之时气也。

八为震，凡震与乾兑离震巽坎艮坤所配之卦，皆为八运，河图之八数为木，故其五行亦属木，主下元中二十年之时气。

九为乾，凡乾与兑离震巽坎艮坤所配之卦，皆为九运，河图之九数为金，故其五行亦属金，主下元末二十年之时气。

以上各数所配之八卦内，有一卦为父母卦，为主运之群，余七卦为辅助之臣，此六书卦三元九运之时气九星也。凡合于该运数者谓之当时得令，但与气运之流行当旺者又有不同。

所谓气运者，气数之运行也。其运行之三元九运与前说无异，惟各运配卦不同，以六十四卦为圆图为体，方图为用，即圆图用外三爻，方图用内三爻也，卦之值运如下：

上元一运当旺之卦为乾、兑、离、震、巽、坎、艮、坤等八老父母卦。

上元二运当旺之卦为睽、革、升、妄、蒙、蹇、观、大壮等八卦。

下元七运当旺之卦为大有、归妹、同人、师、渐、比、随、蛊等八卦。

下元八运当旺之卦为小畜、节、贲、复、姤、困、旅、豫等八卦。

下元九运当旺之卦为泰、损、既济、益、恒、未济、咸、否等八卦。

二三四运，九为父母；六七八运，一为父母。此每一卦之父母也。

由五行、气、数、运，分布于先天六十四卦圆圈之中，以所立之向，值何数？值何卦？值何运？凡得运者为主，得运而兼得令者为旺，失运者为衰，失运而兼失令者为死，即本此气数而推也。

其用卦之法，以龙、向在卦之运为当运，在卦之所属五行之数为当令。卦之当运者，如六运井、涣、谦、剥等卦当运之类；卦与五行之数当令者，即巽二坎七艮六坤一等之类。用卦者或用天地定位，或用山泽通气之类；用数者即一九合十，或二八合十，以及一六共宗，二七同道之类。凡卦之对待，即数之合十，乃夫妇相配也。或用卦反、爻反，与其同气，便是一家骨肉，如一六、二七为生成之数，发福久远。收卦八运之水合十，但因升、旅两卦不同于一父母，非一家骨肉，故仅主二运发二十年丁财；中之比卦，则为七运，若挨立壬中之剥卦，则为六运当旺之卦矣。

又如一运之一来龙，立九运之一向，一九合十对待，是挨得上元下元兼能，而得两元之用，主上下两元发福；若再得六运之九来水，四运之九去水，则中元之四六合十矣，是上中下三元俱通，谓之三元不败之地。

此蒋氏先天六十四卦玄空五行之法。以其先天八卦与后天八卦合并，置于罗经干支方位之所用。乃复以九星配洛书，而成先天与后天之呼应，故有“坤壬乙巨门从头出，艮丙辛位位是破军，巽辰亥尽是武曲位，甲癸申贪狼一路行”等。

九星之卦例，且以贪巨禄文廉武破辅弼，本洛书九气一一挨去，故曰挨星。惟九星以洛书九气，一一挨去，则贪狼在一坎，巨门在二坤，禄存在三震，文曲在四巽，廉贞在五中，武曲在六乾，破军在七兑，左辅在八艮，右弼在九离矣。

蒋氏所云：“巽辰亥尽是武曲位，艮丙辛位位是破军。”何以武曲在四巽？而文曲又在六乾？破军应在七兑，又何以居八艮？

蒋国宗（蒋云庵）著《地理正宗》，解甲癸申贪狼一路行之卦例，谓系以先天之离卦为式，离卦为甲之一运，与癸中之益卦九运，申中之未济卦九运合而为十。

试问徒止合十，何不就与寅中之既济卦，及卯中之损卦，皆一九合十也？巽辰亥尽是武曲位，武曲在六运矣，巽中履卦为六运，但辰中之兑为一运，睽为二运，妇妹为七运，皆不能合十，又当何说？

星之挨排既有未妥，天地人三盘之挨排于星运之中，亦有错误，面临蒋氏三百余年来竟以讹传讹，术者以为得其真秘，大为吹嘘，害人非浅矣。

而蒋氏著《地理辨正》书云：解杨公所云之：“世人只爱好，不知水乱山颠倒。”等语，谓：“大道无多，只争那些子。”虽故秘其玄，故神其说，然世人知之者甚鲜，致使时师术士，以“些子”为名，欺哄于人，余今道出，亦不过“这些子”而已。

地理之道，天星与图书八卦而已，总要合乎逻辑，要有本有末，成要证验事实，要多看“发富发贵”之祖坟，是何规模？是何法度？多经验“发贱”者，既广且深，岂止以上数端？

聊举数例而已，要知随星之变化，其法各有所式用，各有神妙处，缺一则地理之用不全矣。

笔者按：三元地理，即地理之元运理气之法。其法由来已久，相传溯源于九天玄女，据可考的是源自唐代杨公（筠松）。明末蒋大鸿得无极子传授，著《地理辨正》后，“玄空”学说得到空前的发展，派别林立，著书立说者达一百三十余家。因蒋公著书，未将真诀道出，故世人得三元真谛者极少。经笔者对蒋大鸿学术的深入了解，认为：上文所言“六十四卦”之法，亦并非蒋氏原意，乃后世附会耳。

书言无锡章仲山识三元理气真诀，沈竹礽向章之后人重金借阅《阴阳二宅录验》，始悟出飞星之秘，方有今之《沈氏玄空学》。

本书中，笔者结合师传，认为沈氏玄空，只取“山向”飞星，恐只得章氏挨星秘传之部分，或章氏亦只得挨星术之部分，若仅持此一端，于三元地理理气之学亦不完备。笔者非言沈氏玄空之法全伪，亦没有全盘否定三元理气之意。

然，笔者在钟义明《玄空地理业谭》第二辑《论三元流派》一文中看到：吴景鸾逝后，其女张夫人将秘函授于廖瑀（非杨公之徒廖瑀），时廖年已四十，尚无家业，仅为一衙卒。廖通其术后，自作金精山急福地，知一、二年可致骤富，但满两纪（20年）会立见绝灭。后廖果以此术成名，家日益富。张夫人亦待廖为上宾，并请廖为其谋地。廖感其恩，十八年间，为张氏寻地七十有四。后廖请辞归家，以改先人墓地，但因张氏苦留，一恍又过四年。等廖归家时，二子俱凶，一女亦逝，独留老妻弱孙。廖抚胸大恸：“此辈误我！”愤疾而卒，寿六十有二。

由此可知，行地理之术，一不可太贪，二不可仅依理气。

笔者读此文，亦感悟：地理之术，传承年代久远，恐先贤真传分为数脉往下。龙法、穴法与元运，即峦头与理气之别，缺一即不完备。龙穴之法有山水作为应证；而元运理气之法，真假最是难辨，惟有经实践论证，方为真确。

总之，地理之道，必先以形（寻龙点穴）为根，法（立向收砂纳水）为本，理气（元运、日课）辅之，三者结合，方为完美。

第七节　三垣星座详释

我国之天文，汉画谓始于黄帝，至秦而毁。其见于诗画经传者，多残缺不全。史记《天官书》始有全天为五宫，略述全貌。至后汉张衡，始于浑天仪上，列出星官三百二十名，共二千五百星。三国时陈卓集古代巫咸、甘、石三家之星录合为二百八十三，星数二千四百六十四。其后有留传迄今者，为隋朝时，隐士名丹元子，著《步天星歌》，凡七卷，将周天之恒星最明者，列为三垣二十八宿，及五帝轩辕北斗，而以诸星座附之；四方之星，分属二十八宿，皆以七字为句，修理详明，历代传为佳本。

清康熙壬子，乾隆甲子，三测天星，皆据此歌为之。后西方国精天文，日月薄食，星宿躔度，推测毫发无遗留，考定岁差，分错旦，皆简明详切。

而其所谓三垣者，太微、紫微、天市也。

紫微垣之中宿，又名紫宫垣，简称紫垣或紫宫，主星有十五，位于罗经之亥方。以北极星为中根，东西二列成屏藩之状。

天市垣为三垣之下垣也，共二十二主星，位于罗经之艮方。合三垣之主星，而为四十七星座。

太微垣以五帝座为中枢，成屏藩之状，为左右二垣。东蕃四星，即左垣，由南起曰上相、次相、次将、上将；西蕃四星，即右垣，由南起曰上将、次将、次将、上相。南蕃二星，东曰左执法，西曰右执法。两星之间曰端门。右执法门西，为右掖门。左执法门东，为左掖门。太微乃天帝南宫，晋画天文志谓天子之庭也。朱雀、权衡、太微，合称三光之庭，太微房则谓

紫微垣之明堂。（见太微垣星图）

紫微垣分左右二垣，东蕃八星，即左垣也。由南起曰左枢、上宰、少宰、上弼、少弼、上卫、少卫、上丞。在少卫之右，有御女，为三星所连结之星座，位于紫宫内。其左有五星相连者，为天厨。西蕃七星，即右垣也。由南起曰右枢、少尉、上辅、少辅、上卫、少卫、少丞。左右枢之间，如开闭之象者，谓之阊门。史记天官画，谓中宫天极星极环之，匡卫十二星，藩臣皆曰紫宫。晋画天文志载：北极五星，勾陈六星，皆在紫宫中，紫微垣十五星，其西蕃七，东蕃八，在北斗北，又名紫微大帝之座也，天子常居之所。一曰长垣，一曰天营，一曰旗星，左右一列，拱卫之象也。（见紫微垣星图）

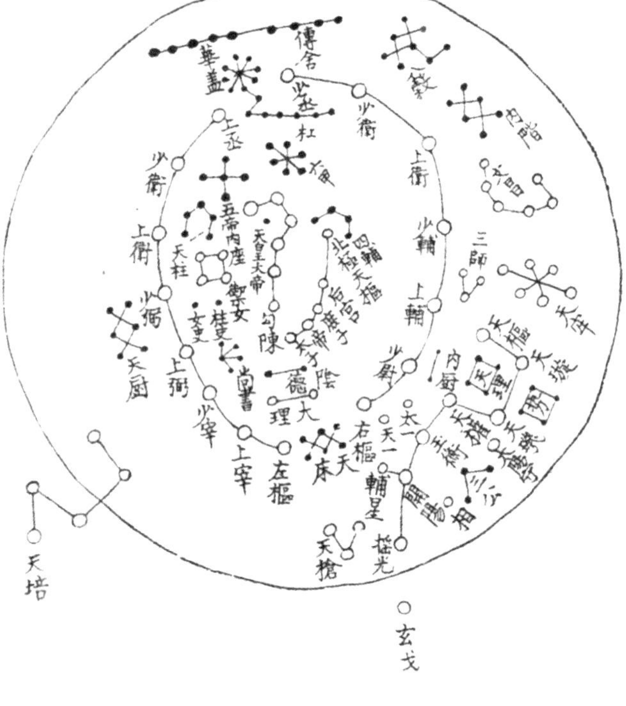

紫微垣星图

紫微垣星图：引自明·顾锡畴《天文图》。紫微垣为天帝的居所，后宫中的人员配备，管理机构和生活用品一应俱全。

天市垣亦分左右二垣，名垣之星，均为十一之数。环绕于帝座之东西，作拱抱状。其左垣系属现今之武仙、天鹰、蛇夫等星座构成。有天纪、斗、斛、车肆等星。其右垣系属现今之巨蛇座，有天乳、列疑、市楼等星。（见天市垣星图）

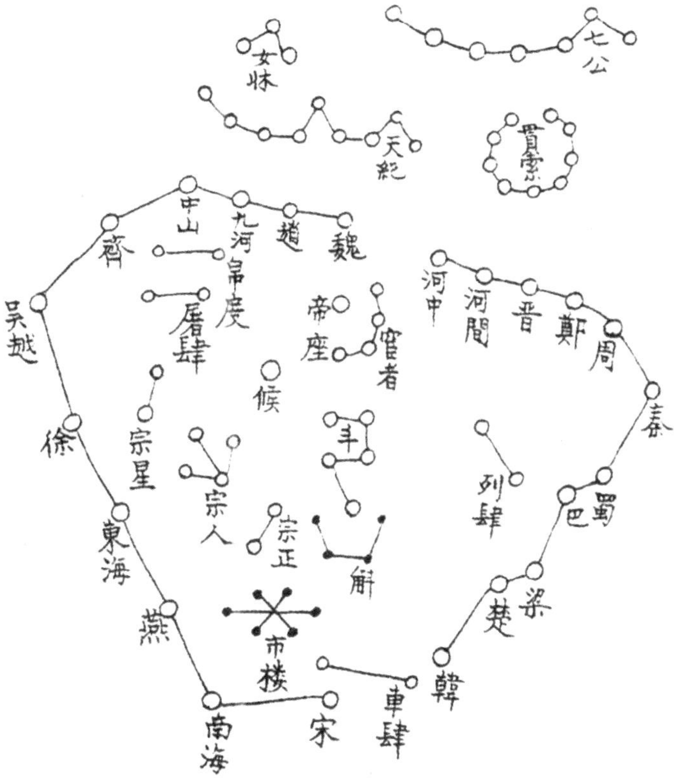

天市垣星图

天市垣星图：引自明·顾锡畴《天文图》。天市垣为在天帝统率下各地进行贸易的场所。天帝坐镇帝座，由市楼进行市场具体管理。有斗、斛等度量工具，有屠肆、列肆等商店进行交易。

我国古代之星宿，除太微、紫微、天市诸星垣外，后以周天诸星分为四组，把守天关。东方为苍龙七宿，苍龙即青龙也，西方为白虎七宿，南方为朱雀七宿，北方为玄武七宿，而各方每一宿所组成之星体多寡不一，星体之度不一，星体之性能不一，星体之所属五行不一，故所主之感应，亦随各种变化，而与地理之形势配合，产生不同之吉凶祸福也。

古代三垣列宿与今之天文星座，因星间所假充连结之线不同，故其名虽异，但星体之情状与位置，均相吻合。惟以上所列之恒星，皆为本体自能发光，且多在五等光度以者　。

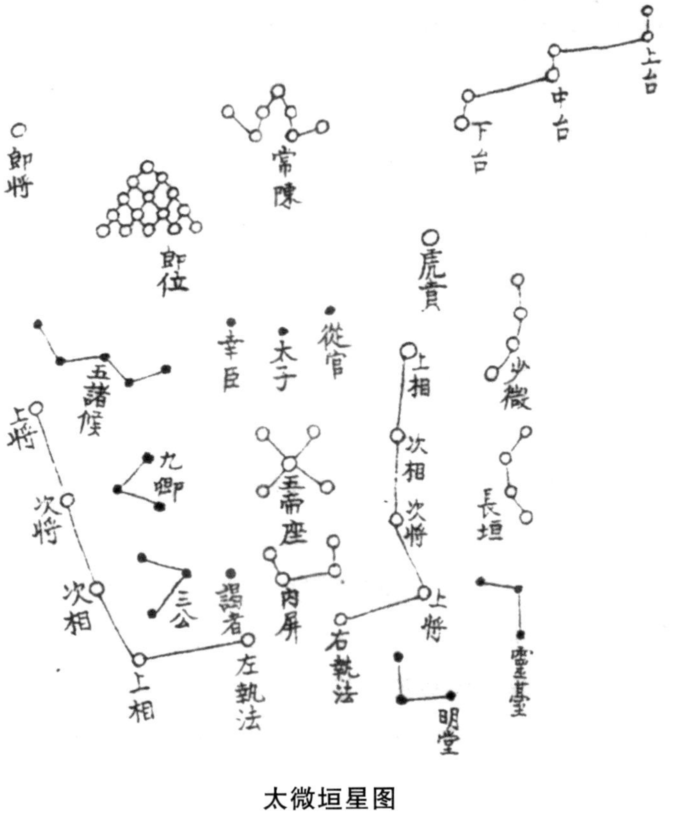

太微垣星图

太微垣星图：引自明·顾锡畴《天文图》。天帝办公的地方称为太微垣，天帝坐于五帝的位置，由三公、九卿、五诸侯等伴随。

笔者按：本节三垣星座详释，读者切勿轻然阅过，寻地若遇有如此三垣地形者，真发福之大地也。“天光下临，地德上载”，学风水若不识天文，几能得道？

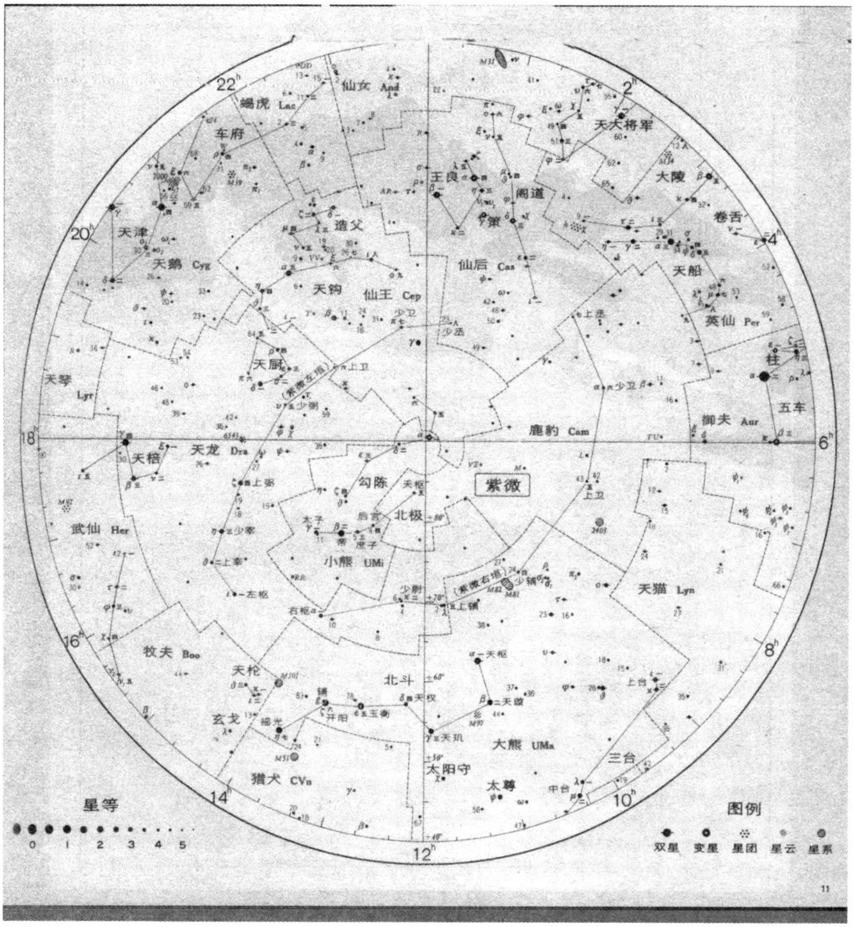

北天星图

第八节　二十八宿推四方

东方青龙七宿，以角宿为首，位于罗经人盘之巽宫。有二星，属现今天文之室女座。角宿为一等星，色白，左角为天田，右角称天门，中则为天开。主造化万物，布君威信。其星明大，则贵人出，天下安泰。

青龙第二宿为亢，有星四，为现今天文室女座中之三等星，位于罗经人盘之辰宫，古称天罡星，又名亢金，为日月五星之中道，为天府之臣，总理天下。又为疏庙，主疾疫。其星明则士庶业，无疾疫之事。

青龙第三宿为氐，有星四，均属现今天文之天秤座之星，为天官，一名天根，二名天府，又总称天宫、骑宫，为天帝之宿宫，后妃之府也。前二星大，主后妃，后二星小，主妾居。为日月五星之中道。其星明，则天下棉花熟。其位于罗经人盘之乙宫，纳于坤，为天干之二数，如坐辛向乙，不能得乾甲之山水，合成天地定位者，则女多男少，或男多夭折，女则长庚。

(笔者按：笔者查阅《陈氏祖谱》，发现吾脉自湖南入川之最早先祖之墓，即是“辛山乙向”，入川十余代人以来，吾陈氏一脉皆男丁不旺，且得力男丁多早亡。风水之于一个家族之影响，由此可知也！而市面所传之“长生法”则言：“辛乙癸丁”为第一至吉之向——始作俑者，其无后乎？故笔者后思：社会上流传的所谓“杨公救贫长生水法”，应非杨公所言之原意，乃后世曲解杨公长生真法所伪造。否则，杨公于当世何能称其为“救贫先生”也?)

青龙第四宿为房，有星四，属现今天文之天蝎座，位于罗经人盘卯之宫，属震，甲乙辅之。天星曰阳衡、天理、廉贞、阿香。为明堂，为天子直政之宫，因与氐宿相连，故亦属后妃之府。此宿为四辅，为天驷，又为天马，主车驾武借之事。又主大将军之位，掌管兵权，号令三军。其星明则天下威世。

青龙第五宿为心，又名商星，有星三，属天蝎座，其中一星名大辰，为天王，一等星色赤；前一星名大火，为天子；后一星名鹑火，为庶子。位于罗经人盘卯甲之间，为文章之府，亦为宰相之宫。其星明，则文明构成。

青龙第六宿为尾，又曰析木，有星九，属现今天文之天蝎座，为龙尾伏辰。位于罗经人盘之甲宫。甲为阳木，纳卦于乾，为天干之首，天星曰阴玑，曰天苑、曰天统。为后妃之府，主大富女贵，配天地定位，则富贵而多子多孙。

青龙第七宿为箕，名南箕，又曰口舌，有星四，位于罗经人盘之寅宫，属现今天文之人马座，天星之名曰天培，又曰功曹，为天津，为后宫之府。若日月五星之中道，临於箕壁参轸四宫，则久雨不哺。前二星为口舌之神，主口舌。舌端之星光闪动，则大风不停，三日即应。此星若色赤，则主大旱，心晴不雨。其星明大，则五谷丰登。

西方之白虎七宿，以奎宿为首，又名封豕。有星十六，九属现今天文之仙女座，七属双鱼座。位于罗经人盘之乾宫。其星曲折相钩，似文学之画，故为文章之府。乾卦戌亥辅之，居阴阳相藩，肃杀相攻之所，易曰战乎乾，故又为天子之武库，主兵权以禁横暴也。阴阳交界之区，故又称为讨买。星下九尺乃日月五星之中道。乾在天帝之左，是以圣人以乾坤之首，为天为父为龙为马，而天地万物亦以乾为首，三阳开仄，万物资始，是以圣人以乾坤为天地定位，堪舆家用之为权衡也。

白虎第二宿为娄，有星三，属现今天文之白羊座，位于罗经人盘之戌宫。因奎娄二星皆居其所，故天星曰河魁，曰文魁，或称天魁、鼓盆、妾金、魁罡。晋画天文志谓娄之三星为天岳，史记天官画则谓娄为聚众。故主与兵会众，又主合聚文墨之事，又主苑牧牺牲，供给郊祀。其星明则礼义曲，文人汉世，天下丰收。

白虎第三宿为胃，有星三，亦属白羊座。位于罗经人盘之辛宫。天星曰阴璇，又曰天乙。史记天宫画谓为“天仓”，故为天厨，为藏五杀之仓。其星所主文章之府，又主图画之府，又主讨捕诛杀之事。其星明大，则文名权威，贤人出，五谷盈仓。

白虎第四宿为昂，有星七，六属现今天文之金牛座，为七姐妹星图。位于罗经人盘之酉宫，天星曰阳开，天之耳目，乃权极之府，为少微垣贵人之地。主狱事，又主口舌奏对。其星明则狱讼平，囹圄虚，无奸臣，天下安泰。

白虎第五宿为毕，有星八，七属金牛座，为一等星，色赤乃金牛之目。晋画天文志谓：“华八星主边兵，主戈獵。”其第五星最大，名天高，亦名边将。位于罗经人盘酉庚之间。其星不喜明大。

白虎第六宿为觜，有星三，形如鼎足，里间距离极近，故仅占罗经之半度，属金牛座。位于罗经人盘之庚宫。天星曰天汉，曰阴收，又曰长庚。主天之间，又主三军之令，为行军之藏府，又主葆旅收歛万物。此星明，则五谷体熟，军储充盈，边将得势。若动而明，则主贼盗成群或流寇四起。若明而赤，主兵多将勇。

白虎未宿为参，有星七，属现今天文之猎户座，一等星光，色白。位于罗经人盘庚申之间。天星曰天间、曰传送，又曰瑶光。若面向南天，最惹目者为参宿四及参宿七。自北来，所远四星曰左背，西北曰右，主左右二将；东南为左足，西南为右足，主副将。其中三小星，掌管权衡、文簿及大小官员、将相。星明则风调雨顺，五谷丰登，文明昌威。

南方之朱鸟七宿，朱鸟亦名朱雀，以井宿为首，有星八，属现今天文之双子座，天星曰玄戈，又曰阳戈。位于罗经人盘之坤宫。晋画天文志，谓为天之南门。日月王星贯之为中道，名曰天井，又曰东井，主诸侯帝戚三公之位。坤六画皆阴，是万物资生；乾三画皆阳，万物资始；天纲地纪，生成不息也。

朱雀第二宿为鬼，有星四，属现今天文之巨蟹座，曰兴鬼，为朱雀蟹座，星光皆暗，中有一星图，晦夜可见，曰积尸气。现象玩占、谓鬼四屋，曰兴鬼，为朱雀头眼。鬼中央白色以如粉絮者，谓之积尸，又曰天尸，如云非云，如星非星，见气而已。位于罗经人盘未宫。天星曰金华，又曰鬼气。其四角中央一星，暗而不现，主文魁，管天下士子之阴德。中星主视，明察奸谋，天之目也。又为天朝，主祠祀，又主疾病死亡。

朱雀之第三宿为柳，有星八，均属现今天文之长蛇座。汉画天文志“柳为鸟啄，主草木”，晋画天文志“柳八星天之厨宰也”。位于罗经人盘之丁宫，天星曰南极，又曰阴间，主人福寿，又主文章，为天相、天库、天厨之位，主御膳饮食。又主雷雨工匠。其星明则人寿年丰，而酒食升平也。

朱雀之第四宿为星，有星七，六属长蛇座，光度二等。史记天官画谓

“七星主急事”。亦位于罗经人盘之丁宫，天星曰太阳，又曰阳极或天都。为朱雀文明之粹，羽仪之所。主衣裳纹绪，又主盗贼。其星明，则天下大丰年。

朱雀之第五星为张，有星六，均属现今天文之长蛇座。观象玩占谓“张六星为天府，一曰御府，一曰天昌，实为朱雀之嗉（胃）、火星也”。位于罗经人盘之午宫，主珠宝金及宇宙所用之物，天子内宫衣服，收藏贡物之库，又主厨事、饮食，赏赐之频。

朱雀之第六星为翼，有星二十二，为二十八宿中星数之最多者，一至十一属现今天文巨爵座，十二至十四属长蛇座，又八星均不明。翼宿位于罗经人盘之丙宫，为天之乐府，战乐文物声明之所，又主三公化道，文藉及蛮夷远客，天星曰阴枢，又曰赦文。凡墓穴得丙丁合局者，为赦文水，主家无凶祸，犯罪即赦。

朱雀之未宿为轸，有星四，即现今天文之乌鸦座，为天星中最美丽者，若以望远镜分析之，则可见其色一黄一紫。史记天官画载：“轸为丰，主风。”位于罗经人盘之巳宫。天星曰天屏。其四星为天之四辅，又为冢宰，主察殃害之事。又主车骑远战之事，为盗寇征伐，亦主风雨。其星明，则天下安康，风调雨顺，贤人迭出。

北方之玄武七宿，以斗宿为首，有星六，均属现今天文之人马座。亦称北斗，又名南斗。疏云：“二十八宿远四方为名者，惟箕斗井壁四星而已，箕斗并在南方之时，箕在南而斗在北，故言南箕北斗。”考古质疑谓：“四方列宿随时迭送，姑以春言之，鬼柳星位于南方，则斗牛女虚为北方之宿耳。以其正当北斗之衡，故彼既曰北斗，则此曰财斗，所以别之。”晋画天文志谓：“北方南斗六星，天朝也，亦曰天极。”位于罗经人盘之艮宫，天星曰阳机，又曰阳枢。为天市垣，其中一星最明者，五帝坐其官，主市货之府，亦为丞相太宰酌量政事之所。南二星为魁为天梁，中二星天相，北二星天府，皆为受命天子之事。六星均明，则天下安泰。（此“北斗”非北极星旁大熊座之北斗七星）

玄武之第二宿为牛，有星六，均属现今天文之摩羯座，史记天官画谓：

“牵牛为牺牲。”按古时多谓牛宿为牵牛，今则均以河鼓为牵牛也。河鼓之星系属现今天文之天鹰座，位于牛宿之西北，居银汉之南，与汉北织女星相对，其一等星为大将，左右小星为小将。上述牛宿位于罗经人盘之丑宫，为天之开梁，主牺牲之事。上二星一曰积路，一曰积火，主道路，闪一火星主关梁牛马。其星明大，则天下安，牛马广，不明则牛马瘟疫。

玄武之第三宿为女，有星四，三属现今天文之宝瓶座。位于罗经人盘丑癸之间，天星曰姐光，又名须女或婺女。为天之少府，主管画极、布帛、裁制、嫁娶等事。其星明则文士现，五谷丰收，女士昌盛，府库充盈。

玄武之第四宿为虚，有星二，其一为宝瓶座之 B，其一为小马座之 A。位于罗经人盘癸子之间，天星曰阳光，冢宰之象。主北方城邑、朝堂祭祀之事，又主风云死丧哭泣。其星明大，则天下安泰。

玄武之第五宿为危，有星三，其第一星，即现今天文宝瓶座之 A，其二与三，皆属飞马座。晋画天文志谓：“危三星，主天府、天市、架屋。”位于罗经人盘之宫，天星曰天府、天市、天朝、或与称阳光、天垒、太阴。为冢宰之官，主架屋，避藏风雨，及墓坟祠礼之事，其位临于一白，九紫对照，八白居左，六白居右，两相辅佐，故为天帝始终之宫也。

玄武之第六星为室，有星二，即现今天文飞马座之 AB，天星曰阴权，又曰天辅。位于罗经人盘之壬宫，为太庙天子之宫，又为元宫，或曰清庙。为军粮之府，主土工之事。其星明，则国运昌隆，文明四海。不明，则鬼神不享祭祀，天下多生疾疫。

玄武之末宿为壁，有二星，一即现今天文飞马座之 Y，一即仙女之 A，位于罗经人盘之亥宫，天星曰天皇，又曰紫微，或称天门，观象玩占谓：“壁二星曰东壁，图画之府”。为文间图画之秘府，又为土木之事，星下九尺，为天下之中道，其星明，则主图画集，道术行，小人退，君子进。

以上星宿之所主所司，与罗经方位之辨识，以及所属现今之天文星座，均已详为说明。但因地球之运行不息，二十四方位乃各星宿必经之宫道，因星球运行，以及磁场经纬度等，稍有偏差，故星宿位置，须以现代二十八宿星天文图为准。

兹将十二支中，各星所居之星次，述之于后。

笔者按：知二十八宿星性质，断立向及收砂纳水发富贵之大小，犹可得半矣！读者宜细心体会。

二十八宿星图

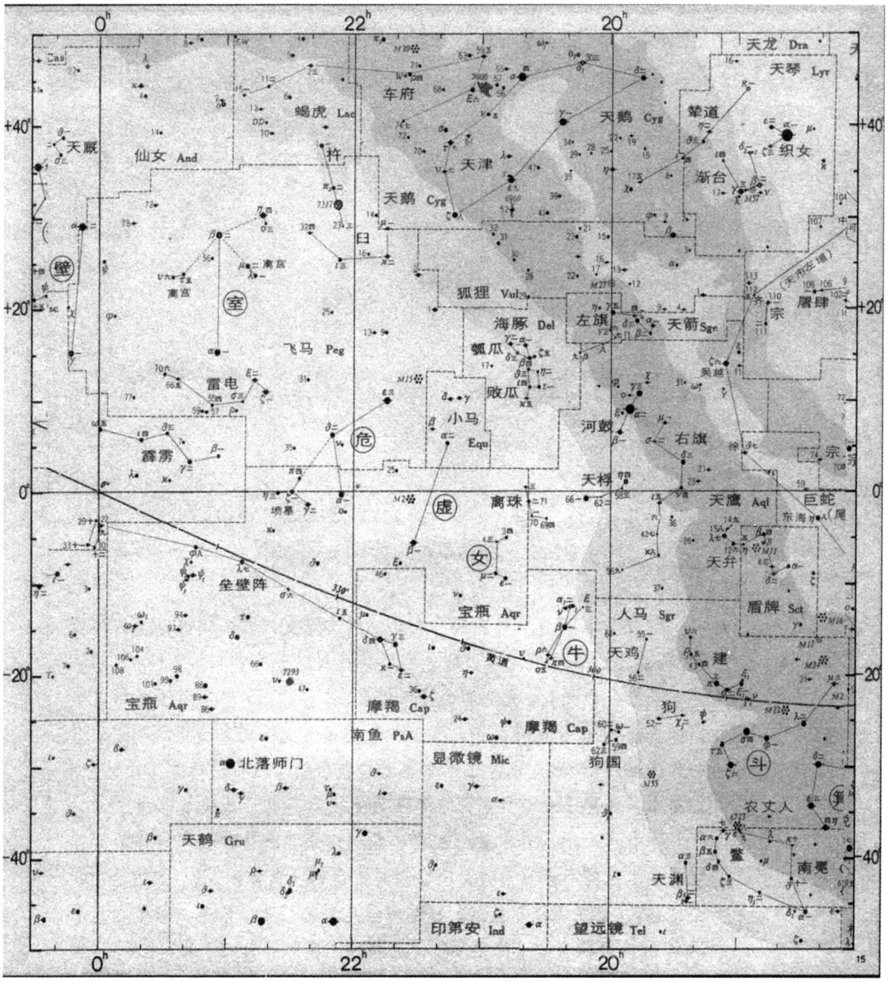

北方七宿图

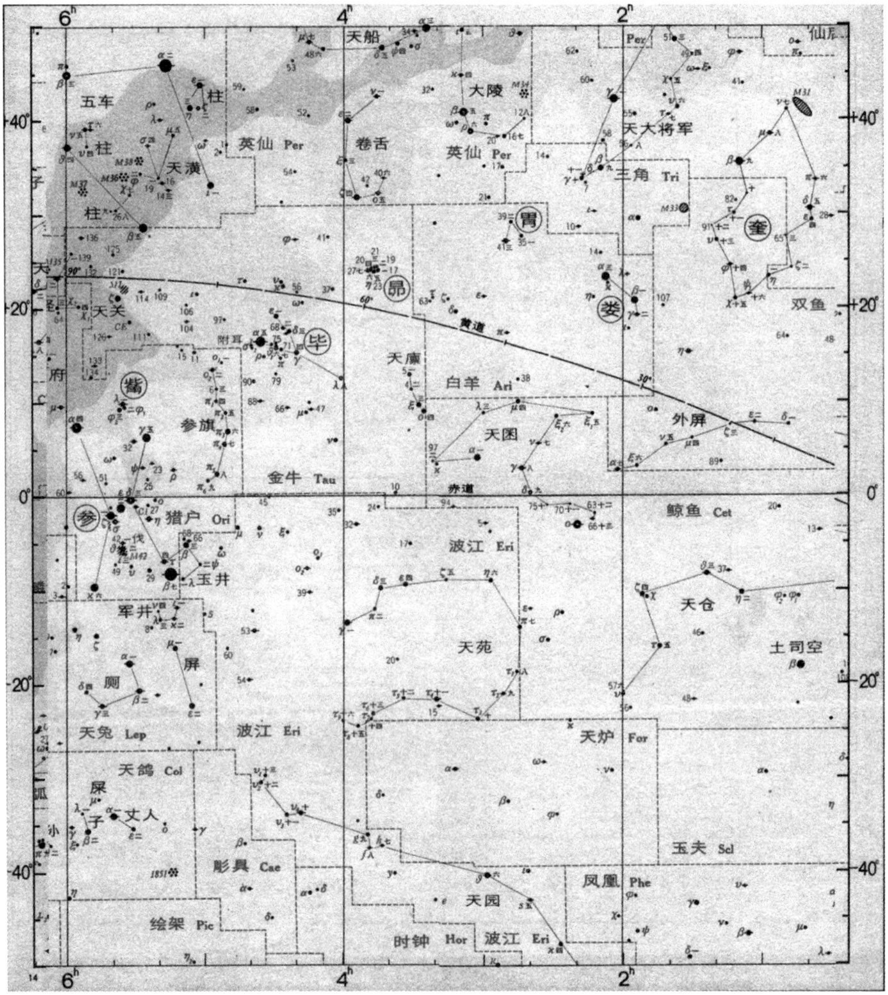
五车
柱
天潢
天船
大陵
英仙 Per
卷舌
天大将军
三角 Tri
胃
奎
娄
双鱼
昴
毕
天关
附耳
觜
参旗
天廪
白羊 Ari
天囷
外屏
金牛 Tau
黄道
赤道
参
猎户 Ori
玉井
波江 Eri
鲸鱼 Cet
天仓
土司空
军井
屏
厕
天苑
天兔 Lep
天鸽 Col
天炉 For
屎
子
丈人
彫具 Cae
玉夫 Scl
凤凰 Phe
绘架 Pic
天园
时钟 Hor

西方七宿图

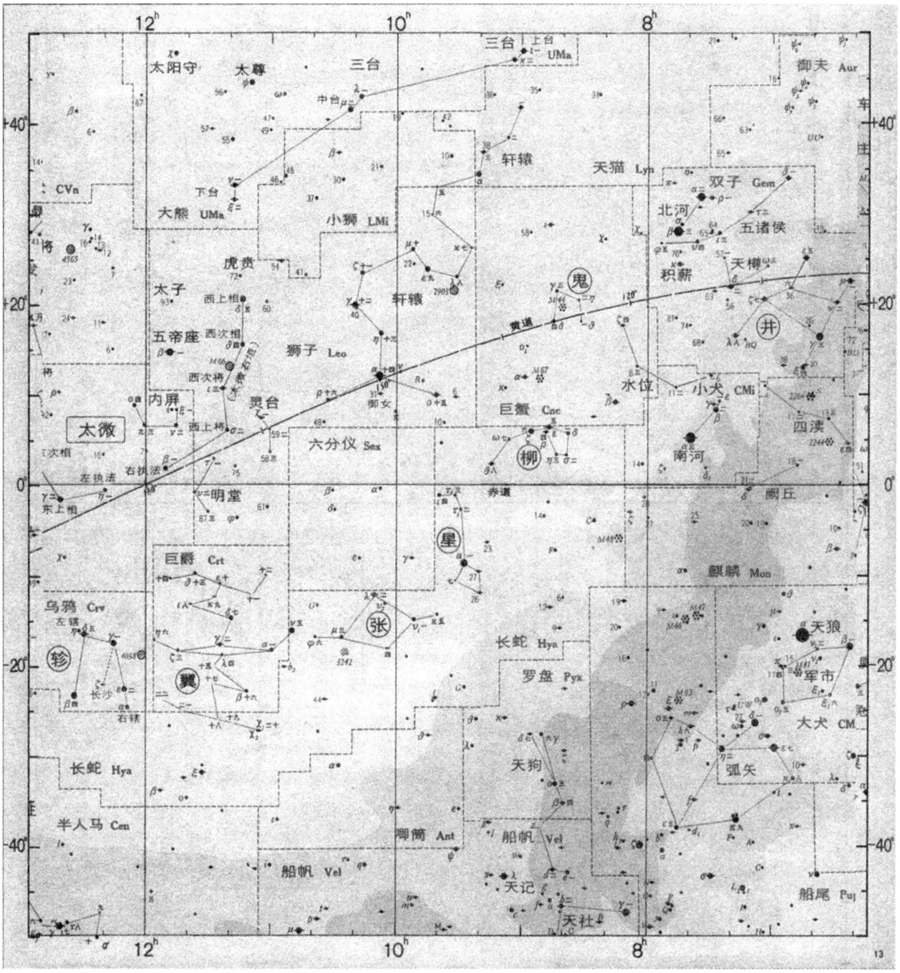
12h
10h
8h
+40°
+20°
0°
-20°
-40°
三台
上台
UMa
太阳守
太尊
中台
轩辕
天猫 Lyn
御夫 Aur
CVn
下台
大熊 UMa
小狮 LMi
双子 Gem
北河
五诸侯
虎贲
天樽
积薪
太子
西上相
轩辕
鬼
井
五帝座
西次相
狮子 Leo
黄道
内屏
灵台
御女
水位
小犬 CMi
太微
西上将
巨蟹 Cnc
四渎
次相
六分仪 Sex
柳
南河
左执法
右执法
明堂
赤道
阙丘
东上相
星
巨爵 Crt
麒麟 Mon
乌鸦 Crv
左辖
张
天狼
轸
长蛇 Hya
翼
长沙
罗盘 Pyx
军市
右辖
大犬 CM
长蛇 Hya
天狗
弧矢
半人马 Cen
唧筒 Ant
船帆 Vel
船帆 Vel
天记
天社
船尾 Pup

南方七宿图

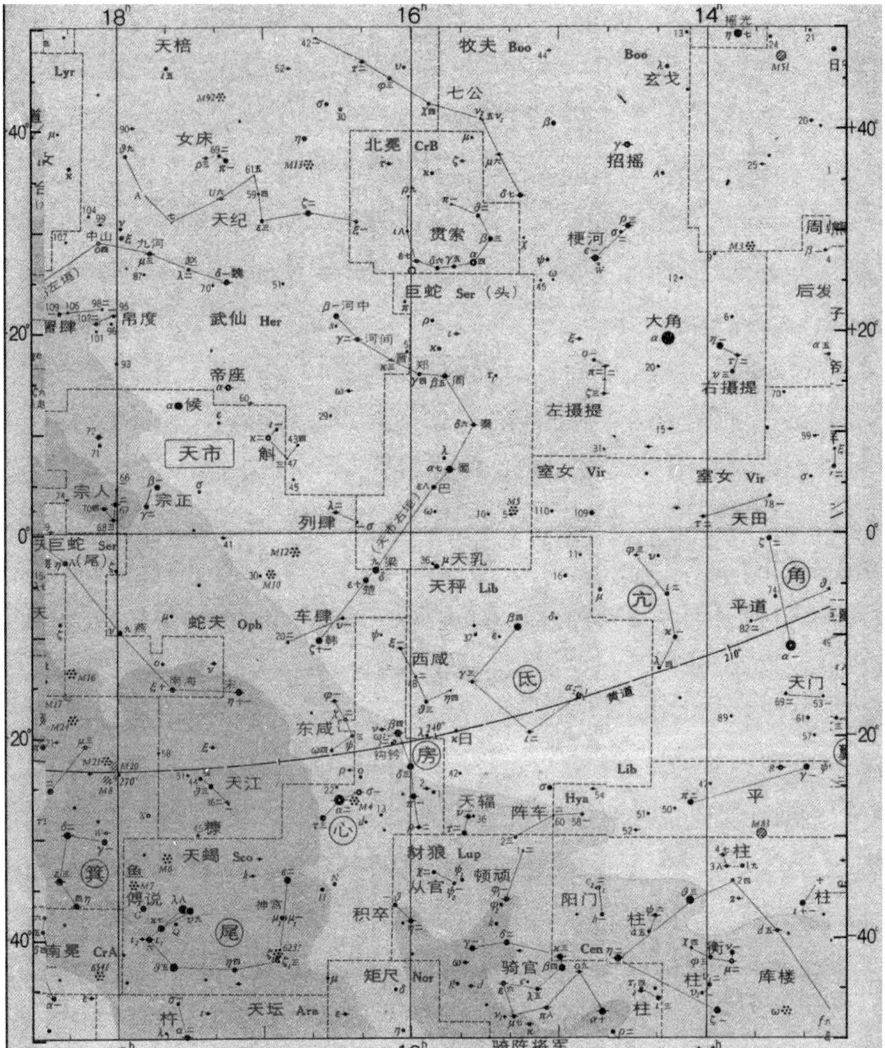

18h
16h
14h
天棓
牧夫 Boo
七公
玄戈
女床
北冕 CrB
招摇
天纪
贯索
梗河
中山
九河
周
巨蛇 Ser（头）
后发
帛度
武仙 Her
大角
帝座
右摄提
左摄提
候
天市
斛
宗人
宗正
室女 Vir
列肆
天田
巨蛇 Ser（尾）
天乳
天秤 Lib
角
亢
平道
蛇夫 Oph
车肆
西咸
氐
天门
南海
黄道
东咸
房
钩钤
天江
天辐
阵车
平
心
天蝎 Sco
财狼 Lup
柱
箕
鱼
傅说
从官
顿顽
阳门
尾
神宫
积卒
骑官
衡
库楼
南冕 CrA
矩尺 Nor
天坛 Ara
杵
骑阵将军

东方七宿图

第九节　十二星次

帝王世纪曰："黄帝受命，乃推分星次，以定律度。"刘昭甫汉志亦曰："黄帝定星次。"两雅所记十二次，与二十八舍之度，谓："皆自黄帝创之也"。

所谓十二星次者，将天球其经行之度数，谓之星度。宋史天文志："二十八宿星度，或多或寡。"西京难记，公孙乘为月赋曰："星度运行，阴阳以正。"晋画天文志云："五纬星次，用告祸福"亦此也。

今之天文星系学，谓之黄道十二宫，即沿黄道把黄道带分为十二等分，每分凡三十度，谓之十二宫，亦即古代所称之十二星舍也。行星轨道与黄道斜交，行星有时见于黄道之南，有时见于其北。所行最南或最北之日心纬度，名曰大距。

黄道十二宫，以今天文学名，依次为：白羊宫，古称降娄，在十二支之戌宫。酉宫为大梁，即今天文之金牛座。申为实沈，今之双子座。未为鹑首，今之巨蟹座。午为鹑火，今狮子座。巳为鹑尾，今之室女座。辰为寿星，今之天秤座。卯为大火，今之天蝎座。寅为析木，今之人马座。丑为星纪，今之摩羯座。子为玄枵，今之宝瓶座。亥为娵訾，今之双鱼座。

因白羊宫为春分之起点，白羊在戌宫，于是金牛酉、双子申，适值春令之时也。巨蟹为夏至之起点，巨蟹在未，狮子在午，室女在巳，适当夏令之时也。天秤为秋分之起点，天秤在辰，天蝎在卯，人马在寅，适当秋令之时也。摩羯为冬至之起点，摩羯在丑，宝瓶在子，双鱼在亥，适当冬令之时也。

此为日月五星入各主要行星之中道，古今中外，并无差异，全相吻合也。但因"岁差"关系，太阳行经黄道之二十八宿星所在具体位置与古时已异。

笔者按：此即太阳之躔宫过度。（度，为天上黄道的度数）

第十节 星宿五行

二十八宿把守于罗经之天关，每宿皆有五行之分。而罗经之二十四向所属五行，与图画八卦以及干支之五行，殊不相同。何也？千古以来未有说明，惟江氏永发明之，兹录之于下，并加解释之。

江氏所著《河洛精蕴》中，有二十八宿属七曜之说，文云：

“二十八宿之属七曜，以角木为首，四方之宿以木金土居前，火水居后，日月居中。后来地理家、演禽家、禄命家，未有能言其故者，今发明之。

二十八宿者，四其七也。是因七政之高下次第，而以宿配之，一宿值一日也，每一日分为二十八宿，二十四分者，二十四小时也。东方苍龙七宿以角为首，故角属木，自上而下第二曜也，每一小时历一曜，三七二十一至土，二十二至木，二十三至火，二十四至日，则一日周遍。次日是亢值日，至金、故亢属金。木火日全隔四曜，后皆隔四曜数之，次土、次日、次月、次火、次水、而复于木也。”

中国有甲子，而不知以宿值日，西国惟以宿值日，不知有甲子，后来中西合一，故今论亦有宿值日之法。西人谓开辟之初一日为有宿也。地理家以二十八宿分诸天盘之二十四向，乾坤艮巽属四木，辰戌丑未属四金，乙辛丁癸属四土，子午卯酉属君相火，甲庚丙壬属四火，寅申巳亥属四水。向止二十四，是子午卯酉兼得四日四月也。月本是水之精，而以为相火，亦有至理。先天离为日，坎为水，坎之数七，七本河图之火，故月为相火也。

按江氏所谓“七曜”者，日月火水木金土也，七曜即七政。以东西南北四方，一宿配一曜，而每方之宿有七，故谓四其七也。

以东方角木为首者，西人以开关之初一日为角宿也。然则何以金土日月火水继之以为序？盖因一日二十四时，每时值一曜，以日月火水木金土七曜之次序轮之，三七二十一至土，尚余三。所余之三数，则自土隔四位数之，故二十二至木。自木隔四位数之，二十三至火。自火隔四位数之，二十四至日，如是一日二十四时周遍。次日为亢宿值日，自日隔四位数之至金，故亢宿属金。然后又如上述自月为始，至亢日二十四时周遍至月。次日为氐宿值日，自月隔四位数之至土，故氐宿属土。又如述数至火，则氐日二十四时周遍。次日为房宿值日，自火隔四位数之至日，故房宿属日。自木数之，一日周遍，仍复得木。次日尾宿值日，自木隔四位数之至火，故尾宿属火。自金数之，一日周遍仍复得金，次日箕宿值日，自金隔四位数之得水，故箕宿属水。自土数之，次日又自木宿始，而东、而西、而南、循环相连也。

七曜属于河图所画八卦之理数，一日二十四小时亦由河图双体之数而来，是故星宿之五行，亦包含于河图之中矣。

笔者按：此论二十八宿星之五行属性的来源。

第十一节　论宫度五行与宿皆不能移易

罗经人盘二十四向，以乾坤艮巽属四木，辰戌丑未属四金，乙辛丁癸属四土，子午卯酉属四火，甲庚丙壬属四火，寅申巳亥属四水。宿二十八，向止二十四，是子午卯酉兼得四日月也。

（笔者按：人盘之用，“收砂”之法也。其中“寅申巳亥”是四水四火，共管八个宿星，上说“子午卯酉”各管两个宿星是不对的，详见本书第六章第三节。）

乾坤艮巽四木者，以角木始于人盘之巽，斗木始于人盘之艮，奎木始于人盘之乾，井木始于人盘之坤。其余金土日月火水，皆依序位于各宫之中。但因星宿所占宽度之面积各有不同，致使一宫之中，兼及二宿或三宿者。如觜宿占半度，故庚宫尚占有毕宿及参宿之一部。鬼宿占二度半，故未宫尚有井宿、柳宿之一部。又如巽宫之角木，一部偏于辰宫，而巳宫之轸水，亦占有巽宫之一部也。

盖宿为星所组成，一宿中之星与星之间。所占圆周之间隔，其每一宿，面向中宫所占之宽度，有大小之分，故于罗经之圆周中，所占之度数，亦有大小之别。但各宫仍以所属之五行星宿为主，用以吊各宫五行，而推算岁月之吉凶也。至于立向、分金、坐度，则仍以所坐之星宿为主耳。

觜火猴、参水豹二宿，清代以前之历，皆火前水后，后从黄道仪测之，觜不在参前，于是移其前后之序，先参后觜。觜之半度属参，而以参之十一度有奇，属之觜。然而他方皆火先于水，西方独水先于火，与七曜之次序不合。且觜微细，参体广大，使广大之宿反得最少之度，于理亦不合。欲易其曜，则水火有定性，欲易其禽，则猿猴有定形，故虽行之百余年，终觉其不当，乃于乾隆十八年改之，仍以觜先参后。盖参宿有七星，外垣四号呈长方形，中列三星。觜宿有三星，成等边三角形，在参宿外垣二星之内，故以西头星为距，从距离测之，则参前觜后，后改东头星为距，则觜前参后。是宿不可移，而距星可易出。

笔者按：此论二十八宿星收砂之五行属性和各宿所占宫度。（黄道周天 365.25^0 为二十八宿星各占度数之和）

第四章　刘氏风水之精髓理论

第一节　刘氏家传三元运

一、师传三元大运秘诀

五行山脉坐地盘，
运合地盘九星连；
正副二星顺行数，
同行七个共逆还；
运从中宫来掐算，
一律不入中宫躔；
刘氏家传三元运，
匪根之人永不传。

三元运：

上元一二三，各管二十年；
中元四五六，四、六各管三十年；
下元七八九，各管二十年；
共计一百八十年。

九星顺序：

贪巨禄文廉武破辅弼。

起掌口诀：

甲癸申，贪狼一路行；
坤壬乙，巨门从头出；
子未卯，一三禄存倒；
戌乾巳，文曲廉贞次；
巽辰亥，尽是武曲位；
艮丙辛，位位是破军；
寅庚丁，一律作辅星；
午酉丑，右弼七八九。

作用：

师曰："运星到，则当运速发。"

笔者按：此"三元大运"秘诀得来实不易也！

先师本已将此法之"起掌口诀"传给家父，但当时没有传"模子"，即"起掌图例"。家父当时也有问及，先师言："到时自会告知！"

先师在临终时，因家父未能及时赶到，后听当时在场的人说：先师曾数次在稍清醒的时候，问及"陈忠和来了没有？"遗憾的是，等家父赶到时，先师已经与世长辞。

曾听家父讲：一次，家父与先师一齐出门，先师说："等一下，我还有一样东西没带。"只见先师不知从何处拿出几张纸来，有点泛黄，揣入怀中，才与家父出门，当时家父亦不好多问。（先师脾气甚怪，家父历来不敢多言，怕挨骂。）

先师去世后，那件先师生前一直穿的，笔者母亲为他缝制的棉袄，因没人要，家父又拿了回来。一天，笔者母亲见棉袄有些脏了，就拿去拆洗，竟发现内层里夹有几页泛黄的纸张，交与家父。家父当时惊喜不已，但研究了很长时间，知道是与"三元大运"有关，却始终弄不明白具体是怎样推算的。

后家父将那几页秘纸交予笔者，笔者凭借多年来学习玄空的基础，又找出当年先师传授家父的口诀，花了近一个多月的时间，苦思冥想，反复演算，终不得窍。

后，笔者回到老家，亲自前去勘察先师所做“二十年出县长”之墓的龙穴砂水向，终于豁然开朗。

经笔者研究，现认为：

此刘氏家传三元运，是刘氏风水中最核心之理论！其作用犹有胜于“形法”二家之处。

为何？

因为，即使是龙真穴的，如不在其元运所做，亦不能速发，待元运到时，才自然会发；非龙真穴的，若合得元运，只要砂水合度，亦可速发（只不过易发易衰）。如果既是龙真穴的，又合得元运，那就不得了——既可速发，又能发得长远！

总之，“运星到，即发！”

笔者经研究，现理解如下：

运星到“山”，则应山主之事：多主当运即发人丁——若是真龙穴地，则出此穴所应之贵子；如“将军地”则出将来当将军之人（后天风水一样）。若山与龙不合——即“形、法”不配，虽出大富或大贵，亦一、二代而终，且结局多主凶败。

运星到“向”，则应向主之事：多主当运即发财富，若向上有案，亦主发贵；若向上有煞水、煞砂，发祸亦然。

运星到“砂”，则应砂主之事：生砂及旺砂主发科甲及丁财；奴砂主发财发禄；泄砂主退财败丁；煞砂主败财绝丁，最凶。

运星到“水”，则应水主之事：吉水应吉，凶水应凶；多主发财，但若合催官催丁之水，亦主发贵发丁。

总之，将师传三元九运之运星算至何处，吉凶祸福，了然于胸也！

先师算好再做，焉能不验！

先师所言“运星到、当运发”还有另一层意思：某坟是在某运葬的，要到某运才会发。如在八运葬一个可出省级富贵的地，用师传之三元九运推算，就可知此地在葬后多少年后才会出这个人物。

笔者遍览今之所有玄空挨星之法，无论何门何派，与本门刘氏家传三元运相比，均不相同。

笔者在此对现之玄空先存以下几点质疑：

1. 玄空飞星只论穴中所立之山星与向星组成飞星，与“龙”无关。应知：无龙，岂有穴？砂、水、穴，无一不是此龙所生，舍龙，则不必言风水！

2. 玄空飞星顺逆以山、向二星之阴阳而定，舍“九星”之本身性质而弃先贤之创：应知九星乃北斗也，北斗九星在每运皆各有自己的阴阳属性！

3. 不知“甲癸申”等口诀何用，用于玄空之替卦飞星，有“杀鸡用牛刀”之嫌！（详见下篇——试解《青囊奥语》）

4. 玄空之三元运中有五运之星，不知八卦与九宫（九星）之配合，其理不通。

故笔者认为：沈氏所言玄空飞星，绝非先贤所传三元九运挨星秘术之全部，因其法只论及山与向之飞星，而风水之基本元素，非只山与向也！

实例：如上所言，先师刘天禄所做“二十年出县长”之葬母墓，经笔者考察，立的是子山午向，当面午方有田源水来朝，午方有砂。以“辅星水法”论，正是“辅水”上堂，主速发福禄，亦催官贵，运星到水。砂为比肩科甲砂，运星亦到砂。故师曰：“此地不大，但我可保二十年后出县长！”此事在当地无人不知。

田源水朝都能出县级官员，风水之有用乎？只要龙穴真确，砂水合度，元运一到，必发无疑。

俗云：三代不信地理者，丁财必败。此说虽有夸大之嫌，也有理存焉！

后，该县长之父亲去世，又前去找先师主葬，场面说来颇有意思：

一行人开着小车，到达先师住处。该人同一位随行秘书去见先师，对先师说："我是某某，来请你有事。"

岂料先师回答："我犯了什么事吗？你又是谁，我不认识你！"

该人忙说："不是不是，我是谁啊……"

先师曰："那你们穿着制服来干什么？脱了再跟我说话。"

二人连忙把工作服脱了。先师替该人葬父后，其兄弟二人后皆至市级。

笔者暗想：先师这么做应该有两重意思：

1. 先师一生见权贵者，多矣；

2. 着工作服，应属公干，葬亲乃私事。为官者，首要即是"公私分明"。

笔者在此特别申明：该人能胜任政府官员之职，首先是具备官员之才德，亦是政府之培养，人民之信任所致。本例仅以当地流传之说为准，非妄言政治。

本书中所有观点，也仅以风水为角度，不涉国事。

自古于术数类文化，皆是"信与不信，存乎一心"也！

后记：笔者此次（2009 年 5 月）回老家，抽空前去寻访到了该人父亲之墓，该地确属有龙有气。

另外，笔者专程前去了先师生前居住的地方，寻访到先师之墓，拜祭了先师。一晃 22 年过去，笔者心里百感交集：一代明师，竟息于一个无龙无穴之地！

一时间，笔者似乎明白了很多很多的道理……

先师那句："他们要财要官，都来找我，我又去找谁呢？"，可谓千古一叹！

但愿先师没有怪我去得太晚。

后记：笔者后来把先师的墓迁到了笔者老家后山，并与门下众弟子一道集资修建了一座"香火堂"（占地约一亩），世代供奉先师。

二、试解《青囊奥语》

要谈三元九运，就不能不谈到玄空。

据清《四库全书》术数类载有《青囊奥语》一篇，后之玄空风水学将其视为经典起源篇。

《四库全书》之提要云："《青囊奥语》，旧本题唐杨筠松撰。其序（《青囊序》）则题筠松弟子曾文辿所作。相传（曾）文辿赣水人，其父（曾）求己，先奔江南，节制李司空辟行南康军事，文辿因得筠松之术，后传于陈抟（华山道祖）。是书即其所授师说也……其中多引而不发之语，如'坤壬乙巨门从头出'一节，历来注家罕能详其起例……"

笔者按：该文似是历代明师授徒之学，"点破"即是真传，而关键之处在于"起例"。

《青囊奥语》全文如下：

坤壬乙，巨门从头出。艮丙辛，位位是破军。

巽辰亥，尽是武曲位。甲癸申，贪狼一路行。

左为阳，子丑至戌亥。右为阴，午巳至申未。

雌与雄，交合会元空。雄与雌，元空卦内推。

山与水，须要明此理。水与山，祸福尽相关。

明元空，只在五行中。知此法，不须寻纳甲。

颠颠倒，二十四山有珠宝。逆顺行，二十四山有火坑。

认金龙，一经一纬义不穷。动不动，直待高人施妙用。

第一义，要识龙身行与至。第二元，来脉明堂不可偏。

第三法，传送功曹不高压。第四奇，明堂十字有元微。

第五妙，前后青龙两相照。第六秘，八国城门锁正气。

第七奥，要向天心寻十道。第八裁，屈曲流神认去来。

第九神，任他平地与青云。第十真，若有一缺非真情。

明倒杖，卦坐阴阳何必想。识掌模，太极分明必有图。

知化气，生克制化须熟记。说五星，方圆尖秀要分明。

晓高低，星峰须辨得元微。鬼与曜，生死去来真要妙。

向放水生旺，有吉休囚否。

二十四山分五方，知得荣枯生与死，翻天倒地对不同，

其中秘密在元空。认龙立穴要分明，在人仔细辨天心，

天星既辨穴何难，但把向中放水看。从外生入名为进，

定知财宝积如山，从内生出名为退，家内钱财皆穷尽。

生入克入名为旺，子孙高官尽富贵。脉息生旺要知因，

龙歇脉寒灾祸侵，纵有他山来救助，空劳禄马护龙行。

劝君再把星辰辨，吉凶祸福如神见，识得此篇真妙微，

又见郭璞再出现。

笔者学识浅薄，今强作试解：

《青囊奥语》字数不多，开篇即是“坤壬乙，巨门从头出。艮丙辛，位位是破军。巽辰亥，尽是武曲位。甲癸申，贪狼一路行”。

此句我们在此暂且放置一下，先看紧接着的两句：

“左为阳，子丑至戌亥。右为阴，午巳至申未。”

命理学有“子为阳，丑为阴，寅为阳，卯为阴……”之说，今之玄空有“子午卯酉为阳”等之说。龙有十二阳龙十二阴龙之说，水亦有阴阳之分，二十四山还有纳甲阴阳，但皆不是此处所言“子丑至戌亥为阳，午巳至申未为阴”。

一日，笔者看《大六壬》，书中提到：“六壬中的天盘，是以天上十二辰次排列而成的。天上斗柄所指十二辰顺转，则地面时令也跟着迁变，春夏秋冬随之轮回，六壬中的天盘事实上是跟地面的后天八卦是相对应的。后天八卦跟六壬相配：子配坎，丑寅配艮，卯配震，辰巳配巽，午配离，未申配坤，酉配兑，戌亥配乾……汉人发明的十二辟卦学说，以十二卦配十二月，每一卦为一月之主，六壬地盘十二支与十二辟卦是这样匹配的：子为复卦，为一阳初生一位；丑配临卦，为二阳四阴之位，寅配泰卦，为三阳三阴之位

……午配姤卦，为一阴初生之地……”（见第三章第一节之十二辟卦图）

由此笔者大胆认为：

《青囊奥语》所说“左为阳，子丑至戌亥”，即是：子为（后天）坎卦，丑为艮卦，戌亥为乾卦，而乾坎艮在八卦中的属性均为阳。

同理，“右为阴，午巳至申未”，午为离，巳为巽，未申为坤，皆属阴。

那震与兑呢？自然震（长男）为阳，兑（少女）为阴。震兑为日月之门，其阴阳属性不言自明。

这才有下面紧接着的：“雌与雄，交会合元空；雄与雌，元空卦内推”一句。雌雄之说，不脱阴阳之意（后人把此处“元空”二字意为“玄空”）。

“交会合”与“卦内推”，不外言“元空”在八卦之内交会，在八卦之内推详。

故笔者认为：此处所言“地支”之阴阳，实为“八卦”之阴阳。

（至于“左为阳，右为阴”，观后天八卦图或罗盘，以东偏南 22.5 度与西偏北 22.5 度之间划一条直线，将八卦分成两半，就会发现一半“乾坎艮震”四卦为阳，另一半“兑坤离巽”四卦为阴。以现代人看图的习惯，是左边阴，右边阳；古人看图是将人置于图中，即是左为阳，右为阴；将八卦图放在胸前，图面向外，视线从图后看出去。这点，笔者在解读赖布衣的《催官篇》时也将提到。）

此阴阳之说与今之玄空将二十四山分“天地人”三元龙后再分“阴阳”有别。玄空为：甲庚丙壬、寅申巳亥、乾坤艮巽十二山为阳；子午卯酉、乙辛丁癸、辰戌丑未十二山为阴；其阴阳性质决定山星与向星入中宫后之顺飞逆飞。（笔者注：后见《地理辨正》载此句为：“左为阳，子癸至亥壬；右为阴，午丁至巳丙。”）

好，我们现在再回到第一句：“坤壬乙，巨门从头出……”，为何只言及十二山？即使不含震兑二卦，数亦不对。后天八卦，就是罗盘二十四山，岂有只言十二山之理。

故笔者结合上段分析，再次大胆认为：

此开篇四句，绝非完璧之口诀，应该还有十二山未言。否则，就有前言不搭后语之嫌。除了古人传书时故意隐藏，实在没有别的道理可以解释。我们在此姑且先不去考虑此段口诀究竟是何意义，以及有何用处。

我们再看《沈氏玄空学》，将此在风水学中占如此经典地位的《青囊奥语》之开篇四句，纳入挨星替卦口诀，即用在——兼向兼得“不知所以然”之替卦飞星上。

首先，笔者在此先不论玄空之用法是否完全正确，笔者自认尚没有那么精深的理论功夫可去推翻玄空理论，但观书可知：自清代至今，疑玄空者亦大有人在。

笔者只是觉得：只谈玄空，绝非完备之风水！

此处，笔者仅从常理推测：

后来之三元精髓理论篇《青囊序》（杨之弟子曾文遄著），及《天玉经》（江东一卦从来吉，八神四个一）等，皆是从《青囊奥语》引发而来。岂有“老祖宗”一上来，重点都还没谈，就谈到次要的替卦上去了？

实在是有违常理！

先贤著书，岂有如此“本末倒置”的？

笔者之所以言——兼向兼得“不知所以然”，看了本书所言“形法”二家之理论，相信读者会明白：“地”应该是没有那样生成法的，哪有“真龙穴地”生成左兼右兼超过“正向”之九度范围的？

有人说：我硬要去兼它几度才合山水，才合我的理论，才会“旺山旺向”。

先师曾曰：“地乃天生成，不由人造。”先贤托长老亦云：“真龙自有真穴，自有真砂真水。”能收真砂真水之向，自然是真向。

立向兼成那样的地方哪会是“地”，恐怕只是土地吧！又哪里会是“真向”？

就算你运气好，撞上地了，也兼向得元运合，速发了，元运过了怎么办？照败！且原来之砂水全部作煞，大凶至也！应知：杀人一万，自损八千。做地师的，何苦自损阴德！

又有人说了：书上说了，向上有水，地运不入囚，元运过了也不会败。

此理论最是让笔者想不通：辛辛苦苦算来的地运要发多少年，到何时败，仅仅因为向上有点水，该理论就没用了，岂不可惜了？

况天下无论阴阳二宅，多是背山面水，该理论还有多大价值？（实则：断一座坟能发几代人，本门师传是龙上理气之秘法，百断百准，与向上是否有水根本无关。）

如：本书序言中所列蔡季通之自葬墓，书中记载："送关一臂太近且高，当前为案，无开畅明堂，不见外洋，内水斜流似倾泻……"

案近无开畅明堂，那么内水即使有也必定很小，还斜流，不见外洋之水，元运该不久要入囚吧，可人家不仅出宰相，还是"四世九贤"，子孙人丁大旺。（详见钟义明《地理峦头实务》第一卷第八节之蔡牧堂《发微论》）

有人说：总见了点水。那你去沙漠找"案例"去吧，肯定合你的理论！

扯远了。

《青囊奥语》讲完此段后，接着是：

"山与水，须要明此理。水与山，祸福尽相关。明元空，只在五行中。知此法，不须寻纳甲。颠颠倒，二十四山有珠宝。逆顺行，二十四山有火坑。"

到此句为止，皆是以上"交会合元空"及"卦内推"二句的引申。注意，这里讲的就是"二十四山"了，还有"十二山"在哪里呢？难道不是古人"隐瞒"了吗？此段之详解见后，此处暂且按下不表。

接着又说："认金龙，一经一纬义无穷。动不动，直待高人施妙用。第一义，要识龙身行与止；第二元，来脉明堂不可偏。第三法，传送功曹不高压。第四奇，明堂十字有元微。第五妙，前后青龙两相照。第六秘，八国城门锁正气。第七奥，要向天心寻十道。第八裁，屈曲流神认去来。第九神，任他平地与青云。第十真，若有一缺非真情。"

稍懂点风水峦头知识的人都会明白，此段话主是讲峦头理论的"寻龙点穴"之法的。笔者见有一些书将此段内容硬去套什么山水飞星及卦气理论，真是不知所云。当然，这里面也隐藏有真正的"元空"心法，如六秘、七奥二句。

言“金龙”，诸书说法不同，笔者直译：只有结有如金子般宝贵的真龙穴地之龙，才有资格称之为金龙。“一经一纬”，其义无穷。经是什么？纬是什么？《青囊经》云：四七为经，五德为纬。“四七”指周天二十八宿星，“五德”是指“金木水火土”五星之五行属性，“一经一纬”实质就是指元运之气的由来。要龙动，非高人施为不可；或是要识得动龙，非高人不可。何为动龙？有元运之气到临之龙，就是动龙。按以下十点去做，就是高人施为之法。

以下十点，犹如笔者后面所录“形家”理论中《龙法十要》之内容：

一义、要识龙身行与止：要识得龙之行止，龙止才结穴，龙还在行则不结。此为地理之第一要义。

二元、来脉明堂不可偏：要识穴之来源脉气，要与穴前明堂相对，不可偏离。离脉则脱气，立向偏明堂，亦脱气也。（由此可知：“向”是轻易偏不得的。）

三法、传送功曹不高压：玄武要垂头。传送功曹，即穴后之主星及左右护卫之砂也。

四奇、明堂十字有元微：明堂在“十字天心”上有气象。古有“天心十字”定穴之法。明堂，水也；无论外中内之明堂，皆要向上有水之吉象。

五妙、前后青龙两相照：前后青龙？只有“左青龙”之说，此处应指前有案山朝拱，后有乐山鬼靠。或隐含“白虎”之意，即指“前朱雀、后玄武、左青龙、右白虎”之四神，要两两相照。其关键在于一个“照”字。

六秘、八国城门锁正气：从形峦上讲，八国城门关锁，此地大矣！何为八国？广义指四面八方，精确说来，是砂中之八将，与上之四神，合称为四神八将。有此等砂体守护关锁之地，可出将入相，此金龙所结之地小乎？若从元运来讲，则隐含有：穴外之八宫山水，要元运之气皆到，合成满盘生旺，方为正气。若仅以玄空之城门水口理解，则轻看古人之智了，犹似“观虎为猫”。

七奥、要向天心寻十道：要根据“元空”之法去立向，寻求可得“合十”旺气之道。这里的“天心”是指元运运星入中的中宫——天心。从形峦上言，若具备上言四神八将之此等砂体，乃天生之大地，不用罗盘都知该立什么向，绝不会如今之玄空所言：要去兼多少度，用什么替卦去立向。立向要合元运之“天心”，不过是指该穴在何元运去做才会“速发”！立向不合元运之“天心”，只要龙向合，也不是不发，元运到时自会发也。就是说：不管元运有没有，向都应先按前面“天心十字”——山川之自然形态去立。更进一步言：山水若能合得“元空”之当元“合十”之旺气，则当元可发也！

八裁、屈曲流神认去来：“裁”水而已，立得真向，自合诸般水法。

九神、任他平地与青云：平洋龙与高岗龙一样看。

十真、若有一缺非真情：先师言——“成人不把双亲孝，你又生儿做什么！”缺则有风也，即非真情、非真穴。或言：以上九条，观穴时，尚有一条不具备，即非真穴！

再往下看：“明倒杖，卦坐阴阳何必想。识掌模，太极分明必有图。知化气，生克制化须熟记。说五星，方圆尖秀要分明。晓高低，星峰须辨得元微。鬼与曜，生死去来真要妙”。

这段话似乎最易让人曲解，如“识掌模，太极分明是有图”，是不是说：“挨星法有一个如掌上一样的太极八卦图？”

“明倒杖，卦坐阴阳”是不是说的“飞星要按阴阳顺逆飞”呢？

笔者认为：非也！如此凭想像去理解古人之意，太过牵强，也低估了古人著书之水平！古人之文字功底比今人强多了，行文布局绝不会“东一榔头，西一棒棰”。

笔者认为：该段话是紧接上段“寻龙认穴”之后，具体怎么“点穴立向”的。

杨公有“十二倒杖”之点穴法，此倒杖是“倒下手中拐杖”之意，手中之杖无论是“顺、逆、缩、缀、开、穿、离、没、对、截、犯、顿”般倒下去，都是“辨气扦穴”之法。这里面其实隐藏了一个秘密：天下成穴的形态，总不脱这“十二倒杖”之式。

至于“卦坐阴阳”，不过是“阳来阴受，阴来阳承”之意罢了，还要说多直白呢。《青囊经》云：阴用阳朝，阳用阴应；阴阳相见，福禄永贞；阴阳相乘，祸咎踵门。能悟此“阴阳之道”，即真地仙也！

卦，即八卦，非二十四山否？

“识掌模”，不过是言真穴之太极晕分明如图。何为“太极晕”，有人认为是挖出的土色如一圈一圈的太极，这是不对的。“太极晕”说白了就是穴场的上分下合之态，如仰掌。

“知化气，生克制化须熟记”以及后面一段“识五星，方圆尖秀要分明”，应该讲的是：穴内分金坐度，与周围“尖圆方正”之五星砂体之间“生克制化”的拨砂之法。

“晓高低，星峰须辨得元微”一句，犹如先贤邱延翰所云：“翻来倒地面向天，总在拨砂尖上论”。

“鬼与曜，生死去来真要妙”：再结合细观鬼曜之砂，可知穴之生死，即挨生去死、收山出煞之法。

五星砂体及鬼曜，皆是用来校正穴之所在的精确位置的。

“消砂”讲完，下面一句紧接着就言“纳水”了。

讲到这里，我们再回头看前面：“山与水，须要明此理。水与山，祸福尽相关”，就会明白：言山必言水，山水祸福相关。此处之“山”，绝非“山向”之山，而是指龙；山与水，即龙与水。所谓“雌雄”，雌是阴，为龙；雄为阳，为水。或言龙为雄，水为雌，其理一致，总不脱阴阳交媾之意。

龙与水皆要明的是什么“理”呢？等把下面“纳水”讲完后再详论。

“向放水生旺，有吉休囚否。”

常言“立向收水”，此言“向上放水”，其理无别也！“吉休囚否”是“吉、休、囚、否”四字分别之意。此句犹如言长生水法之“长生、沐浴、临官……”等情况，实质是指后面“生入克入”、“生出克出”的吉凶。

下面一段：“二十四山分五方，知得荣枯生与死。翻天倒地对不同，其中秘密在元空。认龙立穴要分明，在人仔细辨天心。天星既辨穴何难，但把向中放水看。”

此段应是指“元空”理气应与以上峦头（龙水）理论相结合。精髓就是：“翻天倒地”四字！

至此，不得不抛出文章一开始的“雌与雄，交会合元空”一句中之“元空”二字了。

何为“元空”？且看：

1. 雌雄（阴阳）交媾，要合“元空”；明雌雄，要用“元空”之法在卦内推详；

2. 山（龙）与水，都要明这“元空”之理，因为山（龙）与水，二者（对穴）产生的祸福都与这“元空”相关；

3. 此“元空”，只在五行中；五行者，不外“金木水火土”五行，八卦及二十四山皆有自己的五行属性。

4. 知此“元空”之法，不须寻纳甲。纳甲，实为先天八卦与后天八卦之配合关系而产生。“元空”与先后天八卦有关？不然怎么说纳甲也不需寻了？

5. “元空”之颠颠倒及逆顺行之法，可决定二十四山（龙）所结穴是珠宝还是火坑？此是讲二十四龙结穴，非言穴中立二十四山向。

（按师传“形法”理论——来什么龙，就会结“立得起什么向”的穴。穴没有珠宝火坑之别，全在“立向”以别之：向立错，又不合“元空”，真穴也会变成火坑。若立真向又合此“元空”之法，可得“珠宝”——速发也！）

6. 认金龙，及识辨该龙动不动，要看高人怎样施为这个“元空”：知“元空”之法，则可认出金龙——龙动则气通，通则为有生气，为金龙；反之，不动，虽有气，亦是死气。如何才谓之动，元运到，则为动！

7. 到上段了：“二十四山分五方”？不是八卦八方吗？此五方，笔者认为：不过是上面所言之五行：金木水火土，即“东南西北中”五方也！（此为“以经解经”）亦是指“二十四龙”之五行属性。

要知这“二十四龙”五行之气的荣枯生死，要将此“元空”翻天倒地，因为这个翻和倒的秘密在“元空”里也！

8. 认龙立穴要辨“天心”。注意：此处言“认龙立穴”了。笔者认为，此处之天心，非前面所言“天心十字”之天心，应该指的是元空的“运星入中的中宫”。下面的“天星既辨穴何难，但把向中放水看”，这里的“天星”就是元空所飞之运星。看运星飞临之方，穴中立向何难？再参考向上之水则更妙也。

以上八段，句句有“元空”，那“元空”究竟是什么？怎么起例？不知者不会说，知者更不会轻泄，以致今日之“天下诸书对不同”了。

再看以下一段：“从外生入名为进，定知财宝积如山。从内生出名为退，家内钱财皆穷尽。生入克入名为旺，子孙高官尽富贵”。这段话是对上句“但把向中放水看”的引申。为何？“山管人丁，水主财”也！（实际“水亦管人丁，山亦管财”才对。）

生入、生出、克入、克出，不过是龙、山、向、水各自所得的元运之“运星”，他们相互之间形成的生克关系。

结束语：“脉息生旺要知因，龙歇脉寒灾祸侵。纵有他山来救助，空劳禄马护龙行。劝君再把星辰辨，吉凶祸福如神见。识得此篇真妙微，又见郭璞再出现。”

历来文章之结束语都是十分重要的，本篇从开篇谈“雌雄”，再到“八卦五行”（姑且论为理气），又言峦头之“龙穴砂水向”，最后又回到“脉气”上，由此可知：

——“脉息生旺”，是本篇理论的重中之重！

而要得“脉息生旺”，就不得不知“元空”之法。龙不动，就是歇，龙歇则脉寒，龙为何会歇？沉睡未醒也。何时醒？元运到则醒也。醒则动，动则气通，通则生旺也！

“劝君再把星辰辨”，此处星辰不是九星乎？识得九星（挨星）之运转，吉凶祸福自然验之如神也！

故“他山”是叫不醒“本龙”的；禄马，应是指随龙之砂水。龙不醒，砂水何用？

最后一句，虽是古人自褒之词，却也让后人不敢言郭璞在世！

至此，读完本篇，但还是有一个根本的问题存在：

“元空”到底是什么？

笔者在此认为：——“元空”之法，就是本篇之开篇四句：“坤壬乙，巨门从头出……”是也！

此四句，就是全篇之文眼！亦是全篇行文立论之论点！即是元空之用法！后面所有阐述，都是围绕这个用法来展开的。

何能将其视为“替卦”之口诀？不言自明！

笔者将“元空”二字之“元”理解为“元运”；“空”意为“天空”，或相对于地球之“太空”，亦或是“时空”，再直白一点，即“天文历法”也！总不脱此类之意。

不知何时此“元空”变为“玄空”了，一字之变，令人费解——“玄之又玄”也。将本来简单的问题搞复杂化了，所以才有了后面不知多少派的“玄空”。

通读全篇，笔者尚有这么一点感悟：

此先贤（不管是否是杨公），开篇即谈“元空”之用法，跟着笔转风水之龙穴砂水向，言理气峦头之秘尽在此“元空”，莫非此《青囊奥语》所言之“元空”，就是“传说中的回锅肉”——青囊术乎？

据《地理正宗》一书所记，西汉长沙王之后代，有个叫吴法旺的人，听闻华山道士陈抟洞彻天文地理学的秘奥，就派他儿子吴克诚（《四库》言“吴见诚”）去求学，得陈抟真传。（前言：杨公弟子曾文遄，传陈抟《青囊》，道教称陈抟为道祖。）

一日，陈道士（大概是看中了吴克诚的儿子）对吴克诚说：“你的儿子是个仙才，一定能继承和光大我的学说。”于是将《青囊》书传授给克诚（吴克诚自然会传其子）。克诚的儿子就是吴景鸾，生得聪慧过人，得到陈抟的《青囊》书后，精细钻研，掌握了《青囊》之术。吴景鸾后成一代地理国师。

所以青囊术，又叫青乌术，即风水地理之术。

故笔者认为：《青囊奥语》绝非仅是谈“理气”的风水理论篇，风水学实则不应严格区分什么“理气”和“峦头”。托长老云：消砂是理气，纳水也是理气。理气，绝非只是理“天气”的气。

这个“元空”，可能就是隐藏在一切龙穴砂水向之峦头理论及所有理气理论里面的，风水学之精髓中之精髓！

得之，则可洞彻天地之秘！

为何？“元空”所求者，生气也！

气在何处？在天曰“天气”，元运、日课之气！在地曰“地气”，龙气、脉气！

风水之学，不过如《葬书》所言：“葬乘生气”四字而已。

笔者近日偶翻《地理天机会元》一书，见书中所载《青囊奥语》，将先贤所创随心所欲改得不知所云，如开篇为：“坤壬乙，文曲从头出。艮丙辛，位位是廉贞。巽庚癸，尽是武曲位。乾甲丁，贪狼一路行。”

甚为可恼！

历来不管三合家还是三元家，皆有注解如《青囊奥语》、《天玉经》等风水名篇，三合家是三合的说法，三元家是三元的说法，其旨不过皆是想为自己的理论找一个根源。但如果动辄随意篡改，那就不太够意思了。

笔者曾见有三元家解《青囊序》，前面都是用“飞星”去言，似乎颇有道理，但解到后面“文若来时男女乱，库方到时定为殃”就跳过不言了。盖《青囊序》确实讲的是山法水法，不是言“飞星”也。

先师曾言：“万卷诗书都是假。”风水之学，第一要礼拜明师，第二要从实践中来。民间有一句话：“做得发才是真的，做不发都是假的。”

取三元三合之精髓，结合起来，岂不更好？龙真穴的，向法得宜，砂水合度，元运降临，天星催吉，焉能不发？（难就难在第一关啊！皮之不存，毛长在所处呢？）

本篇“试解《青囊奥语》”，亦是笔者随性全依自己对风水的理解写来，是否在理，敬请高贤不吝批评指正！

后记：笔者在写这篇文章的时候，还未读过蒋大鸿所著的《地理辨正》，今一读之下，不觉汗颜，有些道理蒋公已经说过了。蒋注：传送功曹，指左右护龙星辰；更有道理，功曹，就是跟班。有研习大六壬预测的易友电话给我，说：传送功曹就是青龙、白虎的代称。

第二节　刘氏风水之形法择总论

先讲一段故事：

有一钟姓之人，慕名前来拜先师刘天禄为师学习，对先师言道："我只为学天星而来。"盖此人当时年已六十有余，曾拜有数个老师学习地理，于"形派"亦颇有些心得。

入师门不久，一日，先师对该徒弟说："今日你随我上山，我们出去走走。"

于是师徒二人来到某地。先师走到某处，停了下来，对该徒弟说："今天你在此山找找，看是否有地？"

徒弟于是拿出工具——罗盘，找地去了。

一会儿功夫，该徒弟跑回来，欣喜地告诉先师："这山上果然有地，我已找到了，请老师前去看看。"

二人走到徒弟所找那处，先师说："不错，算你厉害，此处确实是穴，不过可惜是在'老虎'的嘴里（虎口穴，葬之大凶），你再到我刚才站的那个地方去看看呢。"

走到先师刚才停步的地方，徒弟拿出罗盘"比划"了一下，惊讶道："老师，你这个地方确实比我刚才那里要好得多！"

先师说："这里是这只'老虎'的肩膀，请问'老虎'最有力的地方是哪里啊？"该徒弟于是这才心服口服。

后该人亦是当地风水师中之名家。

特别要说明的是：先师出门不带罗盘久矣！家父甚知。

先师有如此精深之峦头功夫，自不是靠什么感应，或是什么神灵指点，而是他对山川之结构已了然于心，已知山川之“真性情”也！

这就是“形家”与“法家”理论之神奇。

笔者按：相传杨公寻龙点地，亦是多不用罗盘的，凭借的仅是他手中之“杖”，依山川自然形态点穴立向。因为那时的罗盘还很粗略，也就是在一块圆木盘中间挖一个“池”，放入水，把磁针穿在芦杆里，浮在水面定向，也称“水罗盘”。旱罗盘据考证是宋朝才有。所以有人言今之“穿山透地”及“百二十分金”之用法全是伪法，非杨公真传，还是有些道理的。唐代罗盘的生产工艺还远达不到如此精细的程度，估计当时的罗盘也就是中间一“天池”，外围是地、人、天三盘或再加不太精准的二十八宿星。

“形家”理论，广义言之，包括所有讲峦头的龙砂穴水等知识，但其精髓却是“寻真龙”之法。寻得真龙，自会有真穴在焉。故知此法，不仅能知——此山是结穴之龙，还是不结穴之山；还能知——此龙所结之穴应落在何方何处。

“法家”理论，广义言之，是指所有认砂、认水、认穴、认风的理论及消砂纳水之法。其精髓却全在一个“向”字。

“法家”与“形家”配合，在知道穴在何处的情况下，还能知该穴应立何“真向”！

真向一定，砂水皆可不必去论也——论亦合法。

所以“形法”二家理论是地理，就是用来理山川穴位之间的“地气”的。

“择家”理论是计算，故先师言：“择家”是数学。其秘在“三元大运”及“天星”日课，即理“天气”。

刘氏家传三元运的作用，在前面已经叙述过了。简而言之，就是去找合得当元之运的地去葬，不合则不用。

真正的“天星”日课，非指七政四余天星、紫白天星以及什么乌兔太阳法所算出的“天星”。

择日方法多矣，其关键在于：还要跟“形法”二家配合；不合，“天星”亦无用！

“形法择”若配合如一，即天地之气自然相通，先师故言：风水，乃天文地理之学！

有世人言风水是“迷信”，尽是些“封建糟粕”，真乃小儿语，不足与论。

风水知识好像就讲完了。

风水之学，说简单也简单，说复杂又深奥无穷。“形法择”，每项都可写出洋洋万言之专著，亦可几句话就能道明。

然笔者体会：风水之学，与其他所有术数文化相比，是最难著书立学的。为何？

盖其他如预测术，无论“八字、六爻、奇门、六壬”等，皆可依作者之功底而著书立论。

因为，预测得准与不准，从深层次角度上来讲，与所预测之事发不发生，实际上是没有多大关系的，所以也就不存在所谓“泄露天机”的说法。

而风水之学，历来真诀不能明言，为何？

先贤云：“有打动山川，夺造化、改天命之神功；世间之富贵贫贱，全在于此！”

故自古得地之人之家，皆要讲“福德”二字，明师亦向来不敢轻为，何况轻言？

关于“形法择”，先师曾有形象比喻：

“形”如枪杆，“法”如火药，“择”如扳机，三式合一，枪才打得响。世人多持之一端，焉能“响”也！

风水之学，不过如此！

后记：笔者此次回老家之际，有幸遇上了一位姓余的师叔。余师叔20多岁就拜先师为师了，跟先师学习了二年，先师只传了他一个“青龙掌”。

他觉得所学甚少，就离开先师去拜一位姓钟的老师学习。后来钟老师又来拜先师为师，民间有个说法，叫“参师”。

本文所写就是那位钟老师，可惜钟老师已去世多年。听余师叔讲：钟老师是在迁葬他自己父亲之墓后的第三天就去世了，可能是因为那个地是“虎形地”的缘故。

与余师叔相处的几天里，听他讲了许多先师的轶事，才知先师原来出身自贡大盐商之家，听说当时自贡大半以上的盐井都是他家开采的，他父亲是“官商”。还听说先师有一个弟弟早年就去了美国，可惜一直失去了联系。先师老家的阳宅后来卖给一位姓李的，李家也出了一个省级官员。

余师叔还给笔者讲了一个有趣的故事：解放前，当地有一个“大梆客”(土匪之类)，有十几条枪，专干坏事，很霸道。

先师说：“他有什么了不起?”

一次，先师叫来两个石匠，对石匠说：“我知道哪里哪里有一块石头，怎么打都打不烂，我们赌一下，你们要是去把它打烂了，这坨银子就归你们。”

两个石匠说：“没有那么稀奇的事，哪有打不烂的石头?”

第二天，两个石匠跑来说：“刘老师，你吹牛，那块石头是很硬，看我们还是把它打烂了，你输了，银子拿来。”

先师哈哈大笑，把银子给了石匠。

没过多久，那个“大梆客”就莫名其妙死掉了!

余师叔还毫不保守地教给了笔者许多江湖风水秘诀，还将他花了毕生心血研究而编制的《奇门遁甲》起局表传授给了笔者，让笔者深受感动。

临别时，余师叔说：“我现在才知‘青龙掌’很厉害，少说能合四、五种择日理论。”

第三节　刘氏风水之改向秘法

一、改向秘法

本篇所言阴阳二宅之改向秘法，可谓秘中之“秘”。

其“秘”在于，此法涉及到神秘的“符咒”之术。

笔者家父曾在风水实践中数次运用此法，证实其效力确实相当之高。(关于对“符咒”的讨论，详见本书之《风水杂篇》。)

风水学所言对阴阳二宅的调整，就是对已建好的阴阳二宅进行风水上的一些补救。

调整有大小之别。

阳宅，现指家居、商铺、工厂、学校、办公场所、房地产项目等。古时仅指家居，现家居有农村住房与城市公房之别。

农村住房多是单门独户，即一块宅基地上一般只建一个住房。故农村住房不仅讲究风水之龙穴砂水向，还要讲究门路灶等的配合。

对于农村住房的调整，一般风水理论仅限于门路灶以及床位，甚至“猪圈”位置的调整。（养得出猪，才有收入，故在四川农村，十分看重“猪圈”的位置。)

城市家居多是楼房，一般注重内部床、灶及装修之布局，以及相应之化煞解凶。

这些调整之法，相对于本门师传之改向秘法而言，尚属于小调整。

此师传改向秘法中，所作用之阳宅，是指：单门独户的农村住房，或城市之私房别墅，或独立的商铺，甚至是整座工厂、整个学校、整栋办公大楼、整片房地产开发项目等。一般不用于商住楼中之各家各户。

因为，此秘法是“改向”之法！只有独立的阳宅才可改向。

已建好的房屋在不推倒重建的情况下，如何改得了向呢？

那就是"下石"!

风水中一般所言的"下石",在农村,就是在建造房屋时放置第一块基石,此基石一般放在房屋正堂之墙下,代表了整座房屋的风水朝向,即山向。城市中有"奠基石"一说。

此处所言师传秘法之"下石",是指:

在已建好的房屋范围内,找一合适的地方,下一块"石头",以改变整座、整栋、甚至整片房地产风水之朝向。

师传名为——下石改向!

这种方法估计很多人可能还没有听说过。这不奇怪,据先师传家父时所言:此法经刘氏先祖传至先师之祖父时,已有四百余年,并言江湖上几已失传!

非笔者在此故弄玄虚,家父自出师二十年以来,此法一共只用过四次:

第一次,1989年左右,为一某姓人家之阳宅改向。

该人为求儿子考学顺利,先请人改门灶,后出了不顺之事,找家父前去考察。家父言其阳宅无论怎么改都无大用,因建造时"向"已立错。后该人一再要求家父帮忙,其一句话打动了家父:"我们都是作父亲的人,只求小孩将来有点出息。"该人当时家境十分贫寒,于是家父答应他,等小孩考上大学后再付酬金。

家父用此"下石"之法为其调整阳宅(为癸山丁向,日课:1990年农历正月二十五日申时)后,该人之儿子第二年果然顺利考上了大学(前面已考两次都没考上)。大概由于要供儿子上学用钱吧,后来酬金之事,也就没有再提。该人之儿子后在某市工作并买房结婚。

(笔者按:听闻该人一次去儿子家,其儿子竟给他几块钱,让他去旅馆住宿,原因是怕他穿的鞋脏了新家之地板。哎,可怜天下父母心!)

第二次,为家乡一中学修教学楼改向。

该校之校长是本家之亲戚,新修教学楼时请家父前去作参谋。因其地形合不得家父心目中理想之向,于是建时还按原来设计规划的建,只是家父在另外一处下了一"石",权作该整栋教学楼之山向。此改向,亦可言是立向。

据家父记录本记载：立向为寅山申向，日课为1995年农历十月二十二日申时。

据后来有人对家父言："整栋楼修下来，工人连擦破皮的小伤都没有。"该中学升学率至今一直在同等学校中名列前茅。

（笔者按：这全是老师们的教学水平之高所至，家父所为，不足论也。后听家父言及，下石之日课中亦含有该校长的命局吉神，不知与该校长之两小孩后来一本科一研究生毕业是否有关。后记：那个研究生毕业的小孩，现已在某省政府工作，在当地而言，已算是名人了。有许多研究地理风水的人前去考察他家的阴阳二宅，听说都没看出什么名堂来。）

第三次，为家乡某一退休乡干部之商铺改向。

该人在当地街集上买了一个商铺，前面做生意，后面住人。据该人自言："住进后可谓百事不顺，不知何故？"该人找到家父后，家父考察下来，觉得实在没有别的调整办法，只能改向。

改后该人各方面果然好转。

后又有一人，一次来找家父，言道："就请你用帮某干部的方法去帮我做吧。"家父说："该人当乡干部之时，虽没有对我家有过什么特别帮助，但也从没有为难过我家。且这么多年来，该人处事还算公正，所以我才帮他一次，老师曾言不可轻用。"其人知难而退。

第四次，为杨某阳宅改向。（见本书"实例篇"）

盖，先师刘天禄在传此秘法时，一再叮嘱家父（据家父言：累计有数十次之多！）："此法，一做就发，万不可轻用！"

可见先师对此法之高度重视！

此法必要在精通本门之"形法择"的基础之上，加上先师所传之秘法——"召鹤术"，方可有效！

（后记：笔者后来看书，才知浙江青田古时盛产仙鹤。近日，笔者专程前往刘伯温故居瞻仰，见大门上挂一横匾，上书"云鹤楼"三字，惜鹤已不再见也！）

后笔者以先师所言"已传四百余年"计算：先师之学是由其祖父所传而

来，自先师祖父之年代距今（先师1904年生），已近一百六十余年，加上传至先师祖父已四百余年，较为准确的说法应是：此法传至今日至少已有六百余年！

查史料记载：刘伯温（1311~1375），距今亦是六百余年！先师所言“吾刘氏风水一门，实源自先祖刘伯温”，从年代上考查，还是比较吻合的。

同样，“形、法、择、元运、天星、符咒”等，一脉相承，非刘氏先贤真传，先师与家父用之，焉能有如此神效！

所以，笔者在此强调：非笔者著书一点也不谦虚，实则非先师及家父与笔者之能，乃先贤所传“厉害”罢了。笔者之所以“爱好”风水，亦只不过是不想让家父一生之心血无着。若笔者能及先贤之万分之一能耐，亦可告慰平生也！

家父言：一日，家父见先师住处一书柜中有一枚印章，观之已年代久远，家父便问先师：“老师，此章何用啊？”

先师说：“你看看下面的刻字就知道了！”家父仔细观之，颇为惊诧。

先师说：“此章别人拿去也无用之处，就给你吧！”

家父后才知，此章是先师行风水术一生所用之印章，枣木所刻，传至先师处已不知有多少年代，印章之一角都已被盖得缺了。先师传此下石秘法时，才告之家父：非有此印章用之不可！

俗有将地理先生亦称做“阴阳先生”之说，其中实则大有深意！“阴阳”二界之理皆要懂得，才可谓为“阴阳先生”也。

题外话：家乡有地师见家父如此做作，于是也依样打一石头，替人为之，不知其效如何？

关于此法用之于阴宅，则是——安碑改向。

因阴宅迁葬亦是件复杂之事，且稍不注意就会犯凶，故在原地若基本合符法度，只是“向”立错的情况下，可以安碑以改向。

可惜家父这些年来，所见众多之墓，非仅向错，龙穴砂水基本合法的亦少，也就懒得去改什么向了。

亦有书言：阴宅将碑调整方向，即可速至富贵。想富贵若可如此轻易得之，天下无“贫”也！

先师曾用此法为笔者老家阳宅改向。

家父一生在老家一共修过四次房子，可说是（正式）拜一个师就修一次。据说修第一个房子时，土墙一边“冲”就一边倒，后住了亦是百事不顺，最后该房还遭火灾，被一把火烧了了事。笔者那时才一岁左右，若不是因在床上哭闹，母亲只好背着笔者外出干活，不然肯定已被烧死。（险啊！所以笔者要研究风水！）

第二个房子与第三个房子虽建在一起，但却各立各的向，人家不知道的还以为是两家人呢。

先师来家勘察后，在两房之中间下了一石，把两房之山向统一改了。

后据家父言，先师当时曾说：“保证让你儿子将来跳出‘农’门！”不过，实话实说，笔者读书一直成绩很好，排名从未出过全年级前三，中考时，成绩位列全县第三，算是没有辜负先师所望。

顺便提一事：那次下石，家父本是恳请先师亲自操作，但先师对家父言：“你若不亲自做一次，以后又怎么做得来呢？”将方法教给家父后，并告之“几点到时就动工”，就让家父送他回去了。

后家父在做时，当时天还没有亮，刚过几点几分，天上突然有一道“光”一下子射到下石的那个巷道里来。但那时家父和大家都没在意，又过了二十多分钟才开始动工。

此事经笔者后来找到当时来帮忙的一个堂哥证实：确有此象；不过大家那时刚吃完早点，还在一旁抽烟，看到一道“光”射过来，也都没反应过来。

后笔者反复研究先师当日的日课，确为“天星”日课——可惜没把握好！（命也？福德也？）

家父在序言中所提到的先师年轻时修城楼的那个日课，家父曾听先师言之：“我当时算是算准某‘星’到了，但也不知道它来不来。”

这是先师“天星”日课的神奇！（有读者肯定会质疑笔者所言过于神

异，笔者只想说：宇宙之间的秘密，我们知道多少呢?)

二、论立向定富贵大小

谈到立向改向，本门师传秘法中，尚有“立何向当出何等级别人物”之说，就是：看该穴天然生成应立何向，就知该穴能发多大之富贵。

道理是：“富贵出在龙身上。”穴为龙所生，真龙真穴真向，是一气相承的。所以，知向就可定此龙穴之富贵。

笔者细观众多风水书籍，还未曾见到哪本书上有这等说法。似乎二十四个山向，无论龙穴如何，皆山山可立，并无发富贵大小之别。

至于赖布衣之《催官篇》，以天星之法论龙穴砂水，如《论穴篇》中：言亥穴有“催官第一天辅穴”、言艮穴有“催官第二穴宜癸”、言辛穴有“第三催官穴天厩”等等。书中评注为：亥龙应立壬山丙向、艮龙应立癸山丁向、辛龙应立乾山巽向。

笔者在此认为：这是评注者错解了赖布衣的原意，可说是误尽了苍生。道理其实很简单，《论穴篇》明明是在谈穴，所谓亥穴，就是立亥山巳向的穴，怎么又扯到亥龙?龙在前面《论龙篇》就已经讲过了，如“催官第一天皇龙”，讲的就是亥龙。你说亥穴内怎么去立壬山丙向?不通也！（详见本中之解读《催官篇》)

《催官篇》被人错解，世人也就不知赖师真意，所以《催官篇》关于论穴发富贵大小，也就说得不明不白。

本门师传秘法将二十四山的真穴，分为三等：

一等富贵极品，按古代的说法就是天子禁穴及官居一品的地；

二等富贵中等，就是二、三、四品的地，相当于现在的省部级；

三等富贵下等，就是五、六、七品的地，相当于现在的市县局级。

至于那些只贵不富或只富不贵，甚至只是人丁大旺之地，皆是因为：一、未葬到真正的穴位；二、穴位虽到了，但向立错了；三、勾搭小地：龙气甚弱，砂水无力。

而若是无龙无穴，仅依水法或元运立向之地，发富贵则更不必言之。

先师曾云：龙真穴的，向若错立，轻则富贵减半，或发一二代则败；重则成为绝地！

笔者也曾见不少古代地理书籍上有“某龙入首，立某向，大发科甲人丁，如何如何”，如海南出版社之新注《平砂玉尺经》，书上所载此例之图甚多，且多为古代先贤如吴景鸾、赖布衣、廖金精等明师所作。

不过，笔者在此提出：实不可尽信。

此说并非表示笔者之水平超过了古代先贤，而是“某龙入首当立何向”是“龙法”与“穴法”之精髓。“龙法”找穴，“穴法”立向，就如“一加一等于二”一样，是密切相关，断然不应有所偏差。

而书上所言立的“某向”，依笔者所学，并非是发大富贵的山向，即使发了也是富贵减了一半，或发不长远。

笔者认为，问题可能出在以下几个方面：

1. 古人立向有内向、外向之别。即可能穴中棺材立的是一个向，墓碑立的又是一个向。有的坟没有立碑，坟垒起来后，从表面看，与棺材之向就不同了，后人以坟面为向，与实际则有差距。这点，笔者家父在风水实践中，经常遇到这种情况，如四川之坟，多不立碑，其真向多不可考，要看其《祖谱》记载，方较为准确。

2. 明师不愿将自己立的真向告诉世人，故意说成是立的别的某山某向，于是千百年来后人以错传错。

3. 最主要的问题可能是出在“入首”二字之上。

见钟义明《地理峦头实务》中言“入首”的定义：龙脉到了结穴之际，忽然冲起高山，这座山叫做入首，也就是父母山。

“束气”的概念：结穴的山叫主星，主星开面后，垂下的脉叫入首龙，此脉再细一细叫束气，再突起一个微突叫化生脑，化生脑下面就是穴场。束气就像人的颈部，也叫结咽。

先师曾点破家父：天下诸书，其言穴后入首，皆是错解了入首的真正含意。真正的入首，指的是龙脉结穴前的最后一个“过峡”；而书中所言的入首，多是指穴后的“入咽”，即束气处。

何为过峡？两山相夹（交接），脉从中间经过，叫做过峡。按书上的说法：入首是主星起顶后之垂脉，在主星与穴之间。而本门所言的入首，是起主星前的最后一个过峡。

这点很重要吗？实话告诉大家：十分重要！托长老云：“峡中脱换更重重，穴结情况堪预度。”即：峡内可预定穴情。

而把一般意义上的入首称为“入首龙”或“某龙入首”，那是不对的，那并不是“峡”，只是束气之脉，是无法预定穴情的。

所以书上言“亥龙入首当夹蛇扦（亥龙来当立壬山丙向兼巳）”等，错得远去了。

关于这一点，笔者也是与风水界的一些朋友交流后才知道：他们所言的入首，皆是说的穴后最近的入咽处。

所以说：读书千卷，不如登山一回；登山千回，不如明师一句。

笔者在此点破，供有缘阅本书的风水爱好者参考。

4. 先贤故意留有一手，即：如立真向，发富贵还要大，所以故意将向偏立，让其发几代，或发至某个级别就算了。

笔者细观书上许多例图所描述（图上所画）的龙穴砂水格局，觉得如立某向，其后人应该还要发得快，发得大，发得远。可惜，好多都是二、三代后才发，或发几代人就败了。当然，这已经相当不错了，不到一定的份上，相信明师也是不会全做真的，“天机”全泄，要损自己的福德。

如笔者曾亲自考察过一座名墓，是易友王先生祖上之自葬墓，其《祖谱》上记载：该地系酉龙入首，立的某向。笔者以本门所传“形家”秘诀实地勘测，乃是乾龙入首，转酉字入咽，当立某向才对。该地本可出宰相级别之人，皆因向错，不过大发人丁，后人小官无数而已。且闻该地葬之不到三年，某房之人被土匪围攻，死伤近四十余口，甚为惨烈。

所以古书上所言：“某龙入首立的某向，发富贵如何。”以笔者所学观之，实不可尽信。

家父一次与笔者闲聊，谈起二件事情：

1. 老家有一位懂得些地理之术的人家，一次对家父说：他将自己祖母的坟迁葬到一地，该地有“日、月”坐水口，言其后人应该会出“王侯将相”。家父问他立的是什么山向，他说：“某山某向。”家父问：“你没骗我吧？”那人说：“绝不骗你！”家父说：“那我告诉你，最多只能出一个县级干部，出王侯将相恐怕不行。”那人问：“谁说的？”家父开玩笑说：“我说的。”

听说后来不到半年时间，该人搭摩托车出行，车不慎翻到沟里，不幸把腿甩断了，成了残废。不知是否与迁坟有关？

2. 家父有一位早入师门的师兄，找到一个好地，形如梅花，将自己父亲的骨骸迁葬过去。本来是想请老师去做，但不知为何后来没请老师去，而是请得比他更早进师门的一个师兄前去帮忙参考，二人还有亲戚之谊。谁知葬后当年冬天，该人因出行坐公交车，不幸出了车祸而去世。该人是当地一位教师，年纪尚轻，实在可惜！

家父前去吊唁，才知该师兄迁坟之事，前去看了一下山向，又问了另外那个师兄，才知山向确实立错了，外围砂水全部作煞。

家父言：其人出事在腊月，不知与那个地生成是“梅花”形是否有关。(腊梅，凶出在腊月？)

总之，越是大地，做的时候越要小心。真龙穴的，向若立错，再加日课不吉，凶不可言，而且来得甚快！

笔者由此也想到《沈氏玄空学》之开篇，言：沈氏自寻得一美地，当立“壬山丙向”，惜被人夺去，后开穴时见太极晕分明如画，心情更加“郁闷”，谁知那家人葬后不久，即罢职败落，后才得知：一运之壬山丙向犯反伏吟。

笔者暗想：恐怕并非全是“飞星”在作怪！可能立“壬山丙向”也有点问题。向立错了，水法、砂法上再没过关，“煞砂煞水到堂，人财立见消亡”，出事是很快的。

若一穴之“真向”本未立错，砂水自然天生不会作煞，如仅所谓元运犯凶，谅不致此。

笔者再以风水经验言之：无论造葬，如果很快就出凶事，多半可能日课还有问题。（沈氏自言曾集几十位地师研究，终不明究里——人多力量大乎？做风水又不是“打架”。）

世人多有先学峦头、三合者，未得真传，不明真究，一看玄空，即弃峦头不顾，只信元运飞星去了。从一个极端跑到另一个极端，亦悲乎？

地乃不真，或天生之向再错立，飞星何用？

沈氏德高望众，言先于峦头颇有心得，不知其得“道”乎？

后记：笔者听说无锡某家族有一人于2005年11月某日某时葬在某地，于是笔者在2007年某月，陪家父前去瞻仰。家父当时依此墓所立的山向，对笔者说了这么一句：“可惜，后人富贵要减半！”

笔者对该家族也是十分敬慕的，绝非今天在此放“马后炮”来沽名钓誉，或对其家族说三道四。还是今年（2009年）3月底的一天晚上，笔者的一位朋友游先生，因为移居在香港，在家中看到电视新闻报道后打电话给我：“大师兄，某家真的出事了！”

游先生是笔者2008年6月才结识的，对易学、风水之类也很感兴趣，经常听笔者讲风水故事，对笔者的家学“有些崇拜”，故戏称笔者为“大师兄”。曾经在一起聊天时可能笔者无意中对他说起过此事，过后都忘了。

后笔者在网上看了看，才知其实事情在2008年10月就出了，按民间之“葬坟修房看三年”的说法，正好在第三年的尾上。

当然，这可能也只是巧合。如果仅此立向，就可值其“一半富贵”，那也太值钱了，少说几百个亿呢！再说了，天下奇人异士多矣，以其家族之财力，且能请不到“高师”？

经济危机的到来谁也没想到，富豪缩水的也大有人在。除了吾泱泱大国只是暂时受点影响，有的国家连国都“破产”了。治国治世之道，都在我国古代先贤的书中，所以说“文化”很重要。

话说回来，还是香港那位“李超人”厉害，听说股市、地产都没受什么损失。这哪是“超人”，简直就快是“神人”了！

如果风水真的有用的话，不知其祖上风水为何位高人所做，实在让笔者仰慕之至！有朝一日，如考察能合本门理论，笔者则不虚此生之一“游”也！

扯远了。

后记：笔者后来曾与学员一起前往潮州，亲自考察了“李超人”的祖坟，坤山艮向，当地人说是牛形地。笔者认为此坟并非是其发坟，其祖上还必有好坟——因其爷爷都已经做到清朝的省级官员了。后笔者多方打听，才知在汕头有其一个祖坟，来龙山上全是大石，丑龙过峡。笔者自叹：堪称天下第一富龙也！

第五章　风水之形家理论

第一节　形家理论初探

“为抚儿朝苦自磨，三三两两不嫌多；
成人不把双亲孝，你有生儿做什么；
葬亲宜早不宜迟，切莫千言认地师；
泥水不生风不射，孝心安楚最为知。”

这是先师刘天禄口中经常念叨的一首打油诗，意思好像是说：“父母为了抚养儿女很辛苦，从早到晚都在受着磨难；哪怕有两三个儿女，父母也不会觉得嫌多；但儿女长大成人后，如果不孝敬父母，那父母又生儿育女来干什么呢；双亲若有过世，作儿女的应该早早将亲人下葬；千万不要去请那些花言巧语的地理先生；如果双亲葬后，将来坟内没有泥水，坟墓也没有风来吹射；那样子女才算尽到了自己的孝心，双亲在九泉之下，也就可以安心了。”

听起来，这首诗好像是劝世文一样。当然，从先师口中念出，自有它的深意。这其实就是“形法”（峦头）的大纲：

“寻龙点穴”就像父母抚养儿女那么艰辛一样，要时时花心思去琢磨；穴外的砂水就如“龙”所生的子女一样，两重三重都不嫌多；如果砂水不是“向我者有情”，那这些砂水“生”来又有何用呢。下面几句就不再解释了，内有深意，靠个人自悟吧！（仅是大纲，非“龙法”。）

形家理论之精髓，就是风水秘法中所说的“龙法”，是隐藏在所有峦头功夫里的“寻龙秘诀”，历来只能是明师传入室弟子的“口授心传”。有了它，寻龙点穴才有把柄，才知这个山脉是结有穴的“龙”，还是不结穴的“山”。才知所点的穴是“真穴”还是“假穴”。

“龙法”是风水学中真正的“内功心法”。有了它，学风水才不至于“走火入魔”。得了“龙法”，寻龙点穴并不是一件困难的事！常有书言：三年寻龙，十年点穴。笔者认为：那是不得法！笔者曾随家父多次去寻龙点穴，每至一处，有地无地，穴落何处，该立何向，皆能一目了然。

有的“大地”隐藏了不知多少年，天天在人的眼皮底下，就是无人识得破。

家父曾给笔者讲过一个自家的风水故事：

那还是家父在他小时候，听他的老舅公讲的：有一次，老舅公（时年纪尚小）家里请了一个很厉害的风水老师来家，想在自己买的“地方”上找一个地。

那个老师来家住了半年多，一天对老舅公的家人说：“在你们的地方上，我已找出一个大地，不过要我‘点’给你们，我还有一个条件。”

一听有大地，老舅公家自然十分高兴，忙问：“老师您有什么要求，尽管提吧。”

老师说：“我要酬金二十两（白银）！”

那时一两银子大概可以买十担谷子（一千斤），二十两不是个小数目（按现在市值算，大约二万元）。老舅公家虽说有点钱，但一下要拿出这么多，也有些不舍。

老师见主家面有难色，也不多谢，就径自去了。

老舅公当时讲：家里人当时可能也有这种想法——我家就那么大的地方，不信就找不出来？于是后来又请了不少（收费便宜）的地理老师来“考察”，但始终还是没找出那处“大地”来。

家父自学地理后，也同他的老师及师兄弟们去该地反复考察过很多次，但都没看出个所以然来。直到拜先师为师后，家父有一次路过该地，用先师的“形法”理论去考察了一下，一下子就把“地”给找出来了。

站在“穴位”，家父又惊叹，又哑然失笑。

惊的是：此地非小，龙真穴的，砂水全备，发福非常人所敢想像。怎么说呢？当时我们当地有个大地主，一年有七千担租粮收入，算是方圆百里之首富。但此地发福还要远超于他。

叹的是：当年那个老师确实是有水平的，可惜祖上福缘未至。

失笑的是：此“地”天天在人眼皮底下。

笔者一次再陪家父去此地增长见识，除感叹天地之奇妙外，实在不知该说些什么。

到此，有读者肯定会问：“你说的‘龙法’是不是真的有？你在唬人吧，我峦头的书也看得不少，却从未见哪位先贤说过？”

笔者体会：术数类学问中，惟以风水最是难学，为何？无书可读，非明师传授不可！

上面这个问提的答案其实不在笔者嘴里，而在读者你自己的心中。

你若学此术多年，当你到了一处，前面山环水抱，就是书上常说的：左青龙，右白虎，前朱雀，后玄武，好个山头！你可有把柄马上能断定该山头结有穴否？穴落何方？该立何向？实话说，这种看起来很好看的山头，十之八九都是花假。

如果“大地”凭上面四句顺口溜就能找得出来，几千年了，哪还有“地”留给我们这些后人看！

有句话说出来可能不太好听，不过是宋代明师辜托长老说的：“天下十之八九的先生哪里是在点地，猜地罢了！”

据某书记载，在江西赣州，有人曾考察多处发冢名墓，皆宋代辜托长老所作，而前朝“名师”所为者，则未曾一见。宋朝距今好几百年了吧，如按某些风水理论，这些坟要发到现在，“飞星”都不知要“飞”到哪儿去了。

所以笔者认为：沉下心，把托长老的《入地眼》仔细看上十遍八遍，也可以算得上是半个地理明师了。

（笔者按：古人定义，把在朝廷里供职的风水大师称为“国师”，在民间的风水高人则称为“明师”。)

在这里，笔者再讲一个真实的风水故事给大家听：

清朝康熙年间，在江西，有一位名叫江耀廷的风水明师，他先教有一个也姓江的徒弟，名叫江任泉，江任泉后来作了朝廷的国师。（笔者按：江任泉，有写为江念泉，任国师，史上有载，可查证。)

之后，江耀廷老师又收了三个徒弟，一位姓王，名叫王履旦（音：Tan)；一位姓陈，名叫陈炳；还有一位也姓王，名叫王克生。碰巧的是，三个徒弟都是广西某一个地区人士。

江耀廷老师将他的风水绝学分别传给了他的三个徒弟。王履旦学的是“龙法”（识龙难点穴)，陈炳学的是“穴法”（识穴难寻龙)，王克生学的是“日课”（无龙无穴，也可一催而发)。

王履旦学成回家后，将自己的双亲都葬到了好地，后来，王履旦的五个儿子皆读书有成，都考中了进士，被喻为“五子登科”，在当时是名藻天下。

王履旦也因此成为当地的风水明师，听说只要是他看过、甚至用手指过的地方，众人都是趋之若云，葬坟一片。王履旦所作双亲的坟，包括自葬的坟，以及儿子、儿媳的坟，如今都是当地的“名坟”，引得无数后人前去考察和学习。

当年王家也由此而成为当地的望族，声名远播，富甲一方。如今，二百年过去了，其王家人丁之兴旺说出来都要吓倒人。若论官贵及发富之人，如果将之比喻成“芝麻”，装不了三斗，也能装得了两斗！王履旦因此被其后人尊称为“履旦公”。

笔者曾有缘亲自去瞻仰过王履旦自建的王家祠堂，以及他第四房子孙后代的祠堂。

其第四房子孙后代的祠堂大门上有幅对联，分别是：“两晋功勋”和“三元及第”八个字。笔者后来看明史才懂得：所谓“三元及第”，是指在古代科考制度中，秀才级、举人级、进士级，三级中都要考第一名，才能叫“三元及第”，而进士的第一名自然就是皇帝钦点的头名壮元。明朝近三百年间，这样的人只有三四个而已。没查过史料，不知清朝这样的人有几个，估计也不会多。

听说现在某省的首富就是其第四房的后人，笔者还去参观过他在当地所投资修建的工厂。

笔者之所以有缘去到广西该地，是因为有一要好之易友王先生，他是“履旦公”的第十一代子孙，在风水业界也颇有些名气。我随他和他的父亲还去拜祭了“履旦公”的母亲之墓，及“履旦公”的自葬墓。特别是后者，真的是“气势非凡”！（惜以笔者观之，均尚未立得“真向”。）

顺便提一句：江耀廷老师的第二个徒弟陈炳，学成归来后也很快发了迹，家财雄厚，在当时富可与王履旦齐名。但时至今日，包括那位学“日课”的王克生前辈，两家的家族及后人在当地都没有听说还有十分显赫的。

笔者在易友王先生老家（一乡镇）游玩期间，正值高考结束，大街上多处挂有“恭贺王某同学考上（或保送）北大（或清华）”的横幅，还有几位“朱姓同学”。后听王先生的父亲讲：当地有一朱家，祖上因缘巧合，葬得一“母猪坟”，后人多读书出去，在外当官的不少。因时间关系，笔者未能前去瞻仰，心有所憾。

笔者由此想到，那么多“玄空派”大师，不知其后人皆如何也！

故笔者认为：学风水，若不得“龙法”真谛，则如“盲人摸象”！

第二节　龙法十要

笔者按：本篇摘自台湾钟义明编著的《地理峦头实务》中，尹有本(号一勺子）所著《地理精语》之“论龙十要”。“()”中之字是笔者的体会。笔者意在借先贤所言“龙法十要”，证明确有“龙法”真诀存焉。

一勺子曰：龙法十要者，乃地理之切要，必要而不可少也。脉曰要得；气曰要乘；意曰要识（得脉、乘气、识意）；得、乘、识三字，最宜精察。

果能得脉；果能乘气；果能识意；则暖气钟灵，阳和毓秀（地有暖气，方为真穴），用收山出煞，挨生弃死法方准（非是言山水理气，实是言龙上理气）。

地大必定大发，地小必定小发，乃百葬百验之捷诀（发与不发与“元运”无关，得“元运”速发，不得“元运”慢发）。其不验者，乃不能得，不能乘，不能识；则冷气召灾，阴煞致凶；纵收得山、出得煞，亦无用。地大则大凶，地小则小凶。大地何以有凶？以不识脉、意、气也。虽得真穴，亦必大凶（先师云：自古大地旁边多绝地！能不慎乎？）。此珠宝、火坑，不可不辨。（笔者按：此段所言颇合《青囊奥语》之旨，自古“知音”难觅啊！）

卷内揭此三条，颇有万古开群蒙之心，天下孝子慈孙，遵此法而获安先福后者（安全第一，福为其次），当蔷薇露舆手，三复斯编（花露洗手，反复阅读）。

龙法要详，而后阴阳有分。古人以有变化者谓之龙神，无变化者谓之荒山。龙势要知，而后强弱有别。察衰旺，知休咎。龙星要看面（龙不开面是孤龙），正穴怪穴可点，有头脑，有主宰。龙咽要察，而横受直受可扦，有来历，有根苗，好下手了。要详龙峡，即具结作之理，可以预知穴法（真语！）。要论龙格，实为气脉之根（命理亦有“格局为先”之说）。审轻重，知去取。

他如祖宗、父母，泛而无当。枝干、传变，近而鲜实。此卷概不言及。非忽之也，发福古地，多不在此讲究。果能尽此九要，言约而精。不待一切说峦头，说天星之书，汗牛充栋，虚文无益。即历来口传、心授、杖法、葬法，皆属赘言。

独于龙法，则曰要传。盖，此法必待口传乃真。然而天津有禁，欲言不敢吐。九要乃俯察之功。独此（第十要）一条，非传不知。（先师常云：万卷诗书都是假！“假”者，传书不传诀也。）

第一，要得龙脉

穴顶一线之脉，“穴顶”二字，极精要。知脉在穴顶，非山顶。若在山顶下来，则名“贯顶脉”，极凶（天下多地，皆“贯顶而作”，煞未脱也）。如丝如带，若隐若现，滴入穴中。似汤中浮酥，若水面盘蛇（此二句极精妙），当细细体认。有细软之致，有活动之趣；粗硬、死蠢者，非。有清和之象，有明润之色；浊粗、暗涩者，非。此等处，惟多临仙迹，考其应验，方知真谛（实践出真知）。立视穴场上可默喻。此真龙也，此龙方是真的。

诸书徒讲后龙、盖幛、飞蛾、龙楼、凤阁，说得异样工致，不能如上所言。全无“脉脊”到穴，系虚语耳！凡新旧坟有此，则脉到，脉真，方能发福，无此则假（脉如气管，无脉则无气，无气则无穴）。

第二，要乘龙气

穴中阳和之气，“阳和”二字着眼。若“阴煞”便无气了（气不化则为煞）。更得天生旺气，速发（是“天生”的地中旺气，非“人补”的元运旺气）。如覆上，有盖气；如仰下，有水气；生气融结，一字一珠。若何叶上露珠一滴，罗罗稍起圆轮，“稍起”二字宜思。叶底独现精光，现光则气在；如金盘中，夜光几颗联环，高出拥护，“高出”二字宜留意。盘内甘露晶莹，露晶，则气在此，真气也（没有点儿“功夫”，是看不出来的）。此气方是真的。凡新旧坟有此，则气到，气真，无此则假。（一句话：煞脱尽则“阳和”！）

第三，要识龙意

得窠，龙意栖，风藏了（藏风聚气）。得水，龙意止，水交了（界水则止）。逢阳龙，意生，有气了。前后左右，有尖、圆、方，端凝秀丽之砂（此句精妙！），而龙意住。砂明了，此真意也。诸地书于龙之意态性情，每每不讲究。凡闻地见此，则意住、意真，方能发福。无此则假。（气住则有穴，气不住则无穴。）

以上三条，乃“葬乘生气”之旨，从来俱未明白说出，所以身业此道者，寻龙，则走遍山川，真伪莫辨；点穴，则涵遣心目，祸福无定。今日切实指破，不用烦词，不作奥语，而且逐字剖晰，尽属庸言。不以庸言而遗，慎勿以其浅近而忽之！

第四，要审龙变

高山泻下平洋，高变低；平阳忽生突泡，低变高；老干抽出嫩枝，老变少；嫩脉度过美举，少变老；窝中生乳，乳内开窝，阳变阴，阴变阳；龙来紧凑，穴逢空处，偏落，实变虚；局结中正，脉出在脑，角穿来，斜变正；至若肥中取瘦，缓处取紧；饥内含饱，静中有动。意态百端，不外阴阳相生；阴生阳，阳生阴，变化万端。总取刚柔摩荡，刚柔相摩，八卦相荡（八卦来了）。略举一二，须人自悟。凡阅地见此，乃真阴真阳媾精会合，方能发福，无此则假。（地理亦称阴阳之术，其意在此。）

第五，要知龙势

生、强、顺、进、旺、平、伏，此势之吉者。死、弱、逆、退、衰、逸、惧，此势之凶者。

郭璞曰：“三面气全，星举卓拔，八方会势，气局圆满，前后拥护，(形) 有包里，诸祥毕至，气聚水局。”（先贤曰：“一山收得圆盘尽，富贵荣华永无穷！”）此旺势也。反是，则衰矣。

（钟按：此为秦.樗里子《青乌经》之句，非晋郭璞之言。）

卜氏曰：“所取者：活龙，活蛇，有起伏低昂，爪牙枝脚，趋闪转动。所忌者：死鳅，死鳝，粗顽，蠢梗。”此可以得生死之辨矣！（论龙不过“起伏盘旋”四字而已，“活”在其中也！）

廖氏云：“强是奔走势力宏”。形势轩昂，力量盛大，摆折横润，体势雄健。少断，少过，径出，径行。弱是瘦峻憎，峻脸嵯峨，浮骨露筋，此可得强弱之解矣！

又云：“顺是开睁向前往。往举高大，枝脚包抱有情。逆是反背去，星笔不正，枝脚反杜。进是龙身节节高，由大至小有次序。退是渐消条。龙低穴高，如踏锥样，枝脚始短终长，高卑失序。”此可得顺、逆、进、退之辨矣！

杨氏曰：“平地两旁寻水势（有分合），两旁界水是真龙（有骨脊）；平中一突更为奇（有阴阳活动），尤须来气有生意；忽然入局口钳开（有局面），两水隔绝是龙息（有止机）。”此可得平伏之势。反是，则懒坦矣！此数断（可）分辨真的。

然而，旺与散相似；以下又当分别：强与怒相似；生活与惊惧相似；顺势与走窜相似；进势与顽蠢相似；剖断一有少差，福祸自无可准。要福祸准，须仔细剖断。

旺者，千枝百叶，而彼护此缠，形如蜂屯蚁聚。散者，千条百结，而彼背此反，势如撒水倾珠。缠护势旺，反背势散（全在于“向背”二字）。

“强”是良马之腾涌，而星峰气势自端严。“怒”如疾虎之轶奔，而体势峦头多倚侧。端、严、倚、侧四字，描尽强弱之壮。

生活者，起伏盘旋，而山朝水抱。惊惧者，走窜抛露，而水返山逃。朝、抱、返、逃四字，是生活、惊惧之眼。

气势平伏者，如静水之风生微浪，而吉在隐隆之中（《葬书》云：隐隐隆隆，微妙玄通）。形势懒坦者，若片毡之铺张，平之而无高下之别。（必）得分清。

顺势，如水之朝宗，星之拱北，而行度手足自安恬。窜势，如羊遭虎逐，花被风飘，而体势手脚自飞斜。安恬两字摄顺势之魄，飞斜两字钩窜势之魂。

进势者，龙虽崔巍，而峰峦多有面。顽蠢者，势虽雄伟，而星体不开颜。有面，开颜，是辨进势、顽蠢之眼。凡寻龙知势，则真假立决，方知去取。（多看几处名墓，感觉就出来了！）

第六，看龙星

权星，一方之有势力者。尊星，一方之最尊贵者。讲星，（要）龙穴聚讲；焰天火星，涨天水星，献天金星，冲天木星，俱好星，（今）补天土星。上四星，先师多以“天”名之，盖取其高出众山，笔与天接，独“土”未有以“天”名之者；然能出类拔萃，特障一方，亦似有补天之功，故此编特加尊爵，以配四星（笔者认为：金木水火土，土生万物，土星结穴，实为第一。）；此龙家出身之星。

出身虽好，穴内要用得着方好（要能“向我有情，为我所用”）；不然，如太祖、太宗的富贵家子孙，都有（家）底，似人自己无本事，专把祖宗夸。诸地书，反反覆覆总从此讲来讲去，似觉有理，乃曰“有好祖宗，方生好儿孙”。岂不闻尧、舜，圣也，而有朱、均。睦、鲧，顽也，而有舜、禹。且仕宦之儿，降为自隶；田农之子，出为公卿。人道，地道，要皆一理。（尚有“天道”存焉！）

华表捍门，禽兽塞口，龟鱼镇户，罗星收堂，俱好星；此龙本结局之星。要思何以能消受此方好，不然，亦属闲谈。试看真龙结一美局，局内未必坟坟发福，要知发福之坟，必能收拾此美局者（“收拾”二字极当）。

九脑芙蓉，五脑梅花，三台品字，仙桥大帐，橱柜仓库，楼阁殿陛，诸如此类，不可枚举，尽属好星。果能得此，亦极难得，此龙来行度之星。尝见龙上有此星，而葬下凶败者（没葬到位，或向立错了）；龙上无此星，而偏结大地者；则又何说？（得“龙法”，自知结不结也！）

直木，圆金，方土，尖火，曲水，五星外，又有九星，九九变来有八十一星，地理书多有详载，俱宜细心体认（全都看来记得，恐头发都要白了）。

此龙来结穴之星，此方是自家受用处，最当想像情形。

今之明要看者，正在结穴之星，有坐、立、眠、侧之分：坐，如人端坐，不偏不倚；立，如人正立，无歪无斜；眠，如人眠倒，古人云“眠倒星辰竖起看”是也；侧，如人侧坐、侧立、侧眠，兼三体，有正、兼、衬、贴之辨。正，是正体星辰；兼，如金兼水之类；贴，如赤金贴火；衬，如土腹衬金之类，至于兼、衬、贴，独唐国师何令通《形气篇》言之最亲切。俱要盖帐，两角，微微展翅。轮晕，轮影，极晕，特往穴场。寻龙知此，则有了峦头，穴可求（也）！

（钟按：何溥，字令通，著《灵城精义》，其“形气篇”曰：“星体有正有辅，兼衬贴之当办；穴情有显有暗，形气影之宜祥。盖帐不开，龙不寞；（星体）不覆，穴不住；束咽不细，气不聚；泥丸不满，气不充。五星不离水土体，九星常带辅弼随。土星不作倚，五星皆有撞；火土不可盖，水土岂能粘？”）

笔者按：笔者曾考江西某江氏祖上之阴阳二宅，皆为国师何溥所扦，发今世而不衰。凡发大族之家，且无地乎？

第七，要察龙咽

《元枢经》云：“咽如鼓橐，一呼一吸”。吹中取气，（有）大关键。龙有束咽，若鼓橐、风箱，管领山川。穴内要接得此。但束气处，宜短，不宜长：短则气聚，长则气散。宜紧，不宜宽：紧则气暖，宽则气冷。宜小，不宜大：小则气敛，大则气散。宜活，不宜硬：活则气宁，硬则起蠢。或从左右穿针斗斧，前回结，后顺结，入圹宅，要串紧此穴。离咽不远（则）乘受此穴。离咽远，要思作如何乘法？如何受法？

至若预定之法，“二十有一”，亦当参看：（咽）中正，则知入首处，穴亦中正；咽斜，则知入首处，穴亦欹斜；咽弯曲，则知入首回顾，而穴逆朝；咽角闪，则知入首角闪，而穴傍取！咽缓长，则知入首处必缓长，而穴居于顶；咽短聚，入首必短聚，而穴在乎近；咽低平，行缩，则知入首平和，穴宜升高；咽滚急，往下，则如入首卓立，穴宜坠底于下。咽土，穴亦土。咽石，穴亦石。束咽（之）阴盛大，则知变阳结穴；阳盛大，则知变阴结穴。过于雄饱，则求荡开，以清其气。见其杀强，则喜多劫，以分其威。束咽处，四山顾恋，穴可截关而斩之；（束咽处），脉络数弯，穴于曲抱而援之；（束咽处），狭小而气敛，入首（后）穴必阳处（原文是：入首必穴阳处）；阔大而其散，入首穴必阴处。

总而言之，生气则结，死气则乖。逢结而弱，则入首必形畏气绝。此见束咽之法，即知结穴之法矣！

（钟按：《元枢真经传心三集》，俗称“玉弹子”，元朝国师耶律楚材撰，其审龙篇咽法谓："预定之规二十有一"，即：正则穴中，斜则穴倚，由必逆居，闪则旁取，顶为缓长，近因短聚，低缩升高，峻急坠底，石还石扦，土还土止，阴极阳合，阳极饮契，雄饱开宜，杀强喜劫，四顾截骑，数弯曲拟，小阳大阴。)

笔者按：本节以上所言"束咽"，为结穴后星体，后面最后一节"束气"，非"过峡"。所言"入首"，实为穴后八尺之"入手"脉。

第八，要详龙峡

峡者，龙行之跌断，绵绵亘亘，忽然大断转换，另起星峰（之）处也。张子微有二十峡格，蔡西山有五十九峡格，刘江东有六峡论，《泄天机》有四峡诀。各立名字，究亦难尽峡中情状。要是峡中正脉出，当心扦（穴）。(须有）护持夹（送），护从（过峡）。（此句不通，笔者补充）。迎送，来有迎，过有送；或双迎双送，或边迎边送，不受风吹为准耳。

大概有：阴阳交接峡，或阴过阳接，或阳遇阴接；紧峡，气紧而小；阔峡，气阔而宽；蜂腰峡，中细无脊；鹤膝峡，中长有泡；穿田峡，高山落洋；渡水峡，如龙荫泉之类；崩洪峡，朋山为崩，过水为洪，要觅生成之石；日月峡，有太阴太阳；乾卦峡，或巨石挑成，或横冈生就；玉尺峡，王字峡，或土或石成形。峡之名，固难枚举。曾文遄诀曰："峡偏峡正穴相因，砂短砂长机尽泄"。高低融结，皆中和，与咽法同。但咽过，踵而不断；峡大，断而该联。（笔者：有迎有送方为峡，无迎无送是入首）

男女阴阳峡（原文为"胎"字）内别：峡中脉脊高起，前去必结乳突之穴；脉脊隐隆，必结窝钳之穴。

笔者按：风水学中"入首"与"束咽"是最容易搞错之处。先师曾经指破："入首"是指龙脉结穴前的最后一个"过峡"。

而"咽"是穴后"束气"的地方。也就是众书所言的"入首"。"咽"短就罢了，有的"咽"很长。

笔者见过一龙脉，来龙有百来十里，结穴前"咽"长得很，有几十米，而到头"过峡"处之"入首"处则只有几米，很容易把这种"咽"当成是龙身之“过峡”。

如果把人的“口”比为“穴”，“入首”则是“脖子”处，“咽”则是“咽喉”处。有的穴后“咽”有好几处，层层“束气”，更是容易搞错。

分清“入首”与“咽”在寻龙中有大作用。常见书上有言“某龙入首”，实不敢轻信。

故学风水实不易也，不得明师登山指点，只凭看得几本书来，终是个“屋里先生”，谈风水动辄“左青龙、右白虎”，头头是道，让人以为“明师再世”；登山则“茫然一片”，不明究里：言“某龙入首，当立某向”。那哪里是“入首”，不过是“山凹”罢了。

“咽”就更不必说了，“穴”后才有“咽”，所指的地方“穴”都没有，何来的“咽”也！

今江湖有一种三元理气派，将二十四山分三元，言龙、向、水要合一六、二七、三八、四九，如：一为坎、六为乾，乾龙“入首”立子山午向，为一六合。笔者亲自考察过数例，无不是一做便出凶事。理论没错，可惜用错了地方。

第九，要论龙格

梧桐格，节对均匀，出脉中正。芍药格，虽不对节，却长短交互均匀。莱葭格，亦交互均匀。杨柳格，边有边无。卷帘殿试格，势似垂帘。蜈蚣格，枝脚皆短，节节均匀，此格多犯剑脊，业此道者宜慎之（故蜈蚣地多杀师）。水木芦鞭格，倒地木，略带微弯；大折大转者，非。三台格，有金木土三体。芦花三袅格，横侧正三个三袅身。飞蛾格，金水合体。宝盖格，有顶有翅。串珠格，珠泥联络。聚讲格，五星归垣聚讲。连珠格，五星聚珠。

格不胜述，然海内名墓世族，有无此而大发者，有备此而败绝者，有大窍在（实有大窍也!）。盖，真知寻龙者，不遗此，亦不拘此。不知寻龙者，专讲此，亦拘此。遗此，拘此，（皆）不可。穴真，用得着，力量更大。专讲此，亦不可。即得真穴，用不著，空讲无益。其用法，即是大窍，非人勿传。

第十，要传龙法

龙法之不传于世久矣！（诚然！自古有缘方能得之。）余间《青囊》、《疑龙》、《撼龙》、《玉髓》、《天王内外传》，十数家详解，类多不知真传，若以私意强作解事，古仙著书之苦衷，竟溟没而不见也，悲夫！贪、巨、禄、文、廉、武、破、辅、弼，九星。白、黑、碧、绿、黄、白、赤、白、紫，九宫。子、父、财、官、兄弟，五事。上、中、下三元气运。日、月、水、火、木、金、土、罗、计、熙、孛十一曜。角、井、斗、奎，二十八宿。俱于此辨。

盖，此法乃地理中至精至微之妙理，说破来亦甚平常。古圣先贤秘而不泄，屡屡以“说破，必遭天谴”为戒。此秘，能使人“生”，出富出贵；亦能使人“死”，为贫为贱。古仙秘之，良由控制山川，打动乾坤，全在乎是。以凡庸而窃天地予夺之权，其所系，岂浅鲜哉！

窃怜中人以下，走四方以求衣食者，思欲冒禁以传此道，然非从上“九要”内，实实从眼中看出情形，虽得心传，亦不知安顿何处矣！

*（后记：）客有问曰：论龙必具大眼界，收数十、数百里山川，条分枝干。取几千几万里峰峦，致别正从。盖，详其来方知其正也。今观论龙，凡“要”总在穴场内外切近处，细细区别，似亦拘拘然，未通于方也。

余听然曰：“客知其余论龙之意哉？夫，会天下之山，聚天下之水者，必为一京畿。会一方之山，聚一方之水者，必为郡县。会一乡之山，聚一乡之水者，必为世家。收一局之山，聚一局之水者，必为名墓。郡县非下士所敢知，况京畿乎！我辈以愚贱自安，兹之所以讲求，止为名幕世家起见，并不从龙星、龙格说起，何论远者，大者也？以俗称之，似非溯源之意，（且）不知脉者气者，一穴之独得格者。星者，众穴之同等。推‘得脉’，为第一，乃重本之论，以后层次序列，从近至远。于近，则一毫不忽；于远，则大势兼收。”

廖公云：“人言有穴必有龙，我言有龙必有穴。”故上士得穴，而欺龙神，明于法也；下士少龙，以点穴持循法也。然，余见龙之伪落伪结者（非真“伪”，世人觉得是“伪”罢了，不然还有“地”在?)，反多真穴，岂非以其能变化乎？龙之正落正结者，乃多花假，盖由于正而非真也。今惟于穴之切近处讲究，亦惟见得此意，又复恰合廖公之旨。

笔者按：尹先生之《龙法九要》，可谓“字字珠玑”，于地理真有心者，当细心品味，自会受益良多！由此亦可知，尹先生于形家之道，颇为精通。

第三节　形家理论体会

钟按：尹有本，江西吉安永宁人，号一勺子，或玉笋山人；嘉庆元年（一七九六），著《地理四秘全书》，是玄空地理湘楚派的代表宗师。《地理精语》，从形势上指出龙、穴、砂、水之意态性情，语简而确，义精而深，又复详加评语，豁人眼目。先生曰：“盖，形家者流，必（先）认得山川（之）真面目，而后一理（气），以数推谕吉凶，方成体用兼全学问”。先生之性情天真豪爽，著书亦快人快语，颇具眼力。此篇（含后之“论穴”、“论砂”、“论水”）诚为习峦头之精语。

笔者观峦头之书还算不少，说句实话，有的虽写得文词优美，但仔细读之则不知所云，就如俗话说的：“没说到点子上”。尹先生之文风，与《入地眼》之托长老颇为相近，皆“言简意核，理透法巧”，二者性情亦颇为相似，皆“天真豪爽，快人快语”。笔者读二者之书，因胸有“真诀”，往往有“拍案叫绝”之感。特别是读到托长老：“有那些瞎眼地师……”，实良为可叹！（没有明师传度，其实也怪不得他们，只要不是存心欺世骗人，犹可谅也。）

我们来看《沈氏玄空学》之沈大师对尹先生是如何评价的呢？

是书有载：或问：“尹有本之学若何？”

沈曰：“尹氏于峦头略有门径，所著《四秘全书》，自作聪明，不足为训，其补奥语挨星条例云，子未卯一三禄存倒，乾戌巳文曲共廉贞，寅庚丁一例做辅星，午酉丑右弼七八九（笔者按：笔者师传之“刘氏家传三元运”，也有这四句口诀，但用法绝非现之玄空法。），无一是处，是不明挨星者也。注《都天宝照经》，补足四十八局，更无见地，首部‘微验图考’，所卜诸穴立向皆错。”

笔者认为：

姑且不去论《四秘全书》是否真如沈大师所言“不足为训”，但笔者今观龙法十要之九要，一字一字“读”过来，细心体会，觉得于峦头可谓字字珠玑，深信尹先生未言之龙法第十要，必与刘氏真传的“形家”秘诀有相通之处。

风水之学，实有龙法之“真诀”存在。否则，笔者家父不会在得传的这些年来，看出了诸多隐藏在民间多少年了（几千年了还在）的“大地”，先师刘天禄之风水“功夫”也就不会那么厉害！

因为：舍却龙法，登山必定茫然。同样，笔者亦深信尹先生必知龙法之精髓，不然他就不必要再说一个什么“第十要”了。

所谓“外行看热闹，内行看门道”是也。

由此，笔者可以大胆地说：尹先生绝非沈大师所说的那样差劲！

世上多有学地理多年未得窍者，一看玄空，即认为惟此才是“真道理”。

笔者当年初学玄空时，对家父民间所学，也抱这种想法。姑且不论“沈氏玄空”是否完全正确，单就玄空之飞星而言，只不过是用来“理”穴（宅）之“山、向”二星之元运“天气”的。若想用它就能“点”出“真龙穴地”来，恕笔者在此不客气地说：怕是不易！

笔者今观众多讲玄空的书，均未发现有资料记载沈大师亲自或其后人做作有龙真穴的之发迹名坟。（如属笔者孤陋寡闻，敬请高贤指点。）

故笔者认为：沈氏对尹先生的评价，实在有些“过”了。包括沈氏对其他地理先师的评价，都有所偏激，有点“一叶障目，不见泰山”之感。沈氏自称读易书千余种，以他之聪明，岂能不明白：“地理真诀，历来不在书中，而在‘明师’和‘山水’之间耳！”

诚然，玄空风水学如今在诸多阳宅的运用上也偶有见效，在风水运用

(平原龙)中的“断法”上也偶有应验。但笔者今观世面诸多“大师”所著风水书籍，十之八九动辄高谈玄空，谓其催吉如速，应验如神，大有“舍此便非风水”之势。

在此，笔者提醒读者：玄空风水并非风水学中理气学之全部，无论阴阳二宅，一定先要在“形”与“法”（峦头）上过得了关，再谈元运“理气”才有基础，否则容易走入“舍本逐末”的误区。

最后，笔者要说明前面谈到的风水元素“龙穴砂水向”时，为何把“穴”放在“龙”之后，而非“龙砂穴水向”。并非笔者故弄玄虚，或咬文嚼字，实则应知：

穴是龙所“生”，砂水只是“摆布”（陪衬）。

“龙法”与“穴法”对了，不仅“穴”马上出得来，连“向”都出得来！

站在穴场上按“真向”往外看，不必消砂纳水，外面砂水自然让人想像不到的合符法度：真能体会到那种“藏风聚气”、“气势非凡”的感觉！

绝不虚言。

所谓：真龙必有真穴，真穴必配有真砂真水，亦必定立得起真向。一个“真”字，不过是“天生成”之意！哪要你去左旋右旋，下卦替卦，想怎么干就怎么干！

穴不是“山星上山、水星到水”就不发，哪有这样的道理？真龙穴的，立向无差，龙运即到，必发无疑！

岂不知：无龙无穴无向，即使元运再合，（哪怕是再拿真正的“天星”日课去催），也只能是一发如雷（而且不大），运过则一败如灰！何况，有此等“催发”功夫的高人本就不多。

笔者还听家父讲过这么一件事：

民国年间，有一大户人家，亦爱好风水，花了大价钱去拜一位懂“天星”的老师学习。学成归来后，见其家中有一个长工，年已四十，尚无子女，便动了隐恻之心，恰好该长工之双亲有一去世，于是就在一个（无龙无穴的）平地，用天星之法，为其立向安葬。后，其长工果得一子。不过，其子并不聪明也不俊秀，长大了，还是给这家人做长工。

所以，风水首要是讲龙，其次是穴，再才是元运和日课。

想历代地理明师，如杨、曾、廖、赖，若不知“龙法、穴法”，焉能成为一代宗师！

第六章　风水之法家理论

第一节　法家理论初探

笔者按“刘氏风水”之形、法、择的归类，认为法家理论，即是：收砂、纳水和立向之法。

就是与“龙法”（寻龙）相对应的“穴法”（点穴），广义上含认穴、认砂、认水、收砂纳水、向法及葬法；部分理论归于现在的理气派，但实际上“峦头”与“理气”从来都是密不可分的。

法家理论之精髓全在“立向”二字，收砂纳水是为“立向”服务的。

立得起“真向”的那个地方，即收得起“真砂真水”的那处，就是“真穴”之所在。

“法家”要与“形家”配合乃真。先师曾言：法“Kang”形也！（“Kang”字是四川土语，意思形同于“盖”。）

没有“法家”去配合“形家”，是万难找出“穴位”之精准所在的。不知真向，又焉能知穴在何处？所以要言：三年寻龙，十年点穴。

“法家”有什么用呢？简单来说：

第一，与“形家”配合，可预知该“生成之穴”应该立何“生成之向”。

第二，通过收砂纳水，可准确找出“穴心”之所在。

（根据家父与笔者的实践经验：点准穴位，前后左右差距不会超过一米范围。因罗盘指南针存在磁偏度，“穴心”离下罗盘的地方往往要差那么一点点，下葬开“金井”时，注意观察穴土之色，前后左右再进退二三步就可以了。

注意：此处“收砂纳水”是用人盘和天盘才办得到，只用地盘，实不知会差到哪儿去了。故死执“玄空”者，不必看本书！）

第三，可预知“该穴”将会出什么人物？即：发富还是发贵？富到什么程度？贵到什么级别？

第四，可预知“该穴”能发多少代人？何代就该败绝？

第五，可预知“该穴”之富贵应发在哪一房人身上？哪一代（即多少年后）才发？是只发男丁？还是男女都发？

以上之第三、四、五条，也可说就是风水之高级“断法”。

第六，古代明师还能做到：人、财、官之间的选择，就是俗话说的：要人给人，要财给财，要官给官。笔者心向往之。

有读者就会怀疑了：真的有那么厉害吗？

非笔者在此一点不谦虚，笔者常想：笔者自己不过是有幸站在不知多少“巨人”的肩膀上，仅从“风水”的角度去触摸那个至今可能还没摸到边的“苹果”而已！

“道可道，非常道”也！

“真风水”理论本就应该能做到以上几点，否则，风水之学就不会流传到现在了。没有“真东西”在里面，数千年来的那么多的古人会信？很多东西，“科学”能不能论证是一回事；“有没有用”是另外一回事。

最后笔者再加上一句：“信不信由你。”

前几日，笔者看到一本风水书籍，书中有一句话，是一位国外建筑设计界的大师说的：“风水是一门前途无量的学问。”笔者在欣慰之余，也颇感悲哀：“自己的东西，还要外人肯定了，自己才肯信。”

风水之学，笔者把它比喻成是“修改”命运之路的一门技术。路修得平整一点，宽广一点，长远一点，“车”不是开得更快、更远吗？至于该路最终是通向富还是贵，亦或是深坑悬崖，那就要看该车前进的“方向”了。

而“法家”理论，不过是这些“修路技术”的总汇，而核心就在于对

“方向”的指引。有诸多大地，仅因“立向”有差，导致虽出了“人物”，却要么不得善终，就是一代而终，诚可叹也！

故笔者认为：风水确实可以起到改变一个人的命运，甚至改变一个家庭或家族命运的作用。君不闻：“一人得道，鸡犬升天”之语乎？

如前面所说——先师曾言：形如枪杆，法如火药，择如扳机，三者合一，一扣就响！并言：别人打不响，就是不懂得三者之间的配合。

“法家”理论其实就如同枪的动力系统，“理气”自在其中也。没有动力，子弹就会打不出去——龙气不顺，穴又怎能荫人？

有人会问：“不用瞄准吗？”准星不是早就装在枪杆子上了吗？打不打得准，就要看先生的“心愿”如何了！

其实，真正高明的风水明师一生不是在“瞄”地，而是在“瞄”人：

“山山都有王侯地，只是难寻积德人！”

这大概就是常言所谓的福德吧！犹如是一部车的质量，路修得再好，油加得再多，方向指得再对，车况不好，也是开不远的。笔者认为，也应将之归入法家理论才对。

闲话不谈了，还是让我们接下来，看看尹先生是如何论穴、论砂、论水的吧！

第二节 论 砂

一勺子曰：看砂之法，以形体、性情、理气辨之而已，三者之外，别无遗蕴。

知形体而不知性情，则只知有尖、圆、直、曲、方五体，大、小、高、低四象，海内形家书如是，而不知其颜面目光，注视何处？（开面有情）正要从此细细认清。（看风水，要带“感情”去欣赏，才能体会出山川之“性情”。自然乐在其中也！）

知性情而不知理数，又只知有颜面目光，而不知为祸为福，应在何命，何年？到此方为神化，仙乎？仙乎！

盖，知理数，而不讲究形体、性情，则理数无安放处。屋里先生讲理数，往往居胜，一登山头，便茫无所据，总属虚谈。知形体、性情，而不解理数，则不知祸福吉凶所由辨。

笔者按：看砂，不过“尖圆直曲方（火金木水土五形），大中小，向我者有情”。先师曰：无有一山之反；“成人不把双亲孝，你又生儿做什么”。

“论砂”中之理气，则是收砂（即消砂）之法，理的是地上砂与穴之间的“地气”。同样，纳水也是“理气”。在此基础上，如果该穴之龙、山、水正好合得真正的“三元九运”之“天之旺气”，则可“寅葬卯发”！

“天气”与“地气”相合，那才是真正的“理气”！

由此笔者质疑：现“玄空”之“理气”——“山星上山，水星到水”就发丁财了，哪有那么简单呢。言“乾”宫有山，是“戌”砂，“乾”砂，还是“亥”砂？其中大有区别！为何“玄空飞星”用之“断事”，特别是“凶事”则时而有验呢？皆因“形煞”在先，气运一到，自然显现。况地盘与人盘只差半个字，“砂”大体也在位置上。

然：“断”是末，是用；“做”是本，是体；由末至本，把用当体，即使“龙真”，“穴”也点不到位。故所谓：断得准，不一定做得来！

今有之“过路阴阳”、“金锁玉关”等，皆谓“断事”如神，笔者曾略阅之：其中不乏有可取之处，但由表及里，恐非易事。

故笔者认为：风水学中，哪有撇开“龙穴”不谈的“理气派”？岂不知“飞星”是在理气，砂法、水法、向法，哪个不是在理气？实不知那位“武林盟主”是谁？把风水本来完整的理论非要分出一个所谓“峦头派”和“理气派”来，就象“华山派”硬要分什么“剑宗”和“气宗”一样，最后“独孤九剑”一出，全都挡不住！

先师曾曰：“农民”都知道——“富贵出在龙身上！”。“砂水”不过是龙随身所带之物。故舍“龙穴”不谈，而只论“砂水”或“飞星”，富贵有乎？

余尝谓：讲理数，难而易；识性情，易而难。理气知得穷，一语两语便了（历来真诀，只有一句两句，正所谓“大道易简”）。性情看得透，千言万言难尽。言形体者，诸地书可谓纤悉毕绘，毋庸赘言。如廖赖《拨砂歌》，杨曾《砂图》等书，所宜考对。讲理气者，《青囊》、《疑龙》、《撼龙》、《天玉》、《玉函》，发其凡妙义，究秘而未泄。余亦不敢指破。

理数之说，有从白黑绿黄白赤白紫“九畴”者；有从贪巨禄文廉武破辅弼“九星”者；有从财官父子兄者；有生旺奴煞泄者；皆具大本领，大学问。若晓得《河图》、《洛书》本原，件件都用得应验，不差毫毛。不明先天、后天精义，处处尽属空言，奥妙离去千里矣！（真语！）

独性情一端，诸书有全无一语谈及者，有谈及而未尽其详者。兹编惟欲补其缺漏焉：

夫，砂形不一，砂理难言；砂情宜知，砂意当宣：

龙真砂随，穴真砂卫，水真砂环，朝真砂起。砂真，则龙穴砂水皆真；砂反龙假，砂背穴虚，砂飞水走，砂远风居。砂假，则龙砂穴水皆假。“随卫环起反背”六字宜思；“飞远”二字更宜思：飞，则有砂而不环抱，无端凝之象；远，则有砂而不贴近，有旷荡之嫌；水走风居，（则）势所必然。盖，龙穴以“得水藏风”为上，而风则以砂而止，水则以砂而聚。砂之时用大矣哉！句句实话。

所最喜者：端凝秀丽，丰厚肥美；圆净润泽，亲切妩媚。一种威严正大之气，若遇嘉宾于门内；一团佳冶婵娟之致，宛亲淑女于罗帏：头脚透露，身体整齐，手足收敛，言笑纷披，精神潇洒，丰致凉丽，面喜颜开，情向章趋（如观美女在前！）。凡此吉体，百福频萃。此段认砂入微，谈形及髓。

所最忌者，反背、斜、薄弱、瘦削、低远、空凹，岩石丑恶，破面坏体，坠手反脚，颜色不开，情意不合，身体走窜，头脑粗浊，形涣气散，神没鬼跃。凡此凶象，祸应相若（注意此句：形煞在先，后为气煞）。（此处）绘出一段恶砂形容，须眉果肖，即画家饰色，亦不到此。

在四山叠叠之山谷，则看贴近穴场之山为准，余外俱作空旷，（此为）山谷（龙）看（砂之）法。（笔者按：此说亦非全对，凡补空缺处之砂，皆应算入，否则难成“内聚外朝”之势。)

在一望茫茫之平阳，亦察环抱坟墓之护为的，空远亦属无用，（此为）平洋看法。或田岸高起，或洲渚拥护高起，拥护处即（是）生福处（穴场），或微墩微阜紧夹，或高星大星拱照，平地得此，发福最快。（此）六句补足平洋看法。

然，又有一等（一种砂）：从天外飞来，（或）自水底浮起，（如）案上文笔，印诰（砂）；（及）头身现出（之）幛下贵人（“头身现出”，要头和身都要现出的才是），旗马（砂）。层次分明。亦宜消详，不可忽略。

盖，远照亦有要紧的，此（为）看远砂（之）法：局外观之，十里云遥；（从）穴中见（望）之，（则是）整整随起，平平联卫。

盖，大富大贵，有验于体大力厚之冈峦；小发小兴，应在乎气薄形低之堆阜。此看大砂看小砂之法。然将平处（平洋龙），有低薄圆堆，发福亦大。

（若有砂）出身长远，到穴垂头，是为特朝真朝。此看长砂法。最喜（其）长远垂头，砂长远，则力大而悠久；垂头，则情真而发速。不拘前后左右，此砂极吉。

（若有砂）起顶短、近，卫局紧严，即号“贡福”、“贡禄”，此看短砂法。卫局紧严，凡砂皆喜：背作削拔雄奇之势，面具温柔和乐之情；寓高于低也。体虽低，而“官”则极高。此（亦）是看短砂法。

（若有砂）内有诚一不二之意，外尽张牙舞爪之形，收散为聚也：气既散而福必能聚。此看砂内砂外法。（注：从外向内看，此砂形恶，但从穴内往外看，此砂“向我有情”。）此砂极难得。不知者，反谓：“内醇外肆非真穴”。俗书可笑！

（若有砂）左看正，而右看斜，即知左穴发，而右穴败。此看砂左右法。

（若是）靠砂点穴，亦似据水立向（同“依水势立向”）：近看好而远看丑，则知近坟富而远坟贫。此看砂远近法。（注：远坟穴内收之不到该砂，自然“无用”了。）

（若有砂）远看清，而近看浊者，亦然（则远坟富而近坟贫也）。砂之“现”光，有意；不寓意处，其光必不欲“现”。砂之护穴（则）有情；不留情处，其穴决不得护。此看砂现光护穴法。

(若有砂) 头照注，而脚走窜；面清瘦，而身臃肿。登高藏棺，则收其秀（言：要葬高处)。此看砂头、砂脚、砂身、砂面法。

(若有砂) 全体刚硬，精光独露半面；浑身蛮皮，生动之得一隅。寻隐倒杖，以会其微。此看砂半面一隅，以点穴之法。

笔者按：以上数段行文较杂乱，笔者加以整理，补字以顺词意。看砂之法，如用一句诗来形容，那就是——“横看成岭侧成峰，远近高低各不同。”以上看砂法亦可作为“断法”之部分。

四山开颜，其中必有真穴；诸肇翕聚，此内必藏好龙。以下俱统砂局看：徒健明显，分别贴联映带之形；委迤卑靡，细辨振动尖拔之势。

正正奇奇，总在高人心目；变变化化，还赖善学穷究。不然，好毕摆列撑天地，何刻收藏在夹笋（言：若收不到穴中，亦无用)；时术不明情与性，相逢莫晓姓和名。

此篇拨尽瞳中翳，体会功深久自知；法眼从来有法看，仙机必要遇仙师。

1. 蝉翼砂

乃砂之最轻薄，紧隔脑后，以“分”界水者。如蝉之翼，薄贴腹旁，微微茫茫，近看则有，远看则无。乳突之穴，无此以蔽，则其气寒。（注：蝉翼砂在穴后分出，为上分，是“乘金”之象。)

2. 牛角砂

乃砂之略明略现，贴近穴唇，以“合”界水者。如牛之角，弯抱环护，近者圆润，远看清楚。口钳之穴，无牛角以抱于下，则其气散。（余略。注：牛角砂在穴之两边，为下合，是“相水”之象。)

笔者按：原文以下数段细论，金鱼水：牛角砂内之水，如金鱼口出；蟹眼水：蝉翼砂内之水，如蟹之眼出；虾须水：蝉翼砂外之水，如虾之须状。

但今地表多遭破坏，难以查看。今“穴位”多以外围砂水来较正，“穴心”以挖出之穴土及形物为准。故不录也。以下所论诸砂，亦当细看，不然“猜地”水平都不够，何谈成为真正的“地师”!

3. 龙虎砂

最喜逆关。以水去边，逆上收水。水来边，顺下盖气。“收水砂”发富，“盖气砂”发贵，二砂俱重。（何为“盖气砂”，何为“收水砂”？水之来处之砂为“盖气砂”；水之去处之砂，为“收水砂”。）但，青龙收水，要龙胜虎。白虎收水，要虎胜龙。以水去处管丁、财故也（(“水口”丁财皆管!)。（龙虎砂）总要紧抱而不逼迫；紧，要紧得好看；若紧得死相，不开面目，（则）出人顽昧，器量窄狭。逼迫，则见嫉主，（如）衔尸。惟紧而能抱，迫而不逼，发福极大且速。（笔者：去水处之砂要比来水处之砂高大方吉）

又宜：运动而不排挤：主顶盛旺，龙虎盘旋包里，谓之“运动”；本身单薄，龙虎展势长（chang）大，谓之“排挤”。（主顶：主龙脉之起星）

（喜）驯服弯抱，更夸“乘仙”、“生角”，现“珠”、“胆”：高不压穴，低不露风，曰“驯”；形止不动，情止不去，曰“服”；形如牛角，曰“弯”；拱穴护胎，曰“抱”；龙虎身上有贵人峰，曰“乘仙”；有尖峰竖立，曰“生角”；龙口含堆，曰“珠”；虎自带堆，曰“胆”。

（忌）低缺阔远，尤嫌出煞、带剑、坏皮鳞：龙虎低矮，则穴受风吹；有缺凹，则外气吹入。空合不照住，则穴孤；远列不卫身，则穴寒。出煞谓掣煞；乱局带剑，谓利刃逼身；坏皮鳞，如面前偶崩破，颈上有洪路，乱石现顽体，直硬露死相。凡此皆是：（虽）有龙虎，而不（可）为穴用之病。(龙虎出煞带剑之地，为“杀师地”之一类，地师若没有真功夫，如穴位点得不准，立向出不得煞，做了不仅对主家不利，亦主“杀师”——伤到自己，切忌!)

横过作案，须防椎胸拭泪；龙虎作案，须要另有起止；眠弓、十字、席帽、三台，皆吉。坐案要在中正，若欲过不过，作举袂（mei）拭泪痕或擎拳状，皆大凶。若无起止，或龙抱过虎，或虎抱过龙，只可谓之组会、交互包里，不可谓之案山。竖立为朝，正宜纳头颜：龙虎身上生竖立纳头砂为朝（案），当代即发；以其（是）出本身骨肉一家也。

笔者注：龙虎砂，要“自青龙，自白虎”方真：即是自身龙脉发出的。他山为之，恐穴不真。观诸多忌样，可知那处本就无“地”；真是“地”，诸煞皆无。然不能识“假”，亦不能得“真”，胸中无凭，就是真“盲师”了！

4. 案山

如席案罗列于前，伸手可摸，近身可凭，高应齐眉，低不过心。似眠弓弯抱，若玉几端平。（注：有真案处，即有真穴。）

案山“方圆平直”不一，其体总不出“弯抱端平”四字。更得文笔、金郎、诰印、牙筋排列于上，凡案上应有之物俱好。但只消一件二件，不宜杂乱。既能关蓄内局生气：元辰关蓄，便能快发；又不隔断外洋美峰秀水：如遇恶山恶水，一案能遮百煞（此句真语！）。是为全吉。

内气既收，又不隔障外气（甚好）；若一案横拦，尽障外洋，形体“方圆”，局势“平正”，为力亦重，发福最速。“方圆平正”四字精妙。

大约顺水喜逆案，横水亦喜逆案。据水局（龙结穴于大江大湖前，水静），则不喜案（非必无也），以其阻隔来水也（不阻则喜）。逆水局（龙身翻逆结穴以受当面逆朝之水），面前（水若）浩荡雄长，有“案”关收，则无冲动内气之嫌；若源流短小，又不宜（有案）。顺水局（穴前明堂水有直流之象），（若）堂内储蓄澄凝，无案遮阻，却有召外气之祥（与据水局同）；若徒斜倾泻，切宜急用补筑（人工修案）！（本段论案与“水局”结合，可知“砂水”本一体也。）

5. 朝砂

朝，是当面特来之山，辞楼下殿，远远迢迢，走到真穴面前，纳头开颜，如诸侯朝见圣主，贤士接见大宾。（余略）

笔者按：案近，朝远；案低，朝高；二者之别。皆要有情。

6. 迎砂

迎，是（朝山）两旁摆列之山，形势向穴，俯伏如拱揖，仰望似瞪眸，神情爽爽，目光炯炯，不敢超前，不敢挨后，屏气有容，端肃俟命。（余略）

7. 侍砂

侍，是在穴两边，近身直立竖起之山，森森林立，默默端拱。（余略）。较卫砂更亲近一步。迎（砂）在朝旁，侍在穴边，中间则主顶（结穴之星体）也。

8. 卫砂

卫，是侍外横转，团团包里之山。侍近，卫远。侍似亲信文臣，卫如托命武将。（余略）

9. 靠山

乃穴后靠背之山。如古人谓之“乐山”。（余略）

10. 射探冲破压反断走之八凶砂

射是矢箭直面穴，探是斜山略露头，冲是横来插穴前，破是浪痕直透顶，压是穴前砂崛起，反是曲身去不向，断是脑下生横浪，走是斜身顺水飞。（余略）

笔者按：有此等砂来，哪会结地？即使结有，吾亦不观，多半是“凶地”也！

11. 低砂远砂

有砂而低，有砂而远，与空旷同。（余略，见前面“看低砂远砂法”）

12. 官鬼禽曜砂

官星，乃案山背上之山；有暗拱、现面二体。而现面之官，更贵：官现面，丁财发。（岂止丁财，发官贵非小。）

鬼星，即穴后靠背之山；有横、直、双、眠、立、单六体。而立起之鬼，宜高大端秀，忌倚斜臃肿。（靠山与鬼星有别：靠山是穴后主星，鬼星是靠山背后拖迤而下之山，也叫“鬼尾”。）

禽星，乃镇塞水口之山；有鸟兽、星象、人物诸体。鸟如鸥鸠鹰雁之类；兽如狮象虎豹；星象如火鹤、北辰、日月；人如华表、木火；物如龟、鱼、龙、蛇；水口有此，概谓之“禽”，总以紧关地户为真。（故在禽星上寻穴，小矣！）

曜星，乃内大堂及龙虎前外，爪牙、焰角之山。必清秀可爱，方是曜；凶恐可憎，即是煞。不论龙折舞神，或土或石，在口为牙，在手为爪，在唇为策，在毡下为针，在中堂为交牙，在大堂为交杖，手内竖立者为筋，直长者为剑，俱皆曜类。曜者，如星之光芒，人善用之，则为衙刀，为大人操生杀之权；不善用之，则为贼刀，为奸匪丧天良之具。

笔者按：上段最后一句宜细思，先贤云：我葬出王侯，汝葬出贼头。同样是那个地，差别怎么就哪么大呢？皆在一“用”字。为我所用，又皆在一“向”。

盖，禽曜多是大龙生秀，旺气余泄，为大地证验。但看大地，亦不必拘拘然执此也。吾见有禽曜，而出人卑贱者；无禽曜，而钟灵极品者；有官星透露，而只发丁财，（官星）若眠体，丁财亦不验；无鬼乐，而偏结美地者，以其无障隔天空之气与地下之气也。

笔者按：本段最后一句“以其无障隔天空之气与地下之气”，吾观之实为风水学中之精辟之词，“无障隔”，即是“不妨碍”。非单指“无鬼乐”，一切砂体水体皆可论之；盖，砂体水体皆是“表象”，结不结穴实与“砂水”无关，与龙真与不真有关也。

第三节 收砂之法

收砂，也称拨砂或消砂，简单来说，就是把葬在穴中棺材（或阳宅）的坐山之“五行”属性，与周边山头（砂）的“五行”属性对应，看二者之间产生的关系是吉是凶。吉砂“收”进来，凶砂避开。

托长老曰：拨砂之法，全在二十八宿度上分别，各有所属。七政齐于虞帝，乃分日月金木水火土，故消砂以人盘为主，皆此法也。（砂要）消得干净，倘带煞带泄，则福未至，祸先来。若与人安葬，全在消砂纳水，其用（如）神。

俗云：“不会消砂，祸事如麻；不会纳水，百事见鬼”。

拨砂歌

子午卯酉太阳火　甲庚丙壬太阴火

乙辛丁癸是土神　辰戌丑未金神位

乾坤艮巽是木乡　寅申巳亥水火当

第一，收砂时，首先要把所立山向之“山”方，看其落在罗盘最外层周天刻度所列之二十八宿星的哪个宿星位置上，再用该宿星的“五行”属性，来确定该山之收砂属性。如乾山巽向兼戌辰，分金坐奎木狼六度，则此乾山属“木”。注意：如乾山巽向，分金如坐在壁水星上，此乾山则属“水”。所以“拨砂歌”中二十四山的属性不是一定的，要看地盘之“山”具体分金坐度在哪个宿星上。

第二，将穴场外围可见之砂，依其在人盘上的位置所对应的宿星属性，与地盘“山”之属性，进行“生克关系”分析：

生我者为生砂，亦称食神砂（如乾山巽属木，人盘“寅”上有砂高耸，正落在箕水星位置上，该砂为水砂，水生木，即是“乾山”之生砂）；

我克者奴砂，亦称财砂（如木山见土砂）；

与我比肩为旺砂（如木山见木砂）；

我生者为泄砂（如木山见火砂）；

克我者为煞砂（如木山见金砂）。如乾山坐水度，则原之土砂如乙砂，则由财砂变为煞砂了。

先贤曰：翻山倒地面向天，总在拨砂尖上论。意思是：要把砂的尖顶对应人盘，看落在何字上。如山体较庞大，则以中心略高处为准。

第三，确定砂之吉凶：生砂，发科甲，人丁旺，司财禄，多子孙；财砂，居官得禄而和平；旺砂，与生砂同，发科及丁财；泄砂，退财败丁，虽子孙俊秀，但穷困潦倒；煞砂，为七煞，最凶，绝命，出盗贼，绝嗣，损丁破财。

以上第三点，是诸多地书所阐述。但师传收砂法与之不是完全相同，具体：“收生旺砂，发男丁功名；收泄砂，发客家女丁”的说法。

关于这一点，家父曾问过先师，先师说：“不能光考虑发男丁，女丁也要考虑。”

先师曾在刚解放不久时，为笔者之亲老姑爷的伯父家迁葬过一个坟，当时说：“此地主将来男女皆发。”后来该家之儿子是部队师级干部；女的嫁出去，生的小孩后来都是地市级干部。

风水之神奇，非俗人可想像！

收砂法中还有：木（形）砂居东方，金（形）砂居西方等为真的说法。

后记：以上为世传“赖公拨砂”之法，但据笔者考证，其法准验度只六、七成左右。典型的如地盘立巽山乾向，巽山对应的宿星盘全在轸宿 18^0 之内，如按轸属水收砂，那岂不与巽山属木相矛盾；还有如辰山也是如此。又如井宿 30^0，则包括坤、未二山。说明世传“赖公拨砂”及《入地眼》所传之收砂法，是有问题的。后与诸多高师交流，才知收砂之法，还另有一些用法上的诀窍。

第四节　关于砂的断法

一、拨砂分房法

先贤云：一子满盘皆他管；二子左边长房临，前后右边皆是小，此处偏枯已不均；三子分公位，朝坐二房轮；四子青龙前案上；五子主星凭；六子排来三六合，拨砂以此定房份。

意思是：

如果该坟后人只有一个儿子，那所有砂的吉凶都应在他一人身上；

如有二子，左边所有砂应长房，右边及前后的所有砂应二房，故房份已偏枯不均；

如三子，左长，右三，穴前朝案及穴后坐山皆属二房；

如四子，在前三子分法上，再细分：第四子之砂为左边由案山方来的青龙，长子之砂则为左边从穴后面来的青龙；

如五子，在四子的分法上，再细分：第二子为穴前朝案，第五子之砂为穴后主星；

如六子，在五子分法上，再细分：第三子为穴后方来的白虎砂，第六子则是由案山方来的白虎砂。

例：六子公位，子山午向，艮寅甲方砂，为内青龙，长房管；卯乙辰为外青龙，四房管；乾戌辛，为内白虎，三管；酉庚申，为外白虎，六管；前朝案，二管；后坐山，五管。

曰：左空兮左先绝，右空兮右零丁；朝坐空旷，二五难兴（前无朝案，后无坐山主星，则二五房必绝）；一案一主，三长飘零（只有朝案和坐山，无青龙白虎，长房三房则败也）。朝山挨左，长房败，四房兴（以朝山当外青龙看）。

关于房份的问题，古人都是以儿子才算，女儿则不算房份。现代社会独生子女较多，有的家庭还是二三个女儿，无男丁，那祖坟好与不好皆与女的没有关系了吗？还有上门女婿算不算一房呢？这些问题笔者未见任何风水书籍提出过。

笔者根据风水理论和实际经验认为：看砂论房份，应该男女同算。（不过，论发不发女首先要考虑收砂之法，再考虑砂的方位。）

风水有先天风水（出生前）和后天风水（出生后），先天风水好，才会生得出聪明俊秀的子女，按古人的说法：女人命好，才会夫贵子贤。所以要生出好命的女儿，自然也要有好风水才行，怎么能说风水不管女的呢？再者，笔者认为：女人嫁贵夫，双方的风水气场一定是相互匹配的。

还有，风水影响后人主要是以血缘关系为依据，看杨公《疑龙经》之《疑龙十问》：风水对抱养子女也有效。这点笔者是经过实践验证的，何况亲生子女？

女儿也是父母所生，岂有不管之理？有的“地”白虎之势胜过青龙（非白虎高过青龙，如白虎层层叠叠，青龙势稍单），则女儿发达反胜过男丁；亦有专发女贵之地，如生有娥媚案、妆台、镜钗之类。仅以男丁论房份，世上许多巾帼英雄又从何而来？上门女婿更要算一房了，妇随夫贵，夫随妇贵，皆一理也。

惟女子出嫁后，要受夫家风水影响，原父母家风水影响之力会减弱。具体如何，自古以来没有定论，笔者认为：原父母家风水之力还应占五成左右。道理是：若原父母家风水改好或改坏，必定会影响到该出嫁之女，毫无疑问！

有人认为：女的出嫁后一点不再受原父母家风水的影响。

笔者认为这种说法没有道理：假如某明星出名是因为她祖坟风水好，她嫁人了，运气就会不好？

不可能吧！

二、看砂断：发富贵为何种职业及大小之法

这是属于风水断法中更为细致的秘诀：

如见有壬砂，可断出文人；见申砂，可断出武将；如只见卯砂，只出女官；有艮砂，出的是工商税务类官员；有酉砂，可出歌星；如有甲砂，可出优秀运动员，等等。

此秘法为一风水高人传授，后笔者配合师传所学，经实践检验，还是十分准验的。

关于发富贵之大小，看砂也可知——官居几品：科级，局级，还是省级？入不入最高层？是以文贵还是以武贵？还是以富而贵？都可以马上断得出来。

当然，这里面还要结合“龙”势、“砂”势、“水”势，最关键还要考虑“向法”。砂是龙所“生”，龙强砂必强；水随砂走，砂围则水绕；“向”为穴之核心，收砂纳水，为我所用，全在乎此。

风水之学，也算得上是一个系统工程学——“龙穴砂水向“，再加上“日课”，缺一不可也！

故断法也须综合观之，方能准确。

三、看砂断：富贵灾祸应在何年之法

古人有：吊冲之法和暗生之法；今有三元九运“玄空”理气之法；笔者有开篇所言“刘氏家传三元运”之法。

《入地眼》云：吊冲之法，吉凶同推，吊有用冲处，冲有吊法存。书中举例：乾山巽向，坐奎木，度兼辰，辰峰尖锐，克坐下奎木（辰砂属金，金克木），申年戌月死人（申年“申子辰”吊辰，戌月冲辰）。

不过笔者疑问：子年亦“申子辰”吊辰，戌月死人否？辰年死人否？应死在辰月还是戌月？书中没有详言。

又曰：若巳山亥向地，亦见辰砂，则又生人（金砂生水，亦是申年戌月？不知）。又如壬山丙向地，坐火度，见亥砂为水，水克火，亥年应小房

损丁（为何应在小房？不解！），寅与亥合，吊入长房，寅月忽死人（长房亥年寅月也死人？为何又应在长房，亦不解！）。

故笔者仔细研读此法，有许多不解之处，没有定准。

暗生之法：《入地眼》书中例：如子山午向，见辰为奴砂（子为火，克辰金），最得财帛，遇申年申月，忽损人口。拱煞故也。（书中解释：申年申月，邀二水克火，申子辰三合水局，水克火，是为拱煞。）

再如：壬山丙向，艮为生砂（艮木生壬火），遇辛年辛月，生病失财。丙（向）与辛合，辛为土（砂性），壬山火生辛土，为泄煞，尚若生人，则为富屋贫人，或大富大贵之家，忽生聪明败荡之子，拱泄煞也。

笔者细读以上二法，疑问甚多：何山没有三合之年月？何向没有六合之年月？笔者以为：此二法仅能作为参考，多不足凭。读古人书，要多思考，不可人云亦云。笔者看有人著书也录有以上二法，原搬照抄，不求甚解。

笔者行文到此，不禁又有些感慨：

更有某些内地著“玄空”之书的，动辄号称某学院教授，抄人家港台之书，将错就错，且不知：港台风水之学，亦是由内地传过去的。笔者此说，非言港台未有明师，内地“禁言风水”之年代，港台风水已是蓬勃发展，某些风水理论如“玄空”，在阳宅的实践运用中确实走在了内地的前面。但笔者反对时下：言风水，必“玄空”。

经笔者实践，城市阳宅（含平洋龙）和小部分山龙的阴阳二宅用“玄空”之法，以“山向飞星”来论“砂水”应吉凶年月，还是偶有准验的。但要注意，如笔者在前面所说：断得准，不是代表可以照着去做。如乾方有山或水，一宫三山，在何字上？具体吉凶也会有所不同。另外，大部分的山龙所作阴阳二宅，玄空（沈氏）飞星是断验不准的。

笔者则用“刘氏家传三元运”作为断法之主要参考，再结合砂水与穴位之间的距离，所论应期，准验！诀窍即是《天玉经》所言：“成败定断何公位，三合年中是。”

当年先师之“算好”再做，做了即“断”，那才是真神奇！如前面所言之：说二十年出县长就出县长，那才是真正的高级断法。笔者后悟通“元空大卦”用法，才知“家传三元运”源自青囊诸经所言“元空”心法，笔者将来必专著公之于世，不使先贤之法断绝也。

最后，笔者再多言一句：论砂之法，及断所穴应出什么人物，要“天地生成”。如“龙穴砂水”没生成发富贵的“格局”，不管你怎样去收，怎样拿元运去合，甚至用“天星”去催，都是没有用的。

能明白这一点，对风水之学，方可算入了门——不可舍本而求末也！

第五节　论水及纳水之法

一、论　水

笔者按：本篇依然摘录尹有本所著之《论水》。要知“水性”，非细读此篇不可。知得“水性”，为人造葬，虽非“龙真穴的”，亦小富小贵可期。

一勺子曰：相水之法，亦似相砂。盖，水亦有形体，有性情，有理气也。理气之说，近来堪舆家似能讲究水法，间有应验，未可尽非。但消纳多门，所云“天下诸书对不同”也（指“水法”真伪参杂）。独形体，性情两端，类多习焉，不察，而不知其最关利害，造福、造祸，至连至快也。讲理气而不精察形体性情，则应验不的，而者相须，缺一不可。

或曰：砂中形势、体态、性格、情意，在人耳目，似易见亦易言也。若夫，水总一水耳，其形体、性情，盖难言也。曰：实不难。有水必有堂，水无形体，以堂为形体。水无性情，以堂为性情。堂方，则水从而方。堂圆，则水从而圆。明镜照人，其妍媛在人，不在镜上。水在堂，其善恶在堂，不在水。水中看峦头，看颜面，总在堂中看出。如上尖有分水，唇下有合水，俱会于穴前之小明堂，此堂、此水，关系甚大，穴之真假，于此知；地之有无，于此辨。（言观明堂之形状，则知水之形状。）

小明堂有五字真诀：紧、缓、舒、幽、浅。此五字言尽小明堂吉象，反是则凶。实从百试百验中，体认真确过来。传此五字，为天下孝子仁人安先福后之准则。

堂聚，则水必融聚。堂缓，则水不散乱。小水汇处要舒，以则阳开而少阴煞。紧缓内又喜阳开。真水注处，宜幽深而不显露。阳开内仍要含蓄。卜氏曰：精神显露者多不祥，形势隐拙者多厚福。堂深，则水落坑陷，浅则易入唇口，此即“迎财就禄”。此五字乃明堂内至精至微之妙诀，说破来却极平常中庸，所以为至秘也。凭地必要合此，方能发。扦地必要合此，方为真。此堂方是真堂，此水乃属真水。徒贪洋朝，贪旷荡者，一到此等美地，辄以局小目之，而不能于小中见大也。（地不在于大小，而在于生得是否真确，水亦然。）

龙来有分水，龙止有合水，俱会于中明堂；此堂次于小明堂。中明堂有五字真诀：方、圆、平、正、净。此五字言尽中明堂吉体。堂方水方，方似棋盘。堂圆水圆，圆似釜底，中间窝洼更妙。堂平水平，平如片纸。堂正水正，正如坐席。穴当正中，堂净水净，“净”字要合“方圆平正”四字讲。堂内无走窜之砂，丑恶之石，穿割冲射之煞，则净字之义得矣。

然有穴前紧缓，只一小堂，而无中堂者，亦必兼合此五字：小堂中堂合“紧缓舒幽浅”五诀，又合“方圆平正净”五诀，自然有地，自然发福。

小明堂、中明堂外，又有大明堂者，所谓“三阳具备”，但大堂可有可无，中堂有之亦好，无之不拘。所要紧者，小明堂以蓄乳汁，以聚元辰。有一案横拦，而四水暗拱者；有小水顺出，大水逆潮者，此水好救贫。有毡下只田一蚯，余外田勘层层高起者，此水快发财。有堂中只塘一口，清莹泼澈者，此水汇注发财，长而久。

若遇偏堂，则水偏一边，不正了。斜堂，则水斜在一处，方亦不准。堂喜端凝顾穴。或边高边低，则名之曰“卷”；而水有“左卷帘”、“右卷帘”、“中卷帘”之名；左右卷帘难救，惟中卷帘，高筑案砂，则二、三房最好。堂宜弯抱拱身，若突拗反背，则号曰“反”；而水有“左反弓”、“右反弓”、“中反弓”之号；返与多不救，亦要观出口、进堂、消纳如何。穴前峻急，堂中倾泻，谓之“陡”；则水如簸箕矣！龙穴真的，补毡唇，筑案山（尚可救)。堂出堆阜，穴气闭塞，谓之“窒”，则水乱散矣！应在堕胎、患眼、抱养异姓；善为消详，亦有吉福。

笔者按：此段讲“水局”不佳，可后天补救。笔者曾观杨贵妃之祖墓，在广西容县，龙势甚好，但穴前堂局中有一堆阜，杨贵妃自小就被人抱养，后不得善终。笔者认为：其关键是在“立向”有差，与砂水尚无多大关系。

此堂之形体，亦即水之形体也。

然，水之性情不能见，即于堂见之。凡水来团聚，去要紧簇，横弯抱逆，要朝拜团聚，弯抱紧簇，此水之真性情。远不欲小，远而小，其力浅。近不欲割，近水冲城脚，与入口、入怀不同；入口者，有唇、有毡，穴能承受；入怀者，一屈二曲，穴堪涵容。割脚者，有漂荡激流之势，无消受容纳之致。对不欲流，对面水斜，形不吉。大不欲荡，大而荡，恐其冲激散漫。高不欲扑，水高穴低，嫌扑面。低不欲倾，穴高水低，恶倾泻。净不欲动，众不欲分。

储蓄澄凝，悠扬清澈，浇潋放光，晶莹照面，左右功注，中心窝聚，洋洋入口，层层抱怀，此水之性情，亦即堂之性情也。人胡不移看峦头之法看水？

(原书)钟义明按：一勺子此篇所论，字字珠玑，读者切勿轻忽读过。

1. 金鱼、虾须、蟹眼水

此三水最紧要，皆干流水，界脉收气者。喜弯抱、平聚，忌急流、倾泻。最关利害也。(此三水，在穴场，只可会意，有水之形，实则无水。)

2. 元辰水

龙虎之内，穴前合襟水，乃本身精血，不拘干流湿流，总忌走泻。合“紧缓舒幽浅方圆平正净”十字(方佳)。

3. 荫龙水

在龙背上，又名“仰天湖”、“天池水”，不拘高山、平洋，龙身有湖池，皆是。其总作力量甚大，须四时水注为美，若忽然干枯，祸败立至。(此为辨认真龙之法也，有四季不干之泉水亦然。)

4. 注脉水

湖水注于穴前也。大龙形势甚强，及到将尽未尽之间，有此注脉之水，四时不竭，即真气融结。水后立砂或复起为案，为官曜，皆贵。

5. 御街水

乃田水自朝山来，一级高一级，朝入怀来。经云：惟有田朝胜海朝；又名“仓板水”。主巨富。(亦要“收”得好，否则富未发而祸先至也。)

6. 溪涧水、平田水

溪涧水，必以屈曲环抱，聚注平缓，晶光照面为美。若直而大，急流有声，恶峻而失洁，皆为不吉。平田水，必平夷悠缓，不冲不射，不割不穿，不带凶煞。凡穴得之最吉。吉利亦在有情朝堂，融聚为佳。

7. 池塘水

以晶莹澄洁，位在吉方为佳，不可轻易填塞挖掘。在凶方，谓之“照盆杀”，主少亡，宜填塞。

8. 河海江湖水

此四水汪洋浩荡，大龙每多栖息其乡，人多于此求穴。不知此种大水，极宜消详；消详大，福力亦大，不能消纳，其祸亦大。盖，真穴必有窝藏，窝藏则无飘荡，必有毡唇；有毡，则不犯冲割；有内局，则元辰紧聚。真气融畜，方能承当此水，收为穴用。不然，吾惧其四顾茫茫，气顺水散，受害又非浅矣！(此种大地，必要“穴的”，即葬到位，向亦必立“真向”才可，否则有大发而败之险。)

9. 眠弓水、腰带水

眠弓者，以水过穴而弯抱面前也。腰带者，以其远抱于左右腰间也。二者皆与穴相向相恋，有情有意，最吉。（亦称“玉带缠腰”，甚吉。）

10. 之字水、玄字水

水流而大折大转者，为“之”；略曲略屈者，为“玄”，其形恰如两字。但当细细分辨，无穿破堂气，无走窜劫煞，方是吉体，不然，宁取乎平正也。（有云：若九曲水来朝，主出当朝宰相。）

11. 入怀水、入口水

入怀者：水聚怀中，静深如釜，光耀若镜；入口者：水在口内，咽之可下，吸之即入，此水发最速。

12. 融绪水

深水澄聚而不流，莫知其来去也。不拘左右前后见之，主巨富悠久。总要在穴眼见，方能管事快捷。（笔者观无锡某家族之一“大地”，正是如此，后人果“巨富悠久”。故叹：不信风水，乃痴人耳！）

13. 天心水

穴前明堂正中处也。若水当面穿堂直出，谓之“水破天心”，主人丁稀少。又：界水淋墓头，亦名“水破天心”，主无子。（水要聚堂）

14. 囊聚水

水势囊聚穴前也。势似聚面水，但彼以诸水团聚而言，此以一水聚来，自小而大，如囊聚物而言也。

15. 卫身水

如江河前后远抱，突在其中。湖海当心起墩，穴居其内，皆以水为护卫。但要坐在穴场，风藏气聚，无飘荡之嫌，力足以胜水为真。（此地甚大！）

上皆吉水，宜消纳。下皆凶水，即消纳亦不吉。

1. 沮洳水：山龙常年阴湿。（余略）

2. 臭秽水：有腥臭之气，此水阴阳二宅皆忌。（为“龙”身带病）

3. 泥浆水：如干湿池，为不储之地。

4. 泼面水：水高穴低，水如泼面而来。

5. 暗耗水：穴高水低，水不上堂。

6. 割脚水：穴无余气，而水行割脚，主贫绝。若仰高之穴，不在此论。又穴下无合水，亦谓割脚。

7. 淋头水：穴上无分水也，界水淋墓头，极凶。

8. 冲胸水：急流直冲入怀，虽特朝专向有情，必主刑伤。

9. 射肘水：水流急射，恰当腰间。

10. 牵鼻水（亦称牵牛水）：元辰水直去，一往无拦。

11. 漏槽水：穴水深槽直倾也。不论干流、田源，主退败极速。若真龙结钗钳穴，与漏槽相似，但真穴有唇毡兜起。

12. 漏腮水：穴旁泉窦清冷长流，为漏气之龙。（真龙吐泉，则非也！）

13. 分流水：坟前无掌心小堂，水无合襟，似八字分流。虽骑龙真穴，亦主初年不利。《雪心赋》：八字分流，儿孙忤逆。

14. 穿肘臂水：穴之左右被水穿洗，或坎坑路陷，皆凶。主孤独，血缢。

以上诸水，皆取穴上眼见者为是。

笔者按：有如此凶水之地，哪会结穴，不过是一些“乱葬”之坟所遇罢了。摘录于此，为入门者所忌。

五水局（摘自《入地眼》）

1. 逆水局

亦称朝水局，乃翻身逆势结穴，以受当面逆朝之水。要穴星高大有余气，或有低砂横栏于下，不使水冲城割脚为吉。要会消纳，煞水朝亦主凶。要穴场窝聚，穴不受风为真。

2. 横水局

横水局龙之结穴，水自左来右去，或右来左去，要下关有山逆收，拦住水口，紧密为吉。水来却要在明堂面前窝聚则发福，若一径直去，则减力矣。

3. 据水局

亦称紧水局，据水局龙之结穴，前临大湖及深潭沉注穴前也。要贴身下砂，关闭甚紧，雄抱一方之势。地以得水为上，水以凝聚为佳，此局主富贵绵远。

4. 顺水局

亦称去水局，要来龙长远，力量强大，四势周密，水口关固，水虽去而山交回则善。若山不交回，穴场见水，荡然直去，决不融结，不必着眼矣。然有等海滨之地，不以顺局为嫌，盖以海水涌入，又是来也。（顺水局必要有关锁之“水口”。）

5. 无水局

亦称旱龙局，穴结山坡，山势盘聚，明堂不见流水。穴在高山，先贵后富，或清贵不富。亦有巨富者，龙神带有仓库耳。（非真无水也，远罢了。）

笔者按：以上所论水性，皆可归于“吉凶”二字。吉水则有地，凶水则无地。风水风水，水为风水好坏之第一表象。

二、纳水之法

纳水，亦称收水、消水，用罗经“天盘”。收水，来源水和去水都要收，过宫水则不论。站在穴位，看来水处和去水处对应在“天盘”上的某位置上，便是什么水。总之，要以在穴场眼能看得见的为准。

纳水之法，也就是俗称的水法，民间流传的有许多种，如前面所讲，笔者家父仅水法一门，就知道有四十几种。水法最是真假难辨。

也有在穴场看不见来水和去水的，如据水局，莫知其来，也莫知其去，只穴前一塘湖水。此等大龙结穴，则只能以“龙”定向，找准穴位，依“龙法”，自有“真向”可定，水则不用去纳了。

在这里，笔者告诉大家一点经验：根据家父和笔者的实践，发现大地多不以“水”论。就是说：大地一般藏得很隐蔽，以俗言之水法去衡量，往往是找不出来的。天下之坟十之八九都是以堂前水为凭，故得穴位者极少，如最基本的水法也不对，故想发富贵，则真正如“缘木求鱼”了。

非笔者在此“打击别人，抬高自己”，实则也怪不得那些地理先生，你请到他来帮你，相信先生也是诚心实意，尽力而为了。只是他只学到那么些东西，葬下去能保得了平安，不出什么事，是先生的造化，也是你的造化。

本书将秘传《辅星水法》公诸于世，有心的读者细心体会，自己使用或帮人时，可不致犯下大的错误。这些都是笔者家父经过几十年的实践检验过的，亦是得来不易之心血，希望有心之读者珍惜之！不害人害己，不也是为自己积德吗？

师传《地理总要》云：“堪舆形家为基础，辅水纳甲长生冲”。意思是很明白的：测量山川，寻龙点穴，要以形家为基础，用水法去配合。水法最基本有三种：辅星水法、纳甲水法和长生水法。

有读者就说了：辅星水法不就是黄石公翻卦水法吗？当然是的，不过古人著书历来是“传书不传诀”的。辅星水法：向上起辅武破廉贪巨禄文，来的是好水也就罢了，去的是好水，行不行？还是去坏水才行？

笔者告诉大家：根据师传和家父的实践，用辅星水法必须来去水皆吉才行，而《罗经透解》上所言辅星水法："来水要吉，去水要凶"——是不对的。

所以说，学地理，第一要礼拜明师，第二要实践检验。不然，看得几本书就行地理之术，终害人害己也。

笔者在此讲两个家父曾经亲自做作的风水事例：

笔者家父在1993年左右，给老家一位要好的亲戚家点了一个地，该亲戚将之修成了一个"生基"，准备给他的老父亲过世时用。2001年，该亲戚之老父亲去世了，但却并没有葬在那里，原因是：这位亲戚过后又找了许多风水先生去考察过那个地方（葬亲乃大事，慎重从事，可以理解），甚至请了很远很有些名气的先生来看过，结果是：没有一个人认可。都说：犯了煞水，里面肯定有"阴水"，必定潮湿，万不可用。为此，这位亲戚可能一度在心里对家父有"意见"，家父还不知道呢。

该亲戚之老父亲葬于别处半年后（自是另请的高人），一次，他们看那"生基"也无用了，就说："我们挖开来看看，瞧瞧里面是不是真的有阴水？"结果挖开后，里面并没有所谓的"阴水"，相反，却是十分的干爽。"生基"的内壁上还结起了不少如蜘蛛网状般的"蒸气膜"（说明里面有暖气）。修"生基"时放进去的"稻谷"还是干爽的，还没有发生霉变；同时放进去的几只"鸡蛋"，也只是里面干巴了，还没有变坏变臭。

而时间已过去七、八年了！

家父后言：我一生追求的就是这个东西，已经得到验证，没有什么遗憾了。

那些风水先生说得其实也没有错，以俗法（如长生水法）来论，该地确实是犯了"煞水"，家父岂能连这点"皮毛"都不知道。

那龙真穴的就不怕"煞水"了吗？也不是。道理其实很简单——用那些水法来收的"煞水"，并不是真正意义上的"煞水"！

家父经历这样的事情很多。

还有一次，父亲帮人葬了一个坟，当地先后有二十几个地理先生去看过（一点没有夸张），都说："要不得，要死当家人！"吓得主家来找我父亲。家父表示："如死了人，我拿命来赔你。"结果如今快二十年过去了，那个当家人到现在还活得好好的，而且身体很健康；他的几个子女也都在外赚钱，家境估计比那二十几位先生中的大部分人还要好呢。多年过后，这人专程来家向家父表示歉意。所谓"三人成虎"，也怪不得那个主家。

家父常言："地理之事不可为！"——你去帮人后，人家一旦有什么不好，哪怕是打个喷涕，都要来找你。发达了，他说是他运气好，也少有人会从心里感激你。更麻烦的是，你若稍找好一点的地给他，他还说看起来似乎不太好看，不要。稍做得好一点，别人都说要不得。随大流吧，又明知那样做下去会对人家不好。真是左右为难！

正所谓"不得罪人神，就得罪天神；不得罪天神，又得罪地神"。笔者亦想："都不得罪，又对不起自己！"何故：几许酬金，就要"龙真穴的"，就想子孙世代发贵发富，天下哪有如此美事？

闲话不谈，总之一句："勘测形家为基础"，大有深意！"基础"都没有，高楼怎么建得上去，"水法"怎么能有用呢？

本书后录有秘传的《辅星水法》，供大家参考。依此而行，也可济世救人！《长生水法》则不必再讲了。天下事必有其理在内，不敢去乱了"天理"。药医有缘人，想必风水亦然。

三、看水断房分及兴衰之法

《入地眼》载：一子向上是真元，二子脚踏两头船，三子却从何处立，孟白仲青季在前。

意思是：

房分立于穴前，长子在右手，次子在左手，三子在向前，四子在案右，五子在案左，六子在案中。一四同宫，二五同宫，三六同宫。

又云：水之来去，均关祸福。若右水到左，先发长房；左水到右，先发二房；当面若有水朝来，则先发三房。

并云：向若错兼，三房受害。向法云：有兼而有利者，有兼而不利者。

笔者经实践经验，认为以上所论，尚不完备。看水关键之处："山管人丁水管财"，何宫位无水来，何宫所管之房分则不富。

《青囊序》（曾文遄著）有云：水神祸福原非细，更须一一查公位；乾坤艮巽长男兴，寅申巳亥长伶仃；甲庚丙壬中男发，子午卯酉中男杀；乙辛丁癸小男强，辰戌丑未小男殃。

虽然书中并未言明此是指来水还是去水，但只要读者将之在实践中去检验，自会明白古人的心思。

风水学中仅水法一门，伪法最多，古人在书中多不指破，如《天玉经》等，故依水断事，亦是不易。

这让笔者想起学风水的"方法"上的一个问题来。

据说，台湾有位风水大师，奉劝世人不要学风水，为何？学十几年下来，越学越迷糊，如"玄空"就有十几派，还有什么"大玄空"、"小玄空"；"日课"理论也是几十种之多；仅讲"水"的水法，更是少说有四、五十种；等等，莫衷一是，不知道哪是真的哪是假的。

笔者还曾经听一易友言：他认识一位风水"高人"，拜有八十几个老师！

真是叹为观止，其精神实在可嘉，就是不知其"得道"乎？

风水究竟要怎样学才能"精进"呢？

拜师固然重要，但有一句话："师傅领进门，修行靠个人。"有一定的基础后，还是要多看古人的书，脑子里有了概念，接下来最主要的就是实践——多去考察前人的做作，找发迹的阴阳二宅，看合得书中哪些道理。

所以家父讲：实践是最好的老师。

现在的时代比家父当年好多了，古代地理书籍到处都买得到，加之现代人文化水平提高了，理解起来也不会是什么难事。笔者家父是"高小"水平，可以想像当年学医学风水的难度。讲个笑话：当年先师教家父一些掌法，真是手把手的教，家父就是一时理解不了，在旁的母亲说：真笨，我都会了！

再闲话两句：

说起家父一生学医学风水，之所以有那么一点点“成就”，与笔者母亲的支持是分不开的。笔者小时就记得，家里人来客往很多，这个老师来啊，那个师兄弟来啊，总要烧饭接待吧，母亲从无怨言。特别是先师来家，真的是视先师如父辈（可能家父从小失去父母，心有所憾吧）；先师年纪大了，衣着自是较难“收拾”，母亲总是把先师衣服洗得干干净净。所以后来家父一位师兄的夫人说：“你们应该有福气得到老师的东西。”

关于砂水的断法，笔者不愿过多去谈，为什么呢？

笔者发现目前风水学界，或者说有些学风水的人，有些想法可能不太正确：以为只要学得“断法”，就是临场说得准，什么哪房发了啊，出过大学生啊，等等，主家一听，神！高人！然后就将葬亲或修造之事托付，该“高人”就财源滚滚了。

有些人甚至临场用六爻、奇门或其他预测方法去断，以博得主家的信任。

笔者并不反对“断风水”，只是笔者在此“好心”啰嗦一句：若只专注于“断风水”，而基本功不重视，过不了关，主家有事，自己也恐难逃责任；再说了，自己名誉有损，将来抬头做人也难。

笔者就听说前些年，业内有一位很有些名气的“大师”，自言深得杨公“真传”，替人去为一经营不善的酒店布局，言能“起死回生”，要了很高的酬金，结果人家加速倒闭了。听说这位“大师”现在人影都不见了。

古往今来，还没听说过欺世骗人之事可以长久的！

后记：笔者以前也不懂什么“断法”，跑了两年“江湖”后，哑然失笑——拿真理论去考察，什么断法都在里面了：水可断，砂可断，向可断，龙可断。无穴之地，随便断。

还有，许多人学风水，非常关心“房份”的问题，怕祖坟不发到自己；甚至由此引发家族和家庭不睦。笔者觉得这种想法有些好笑：一个人私心一起，天神共鉴；起心已不良，天若佑之，理存何处？

先师那句“山山都有王侯地，只是难寻积德人”才是风水学之最真最深的“秘诀”！

为人一生，果以“行善积德”之心度世，必有好的人缘和成功的机会，又何必一门心思去追求风水的“庇护”？再说了，若对待父母，生前既不孝，还能指望其死后能“保佑”你乎？

古人云：“有福德自会得明师，得明师自会得好地。”笔者想：还是深有道理的。

所以笔者认为：单就风水而言，只要龙穴真确，必房房会发，早发迟发，发大发小，又有什么关系呢？没有德性，发了迟早也必定会败！——天亦破之。

第六节　论穴及葬法

笔者按：尹先生所著“论穴”之法，即“辨认真穴”之法，字字珠玑，皆从实践中来，若能心领神会，则可登入室之门也。

一勺子曰：来龙如树干，行度似枝叶，其结穴，则花木之果实也。故善取水果者，不问其树干之拂云干霄与否？枝叶之敷荣繁茂与否？但见有果实，而正值成熟时候则采之矣。龙有龙运，水有水运，砂有砂运，穴有穴运，运到时，即成熟时候也。倘不识木果为何物，时从树干枝叶妄作拟议，吾恐硕大且蕃，有目未视，而剖干伤校，以求硕果。为人扦穴，多陷败绝，哀哉！（树有结果之树，有不结果之树，要先经“龙法”区别。尹先生此处谈到龙、水、砂穴，各有其运。）

开花结果虽不离乎树干枝叶，世固有树大干耸而绝，不结子者；亦有枝稀叶疏而偏多结实者。故上卷论龙，总从落蒂处，详其情状。并非舍枝干，以求果实。正欲规果实，以溯干叶耳。（“穴”在结蒂处，无蒂则无穴，实与干枝之外象无关。蒂者，脉气所至之处也。）

得脉乘气，以上九条之要，皆在结蒂处讨消息耳。结蒂处之消息既固，则花果之或结树梢，或吐干旁，或垂叶底，或生枝间，无非真结。而此卷之正穴、怪穴，与葬法、作法，则竟将花样绣出矣。语虽简略，其金针暗度之意，愿普天下孝子慈孙自领取焉。

一、正穴（窝、钳、乳、突）

1. 窝穴：穴星开口。凡四格：深窝、浅窝、阔窝、狭窝，皆以左右两掬均匀为正格，左右不同为变格。其体有二：张口窝，左右不交会；藏口窝，左右交会。

四格之形，各有俯仰不同：身俯，则须窝中微有乳，穴就乳脉。面仰，则须窝中微有突，穴就突顶。凡开口穴，其灵光合聚于中，有太极晕；余气分行于外，有毡唇；雌雄相顾，有阴阳；血脉交通，有气脉。惟要弦棱伶俐，两掬弯抱。不然则落槽、偏陷、懒坦、空亡、无脉、无气、无灵光，谓之虚窝、假窝，最值详辨。

2. 钳穴：穴星开脚。有五正格：直钳、曲钳、长钳、短钳、双钳。有三变格：仙宫，边直边曲；单提，边长边短；叠指，边单边双。八格各有二体：

一是钳中微乳，乃乳穴变来者；要两边界水明白，顶头圆正，最忌乳头粗硬，界水淋头，脚下漏槽，左右折陷，元辰直长。

一是钳中有微窝，乃窝穴变来者；要弦棱明白，忌落槽贯顶。

凡开脚之穴，灵光向内而潜藏，余气贴身而护卫，顶上端圆，钳中气聚。弓脚必须逆水，单股最宜弯钩，否则案不横栏，水必倾泻，谓之假钳，最宜详审。

3. 乳穴：穴星两臂中间垂者。有四正格：长乳、短乳、大乳、小乳。有二变格：双垂乳、三垂乳。六格各有二体：一是左右两臂弓抱，纽会；一是左右两臂弓抱，不纽会。盖乳穴最忌铁露曲折，故必有两臂卫区，方为真的。六格之形不一，各有俯仰不同：身俯，则须脱煞就粘；面仰，又宜凑球接脉。身俯，阴也；面仰，阳也。脱煞、接脉，在此分别，凡穴皆然。

凡垂乳之穴，生气凝聚而下垂，灵光发露而外见，最喜二者俱到，一乳正中，圈中舒阳，乳上光圆。正中光圆者，是垂乳；突露斜曲者，是山脚。大忌“顽饱瘫肿峻急粗硬”八字，当一字一读。凡穴皆忌两臂无情，不吉。空缺风射，谓之凶乳，务须详辨。

4. 突穴：星晕平软，中起者；如鸡心、鱼泡、鹅卵、龙珠、旋螺、覆釜、覆杓之类。有二正格：大突、小突。二变格：双突、三突。

在高山，必须左右环抱，忌孤露受风。在平洋，要界水明白，来脉分晓，左右或田勘高起，或洲渚隐照，穴中风藏，穴前聚水。曾见起突不藏风，而贫者多多，古人“平洋不怕风”，特欺人语耳，不如无书。地理书盖不可尽信也，具此见识，不为古所愚，方许读地理书。（诚然也！）

大要突面光圆，形体颖异，高山亦要得水：穴前有掌心窝，即水（堂前一窝水，胜过万顷湖）。古云“高山不用水”，指外潮言。若高山无掌心，则禄不聚，主清贵。平洋更要藏风，左右得田阜拥护，或小堆照住，更吉利。亦有突泡为：行龙引脉、水口罗星、关峡堆阜、龙神仓库、山脚余气、水中印墩，以及形如“圆、方、直、曲、横”者，务须详辨；或前后左右砂见，面前水聚，亦可扦穴。此句得点穴大开窍。

笔者按：认穴，不过“窝钳乳突”，再加“藏风聚气”四字。

二、怪穴

1. 边窝穴：窝之弦棱欠缺一边者，窝中最宜浅狭平坦，藏聚有情，四方夹拱。欠边更要紧夹。此穴多出高山，为仰高之体。

2. 并窝穴：一星而有数窝也，有两窝可下两穴，三窝可下三穴。要窝中圆静，弦棱明白。

3. 分钳穴：开口结穴，而两钳分向左右。要钳中藏聚，穴中不见两边分飞之势，下有毡唇，平坦，外护，包里，生气融结。若见左右分飞之势，又无包抱，死气致凶。穴下溶槽，界水淋头，便非真结。

4. 合钳穴：乃龙脉已尽，星辰已止，而总会处峻硬无穴，钳中又无微乳微窝，气融在下，两钳收处，中间合聚成穴，微有突泡，如钳之钳物，俗称“玉筋夹馒头”形恰肖。最要毡唇圆整，夹耳有砂，曜气证应，人中水出，清气从两钳而合，钳中低处有水，如人鼻孔下之“人中”样。若钳中大深，钳口不收，毡唇不明，夹耳无砂，有一于此，则非真结。此穴要有夹耳砂，先辈多不论及，盖穴在钳嘴，无夹耳砂则寒。

5. 闪乳穴：乳从偏落，闪在一旁。龙势到此起顶，而中间粗硬、斜曲，无穴可下，正气闪在一边，乃以中脑为护卫。此穴最为难认，极宜乳头光彩，两掬有情，不粗不峻，方为合格。

6. 侧乳穴：乳从侧落，偏于一旁，而不正之谓。盖闪乳犹在正顶下，侧乃脱顶受局矣。最要穴前一掬有情，外山凑集交固。凡侧窝、侧钳穴，类此。

7. 鸽突穴：突泡微起，不明之谓。穴星平面阔大，微有突泡，微有界水，粗看则无，细看方知其为太极晕也。

8. 并突穴：两突相连，法当扦两突交界之间。以其两突合气，融聚在中。此穴至难认会，惟以“两虎争肉形”想像。骑龙脊上有突泡，过峡腰上有鹤膝，前面须得堂局，背后须得好山，庶几得之。

9. 有窝不葬窝穴：似窝非窝，无脉无气，堂局不整，砂水不照，其气落在腕腋，微微起泡，似老蚌之吐珠然。必要堂局砂水，证应有情，方为真的。

10. 有钳不葬钳穴：钳中低陷，不结。必就脉、弃钳，而点盖穴。然，要弦上钳棱明白。此缓来急受，擎高取穴。

11. 有乳不葬乳穴：乳上直硬，阴盛而不舒阳，或不中不正，逃窜他顾。从顾处点穴，亦以后乐、前唇、左夹、右照、聚气、藏风为确。凡怪穴，多以四应取用，方属有据。

12. 有突不葬突穴：突上顽饱、粗硬、不开口、不舒阳，无穴可立。看定龙神，就其开面堂局，砂水有情，伸颈如“元龟伸颈”，月角如“明星伴月”状用之。

13. 提月穴：取水中圆泡，龙势入水，左右皆到，以证佑取用。穴在水中，要人立穴中力足，以脉水无飘荡之嫌，方好。

14. 顽石穴：郭子曰“气因上行，而石山不可葬也”。今乃山尽顽石，凿开用之，以案正、堂圆局紧、砂明、水聚，脉到气止，用人工打开顽石用之，怪甚。

15. 水中穴：止于水，不得不葬于水；犹止于石，不得不葬于石。山下有干源、深窟，天雨即注，中无泉窍，用土大封茔堆，水从两边流走。平地有池湖、水窝，池湖须有石迹，水窝要看气脉，用砖本石块砌成，是名“法葬”。俱以山峙水凝，龙止气暖，精光吐露为准。

16. 斩关穴：求龙腰截气，以出脉处，即成穴场。有堂局，前去之砂回头作朝，左右龙虎身上生峰，顶头星光照住一穴，护卫俱出。本身发福快速且悠久。（“照”字精妙，《青囊奥语》云：前后青龙两相照，照者，如人照镜，镜中须有也。）

17. 走珠穴：小墩阜，三、五、七个者，是。一个者，非。以口面、堂气、包砂、穿脉立穴，甚勿离脉，离则无气，不发。（尹先生真性情中人也，天下不发之坟，皆离脉之故哉！）

18. 骑龙穴：山脊之上，四山相护，水聚堂心，势成中聚。随星辰立穴，或后坐，向前顺骑；或前坐，向后倒骑；或坐左向右，或坐右向左，左右骑。最宜四山端拱，堂局环聚。假则堂不聚气，若面前八字水分流，最忌；斜飞逃窜，更凶。砂不垂头，（亦凶），垂头砂得一二峰亦是（真穴）。

19. 仰高穴：在山顶，平面星辰，四国无缺，朝对有情，水不走泄，势成上聚。有一等堂内窝聚，天雨即注，天晴则涸，名为“仰天禄”。又，一等堂中有水，四时不涸，名“仰天湖”。俱要近穴，不接不离之间。新坟遇此，仕宦进爵，平民获福。

20. 没泥穴：在田中心，田要高低大小相间，分脊界水明白，外隍周密，多名：没泥蛇、田畔鳅、藏沙龟等形。

21. 漱石穴：山尽顽石，穴内有土，此穴最好。然，要得顶头润泽，无延岩粗恶之象。

22. 石占穴：穴在岩石下，龙势既到，砂水拱照，穴场有巨石镇塞，法当剖破此石，则穴成矣，此种穴情大奇。又有树占穴，亦然，或遇大风大雨拔出，或古株朽烂，樵子掘锄。盖地运将见，以待有德。（地运，人算总不及天算。)

笔者按：不论正穴怪穴，有脉则真，无脉则假——龙真脉到，穴自真；无龙无脉，则无穴。

三、葬法

1. 穴上宜乘金，而不可斗煞

穴上有球，宜就球以乘气。然（然而），有脉来强硬雄直，穴用饶减放送，乃无气冲脑散之弊。脉来柔缓平和，立穴宜用吞缩接迎，而又不可过于吞，过吞则破球，亦犯气冲脑散之弊。乘金斗煞，文凡三折，必尽此三义，方能乘金，方不斗煞。下皆仿此。

2. 穴下宜相水，而不可犯冷

穴下唇厚，宜开唇以就禄。然，有脉势平缓，宜吞入以取脉；不知（懂得）入则气脱，气脱则犯冷矣。脉势急直，宜吐出以取穴，而又不可过于吐，过吐，则破檐，破檐，则脱气，气脱亦犯冷矣。穴中宜接脉，而不可离脉。

欲无离脉之弊，上乘顶盖，下看合襟，左右辨牛角蝉翼砂，虾须蟹眼水，正中作穴，而弊可免矣。

笔者按：以上两点，言尽《葬书》“乘金相水”之意。

3. 穴前后左右，宜有好峰证应，而不可低缺

左边护穴有情，穴居左；右边护穴有情，穴居右。形势一到，便紧紧挨去，若稍放松，便要脱气，便不发福；即发，亦甚迟缓。（此可谓“挨生去死”）

上三段，乃地中大窍，知得窍，头头是道。

以下为“开井”之法：

4. 脉象开井分四样：盖、粘、倚、撞。脉柔缓，则用盖法，从顶上扦之；脉峻急，则用粘法，在脉将尽未尽处扦之，却不可脱气脉；若脉直硬，

则用倚法，倚左倚右，不可斗煞；脉若横过，则用撞法，刚硬半撞，柔和全撞，横龙须贴和是也。

5. 息象开井分四类：斩、截、吊、坠。息形若短，用斩，在尽将未尽处斩之；息长，用截，截去前段，为余气；息高，用吊，四畔逼至，则扦其顶，若吊起然，所谓“昂头居龙首”是也；息低，四畔平和，则扦其足，若坠下然，所谓“露珠一滴垂草尾”是也。

6. 窟象开井分四诀：正、求、架、折。窟狭，用正；窟阔，用求；窟深，用架；窟浅，用折。

7. 突象开穴分四法：挨、并、斜、插。突单，用挨；突双，用并；突中正，用斜；突偏，用插。

脉曰“微陷”，息曰“微起”；以“微陷”注脉（到穴）是为脉象，以“微起”注息（到穴）是为息象，二者之辨。窟象为“窝”形穴，突象为“突”形穴。（余略）

四、作法（为葬坟具体之作堆等法）

穴内用“盖、粘、倚、撞、斩、截、吊、坠、正、求、架、折、挨、并、斜、插”，以及“吞、吐、浮、沉、放、送、接、迎、缀、就、量、抛”诸法，以取气接脉。葬法虽多，不外“取气接脉”四字。

作顶，休破顶，法当修顶，而不可打破；金泡作唇，勿伤唇，法当整唇，而勿伤唇；牛角、蝉翼宜裁成，不宜伤残。

作堆之法有三：大堆、小堆、薄堆。穴场宽平，阳多阴少，窟深低洼，宜用大堆；穴情紧小，阳少阴多，如蟹眼坐、燕窝坐，宜用小堆；阴气凝重，阳气不舒，则薄封（堆）以开阳；或穴低略，护略高，则薄堆以深藏。

堆法有五：金、木、水、火、土堆；如土星结作，堆水堆则凶，金、土二堆则吉。

尚有增龙补虎之法：全无者，宜补；本有而低者，宜培。

虑（堂水）倾斜，高筑案山，则气收、水收；忧（穴前）险峻，宽砌拜堂，则补唇、补局。二法极好，亦易学，且应验不爽。（余略）

神迎则煞避，化煞亦可为神；官变则鬼见，变鬼亦能作官。此作法总诀，亦捷诀。要相穴：阴阳认穴，星体看穴，龙虎辨穴。用神勿伤残，勿闭塞，以得作用之神机耳。

笔者按：细读此篇，果能认穴做穴如斯，地理何难？

第七节 论穴土之色

笔者在前面也谈到：如属“真龙穴地”，穴中之土色与周围的土色都不一样。这一点，家父与笔者是经过“实证”的。

家父一次为人迁葬，笔者当时也在场，此穴挖下去一尺多，即显“五色”穴土。笔者亲自抓起一把穴土，感觉确实如《葬经》所言：“细而坚，润而不湿，裁肪切玉，备具五色。”

细而坚：就是穴土捏在手中，非常细腻，但又有硬度，不像一般“泥土”那样细而软粘。润而不湿：穴土捏在手里，有润滑的感觉，但不潮湿，使劲捏都不会有水滴。其颜色是黄、白色为主，杂有点红、青、黑，就象黄豆打成粉后的颜色。笔者见书上言“五色”，只能意会，不知是否是这种颜色。

笔者当时还抓了一点穴土放在嘴里尝了尝，除了有一点泥土的清香味，没有别的味道。而且，笔者还留意：此种土色，只有穴之方圆一丈的范围内才是，除此以外，穴之周位都是红颜色的石头。

钟义明在所编《地理峦头实务》一书中，有论土色篇，现摘录如下：

钟按：《土色辨》曰：“五土之色：红、黄为上，紫、白次之。纹理紧密、颜色鲜明，土之贵。体质顽硬、砂体松散，土之贱。石穴脆嫩，似石非石；土穴精强，似土非土。盖，精而不粗，生气之聚也；润而不枯，真阳之应也。开井之土，气如芝兰参苓，扑鼻可爱者，贵穴也；如牛泓猪涝，臭秽难当，人皆厌恶者，贱矣（这点却未必，见下）。观其气、验其色，以求其中，则浅深之法，不外是矣！土欲细而坚、润而不湿——细润则有生气，坚则不生虫蚁；与众土异而备彩色，若色与众土等同，则穴亦可左、可右，而非其矣！”

《葬书》言：土质细而坚、润而不湿、裁肪切玉、备具五色为吉；干如聚粟、湿如刲肉、水泉砂砾为凶。

欲知土质的好坏，可将穴土抓一把在手中，用力捏，如果出水，此土不好（可能是穴挖得太深了）。若抓上的穴土在手上一捏就散开，表示砂粒太多，易被水渗透，也不好。如果捏过后的穴土，没有水分被挤压出来，也没有整个散开来，还是一团的形状，再把这团土往干燥的地方打去：1. 土散开，表示土中有一些砂粒，是干燥的好土。2. 土没有散开，还是一团，表示粘性太大，而且潮湿，是不好的土。

另外，可从土色和土味来辨别：抓一把穴土在手里搓一搓，再嗅手心的气味，如果有点儿味，是好土。如果带有腥臊味，是浊土，不能发贵，最多是“土富”的穴。把手擦干净，如果手心残留着微微的黄色或橙红色，是好土。

以上是钟义明所论，托长老之《入地眼》上却另有一例：一次，托长老去某地，听说有人葬母，挖出一井臭泥，便前去察看。见是龙真穴的，结一螺蛳吐肉形。工人开井时，上面锄起一层砂石土，二尺余深，下面乃黑泥土，再下去剔出白泥土，腥秽之气不可闻。工人见此土色，气不过，将穴内之土尽去之，四周和底挖出一个石壳来。破了！

所以说，穴只要是天地生成，亦不必拘于土色。总之，异于穴之周围土色即是。

谈到穴土之色，笔者想起南怀瑾先生在其《易经系传别讲》一书中，写有一篇文章叫《神奇的堪舆学》，谈到他父亲请地理老师来家点地时，老师指定要挖下去二丈二尺深。当挖到一丈二尺深的时候，中间有块土是金黄色的，像莲花一般，名金色莲花地。老师说再挖，一挖下去，果然有块土跟蛋黄一样，当时大家都觉得非常惊讶。（这个老师是个高人，二丈二尺，七米多深呢。）

笔者还听母亲讲过一事：她很小的时候，见祖上葬坟时，挖下去挖到一块石板，问风水先生还要不要再挖，先生说把石板挖出来看看。只见石板下是一汪水，水中有两条红颜色的泥湫，一见天就死了。母亲说：所以她们家族一直不怎么兴旺。

第八节　论立向之法

古仙云：无绝地，有绝向。

“向”在风水中起的作用，犹如画龙之点睛，一切龙穴砂水最后全归于一个“向”字。得诸砂水之利，避诸砂水之煞，全在一“向”也。

先师刘天禄常曰：“大地旁边多绝地”，此语应有两重意思：

一、大地乃“天生成”，不仅砂水合度，连向亦是“天生”的，即自然立得起“真向”。若没葬准穴位，则该处原来“天生”之砂水将全部作煞，自成绝地。尚不如随便找一个地方下葬，虽不发福，亦没有那么大的杀伤力。

二、“大地旁边”亦可理解为：立向与“真向”有偏。即虽葬在穴位上，但因不懂“穴法”，向立错了，同样会造成绝地。不过该穴一般先大发一二代人后，才会突然败绝。

此是先师经常挂在嘴边的一句“口头禅”，可给“贪图”大地之人以警戒！

先贤留有“立向之法”，今摘录于下：

盘古立向正为诀，三七相兼祸即侵。
阴差阳错皆天盘，时师立向害杀人。

注：立向要立正向，要用地盘，不要用天盘。

向有可兼者，兼而有利也：

戌乾壬子子癸兼，丑艮寅甲乙辰先。
巳丙丁未坤申合，庚酉原来是后天。

向有不可兼者，兼而不利也：

辛戌乾亥亥壬家，丑癸艮寅怕虎牙。
甲卯卯乙休相见，辰巽巽巳莫逢他。
丙午午丁双煞曜，未坤申庚乱如麻。
酉辛方上不宜动，此是夹煞定无差。

先贤有云："辛戌、乾亥、亥壬、丑癸、艮寅、甲卯、卯乙、辰巽、巽巳、丙午、午丁、未坤、申庚、酉辛"此十四为不可兼的组合，非但向不可兼，龙亦不可双来，水亦不可双潮！

凡来龙有兼一二分者，则减地之福力。若是平分，谓之双行，切不可用。如有误犯双行龙者，军、流、绞、斩四字难免，二子必绝。（军，充军；流，流放；绞，绞刑；斩，斩首；如有子，必绝二。）

凡水双潮者，为阴阳混杂，犯之主：吐血、瞎眼、做贼、回禄、亡主、克妻、绝嗣、跛足、疯癫、淫乱等凶事，可依具体来水进行判定。（详见书后所录《辅星水法》断章）。

关于水犯"阴阳混杂"，《入地眼》上举了大量的例子，如：

一亥向，面前戌、乾、壬、子、癸仓板水来，有犯之者，全家诛戳。如有诀云"乙向巽流清富贵，来为黄泉去不为"，以为是"救贫黄泉"。其实如立辛山乙向，见来有巽水，即犯"阴阳混杂"，葬之富贵浸消，家败人亡，那才真正是"流清"富贵了！

笔者有一《秘本》，其上记载言：有五姓人家，水犯此等"阴阳混杂"，没多少年，人丁就全败绝了。家父在民间看到此等因"水法"用错而犯凶者不计其数，于心不忍，才决定将秘传《辅星水法》附录于后。这是经多少年实践过来的，虽无真龙穴地，用之亦可保家业平安。

而“长生水法”无论真假，论水都是两个字，最大的问题就出在“阴阳混杂”上。真的“长生水法”都只能配合用，区别不同情况下用，何况假的？

《入地眼》中，宋朝托长老早就提出了“长生水法”有问题，怎么到了现在还有人没醒悟呢？是看书看得少，还是太相信师门传度？

笔者由此想到，今某些理论：如元运之“财星”飞临乾方，不管是在“戌”字、“乾”字还是“亥”字上见水（不管你是依地盘还是天盘看，总跑不到“坎方”或“兑方”去），就断：“财星到水，应主发财”；同样，“山星上山”即言大旺人丁。

全不谈“龙法”、“穴法”、“向法”及“水法”，而屡屡言中，不过是天下之坟十之八九本身就葬错而已。如龙煞、砂煞、水煞、向煞在先，随便断都八九不离十！

如按此去替人造葬，除煞不净，将来不出事，不是这个“大师”运气实在是“高”，就是他“跑得快”！（拿钱走人，反正主家出事也要三年五载、十年八载，绝人丁嘛，那更是几十年后的事；自己后人绝了，反正自己也看不到。）

为何笔者在谈向法时，再次谈到水法、砂法？皆因“向”对，“砂水”才会对。

向兼与不兼，看罗盘周天刻度。以坐山正中线为准，左右在4.5度之内，不算兼向；左右超过4.5度之外就算兼向。如亥山巳向，“亥”字正中在周天330度，往左到334.5度，往右到326.5度，在此范围，不算兼向，“玄空”称“下卦飞星”。超此范围，即是兼向，“玄空”称“替卦飞星”。亦可用五格分金坐度来看，如以上左不超“辛亥”或右不超“丁亥”，则不为兼向。

家父几十年来为人造葬，很少用“兼向”，所做者未见一例有凶，反之发者无数，这又如何说呢！“下卦”尚不用，况“替卦”乎？由此笔者在“试解《青囊奥语》”中言：“甲癸申，贪狼一路行”之口诀，今“玄空”用之于“替卦飞星”，实让笔者有些不解。

由师传“刘氏家传三元运”一句，笔者想到：先贤刘伯温为元末明初人，蒋大鸿为明末清初人，其间相差三百余年。蒋氏故为地理一代宗师，然著《地理辨正》，未将真诀透出，虽为保已，却致其后“玄空”理论派别林立，难辨真伪。今天下行风水术者，不知真假，遵其道者多矣！笔者认为：若峦头功夫过不了关，空言理气，救人乎？害人乎？还是留给时间去证明吧！

关于向法，笔者再重复一点，就是前面所言：龙穴、砂水、向，都是天生成的，一点错不得。绝非：到了一个地头，看看可立坎卦三山，立壬山丙向行，立子山午向也行，立癸山丁向好像也可以。

先师曾云：“那还叫做地理？那叫揉面团！”

——七运某方有水，某方有山，当立某向，不行再兼一点；若是在八运，还是那个山水，那就要立另一个山向了，才能“旺山旺向”，或“收山出煞”，不是把“地”当面团吗？要圆就圆，要方就方。到九运怎么办呢？难道再来一个“乾坤大挪移”，把碑调一下？或把棺材、骨灰盒动动？估计你不累，下面的人也累了。（听说港台一带，常有“大师”叫人这么干呢，不知其效若何？）

再按此理论去想，随便葬一个地，不管立什么山向，不管何方有山，何方有水，“飞星”180年转一圈，总会有“山星到山，向星到向”的时候，到那时该发财还是会发财，该发人丁还是会发人丁？

问题恐怕不会那么简单吧，无龙无穴，砂水再作煞，等不到“飞星”飞来，人都绝光了，还发什么财啊！

做风水若仅凭“理气”之学，可想而知！

第七章　风水之择家理论

第一节　择家理论初探

择家理论，即择日之法，就是选择“良辰吉日”的方法，亦曰“日课”；在四川，称为“找期会”。此门理论最是纷繁复杂。先师曾言：“择日方法有一百七十几种。”

在谈择日理论之前，笔者觉得有必要先解释一下一般人对“择日”的一个认识误区：

如普通百姓要找一个“良辰吉日”时，多半会去翻翻“黄历书”，看哪天适合出行，或开张，以及结婚等等，即找一个所谓的“黄道吉日”。这里面就有一个认识的误区：

——黄历书上所言的“吉日吉时”，并非可吉利于做事（修房、下葬、开张、结婚等）的每一个人，或每件事。比如说一个开张的日子，对这个朝向的店铺吉利，对另一个朝向的店铺就未必吉利。结婚期等也是如此。特别是现在大多数人都较“迷信”带8的数字，如开张要8、18、28号等等，笔者认为是不可取的。

择日理论的核心，就是所选出的“良辰吉日”是要能适合你自己的，或是适合这个地方之朝向（山向）的。

“适合才是最好的!”这是笔者的观点。

否则，黄历书上再好的日子对你也未必有用，甚至有害。况经笔者研究，及先贤也有提出：黄历通书所载之吉日，如紫白、三奇等，其推算方法亦大值得怀疑。择日秘法在古时多为朝廷所掌握，如清朝之钦定《协纪通书》，将重要的择日之法大都删除，所余者不过是什么剃头、裁衣之吉日。说白了，可能是朝廷别有用心，那些个择日法，包括所谓二百多个“煞星”，大多数不过是用来糊弄老百姓的。

笔者经常遇到这样的情况：如替人选了一个店铺开张的日子，过后该人就会回头来问笔者：“我看了黄历书，上面说不吉利，是怎么回事？”偏偏自先师到家父，及到笔者，凡选出的日子，大都不合通书，真是“百口难辩”。

不过，仅家父出师后二十几年来记载的为人造葬的几百例“日课”，有厚厚一本，至今未见一例出现了一般择日之法所言之“凶事”或“凶煞”，所以笔者胆子也大了许多。

先师曾为笔者家选用了一个年月日时犯四重“三煞”的日课，如今过去二十年了，也没见“煞”了什么。

笔者家父一次替人去下葬选日期，在他之前主家已找了十几个“行家”，都没人敢做，为何？那天下葬，犯了“葫芦天坑”，这是一个“大凶煞”，按书上所言：若下葬犯之，要死主家无数的后人，如该家后人死得不够，还要周围邻居死来补上。可怕吧？

家父挨不过主家苦苦哀求，只能按师传秘法“壮胆”去做了。后来那家人不但一点事没有，还发达得不得了，这又该如何去说呢！

所以笔者感叹，如托长老所言：“历来真的不行，假的横行！”

择日理论目前常用的有：丛辰法（亦称“崇正”法）、正五行法（亦称“造命”法）、奇门遁甲法、六壬法、易理法、紫白天星法、七政四余天星法等等。

“刘氏风水”择家理论中最高深之择日法，就是前面所提到过的秘传之“天星”法。该法与以上诸法皆不相同。因所算出之“天星”，非紫白星，亦非七政四余之“日月金木水火土”等星，实则如传说中之某星宿下凡，则主地上将出某人物。

先师有一次把手放在袖子里，掐算好“天星”后，让徒弟们去看天象（晚上），某时某刻“某星宿”在天上某处出现。并说：若此时在地上葬某龙某穴，天气感应地气，该穴就会出何等人物。

这才叫真正的天、地、人交感，也就是所谓的“天人合一”。

此法务必要与“形家”与“法家”配合，若是“真龙穴地”，用之则应验如神。

先师曾言：“若形家与法家不合，用该‘天星’去催，亦可速发二十或三十年。”这里有一个前提条件，就是该穴所立之向，要配合得“刘氏家传三元运”之元运到山，否则催发亦无用。故笔者将“刘氏三元运”放在本书首位，皆因能不能“速发”就得靠它。

总之，笔者认为：无论是何种择日方法选出的日子，不管是什么吉星，用在修葬上，如地非“真龙穴地”，皆是用时可能会“一发如雷”，但很快就会“一败如灰”，亦不可不知也！

笔者为找寻师传“天星”法之出处，查看了不少天文历法方面的书籍资料；还跟风水界一位精通“七政四余天星择日”的老师学习，并得有“七政四余”现代天文软件一套。

该软件可准确演算出地球上在某经纬度下的某地区“日（真太阳）、月、金、木、水、火、土星，及天王星、海王星、冥王星”到方到向的时间，可精确到秒钟。用该软件算出的北京天安门升国旗的时间与官方公布的时间一秒不差。

笔者把先师曾做过的为数不多之“天星”案例时间，用该软件进行演算，得出之结果，让笔者深为惊叹。

所谓“大道易简”，古人之智，实非吾辈所能想像！

由此可见，师曰：“天文是数学”，一点不虚。数学，就是数字运算。

但师传“天星”之法远没有“七政四余”之算法复杂。“七政四余”算法要运用三角函数等高等数学知识，一般人难以入门，就是真正会算的人，算一个吉日也起码要一周时间。现在借助科技的力量，用电脑软件进行推算，将地区经纬度输入，年月日时秒输入，马上就可看出有何“星”到山到向，可作为师传“天星”法精确到“分秒”之参考。（笔者在前面亦提过：“天星”择日还必须考虑“岁差”，否则是算不到位的。）

关于择日的作用，先师是这样表述的："龙、穴、砂、水都是静止不动的，就像一匹马，站在那里不动，怎样才能让它动起来呢？就得用日子去催，日子就像马鞭一样，马鞭一打，马就走了。打在龙上，龙动；打在砂上，砂动……"

择日之功，即"催发"之用。而"天星"之法，则犹如"神鞭"。

天地相合，神鞭一催，焉有不发之理！

第二节　师传之紫白期择日法

因时下玄空风水盛行，而配合玄空的择日法主要是三元九运之紫白期，所以笔者在此重点谈一下"紫白天星"的算法，供风水爱好者参考。

年紫白、月紫白的算法，看诸多讲玄空风水的书皆有说明，且大都一致，故笔者在此只略为提及。本节重点讲述日紫白和时紫白的算法。

1. 求流年紫白入中星法：

口诀：上元甲子一白起，中元四绿推甲子，下元七赤兑位寻，逐年星逆中宫始。这个口诀跟求男命命宫属何星（东四命、西四命）的算法一样。

例：求 2007 年之入中星，丁亥年属下元甲子所管，九宫掌之七赤宫位上起甲子，逆行，甲戌到乾宫，甲申到中宫，乙酉到巽，丙戌到震，丁亥到坤，即 2007 年二黑星为入中星。如二入中，顺行，五黄到艮宫，即 2007 年艮山方无论造葬，均犯五黄煞。

注意：求出入中星后，该星入中，一律顺行。亦有逆行算的，但星数亦逆数，如 9 入中，逆行，8 到巽；与 9 入中，1 到乾，顺行，同样 8 到巽一样。

五黄煞为择日中之大煞，据说若犯得真了，要连死五人，甚为可怕，所以以"日课"为职之人，一定要懂得剔除年月日时之"五黄"（三煞尚不甚可怕），否则不小心犯之（特别是动土，如装修、造房、下葬等），为祸甚重，没有一定的“道行”，还是避之为妙！

2. 求月紫白入中星法：

口诀：子午卯酉八白宫，辰戌丑未五黄中，寅申巳亥居何位，逆行二黑是真踪。

例：求 2007 年正月何星入中。亥年从二黑坤宫起正月，逆行，正月在二黑坤宫，二月到一白坎宫。如求十月又到二黑，二入中，顺行，五黄到艮，即 2007 年十月艮山方造葬，犯月五黄煞。

注意：这里的月份是按节气来划分的。

3. 求日紫白入中星法：

师传口诀：冬至一白雨水七，谷雨四顺起初一；夏至九宫处暑三，霜降六上逆同关。

摘师传秘本上之例：处暑后三碧起甲子，逆行，甲寅落兑卦七赤，甲寅旬中之壬戌日，落于八白艮宫。又将八白入中宫，五黄到坤，就是日之五黄煞，壬戌日那天不能在坤方造葬。

关于“日紫白”的算法，有一个重要问题需要注意：

如：冬至后一白起甲子，若到冬至节气时，其甲子旬中之日已在冬至节气之前，前面的日子依然按冬至后一白顺算。

笔者查看台湾钟义明所著《择日生死门》（1992.9 著），及《玄空星象地理学》（1991.9 著），均有详细解释：冬至后一阳生，故冬至甲子起一白，阳遁顺行，分三元，冬至前后为上元，雨水前后为中元，谷雨前后为下元，上元一白起甲子，中元七赤起，下元四绿起……惟此法方得阳顺阴逆“节节相继”之义。

并言：目前通书、历书，均以冬至、雨水、谷雨、夏至、处暑、霜降日换起，并逢甲子日重起，以致错乱误谬，此乃不知古人“移宫接气”之理所致。（所以通书、黄历书不可全信也！）

为方便读者理解，笔者再举例详细说明：如 2006 年冬至日是十一月初三，日柱为乙酉，查冬至节前甲子日在十月十一，应从该日起一白，乙丑二黑，一直算到 2007 年立春后，即雨水前甲子日（十二月十二），正好落七赤宫位，再往下算到 2007 年二月十三，谷雨前甲子日，正好落四绿宫位。该六甲旬算完最后一天“癸亥”日（四月十二）落九离宫，阳顺结束。下一天甲子日则从九宫逆行，进入“夏至九宫”。

怎样理解这一点呢？

笔者认为：古人推算九星运行之空间方位，是以永恒不动的“北极星”来确定的，以北斗七星绕北极星顺时针左旋一周为一年。当斗柄（第七星）落到地面的最低点时，就是冬至节气，斗柄正指北方，即地面之坎宫（壬子癸三山）；当斗柄升到地面的最高点时，就是夏至节气，斗柄正指南方，即地面之离宫（丙午丁三山）。子午为正北正南，而八卦每宫约管 45 天（以周天 360 度，一年 365 天计算），如以子山为正北点，冬至日斗柄正指子山，冬至前约 22 天北斗之气运已进入坎宫，即一阳已复始。故冬至节前之甲子日已感应到北斗七星一白之气，不可能冬至后之甲子日才感应到。所以一白应从冬至前之甲子日开始算。

如上例，若依冬至后甲子日起一白，即 2006 年十二月十二起一白，则与前面所算之落七赤宫差之远也。依后种算法，该“日五黄煞”在离宫丙午丁三山；而后者是七宫起甲子，该“日五黄煞”在震宫甲卯乙三山。

故有人“择日”与人用之，祸事立现而查不出缘由，由此可知：多半是算法不精！

择日之道，能不慎乎？

笔者观为数不少之“玄空大师”所著书中，言所选“紫白期”能催吉如神，真不知是怎么“催”出来的！

以上讲的是“日紫白”算法之别，下面细讲“时紫白”，那就差得更大了，真是“天下诸书对不同”。

4. 时紫白入中星算法：

师传口诀：

冬至阳顺时起宫，子午卯酉在一宫；
辰戌丑未七赤宫，寅申巳亥四路通。
夏至阴宫逆起时，子午卯酉九宫宜；
辰戌丑未三碧起，寅申巳亥六上移。

意思是：冬至后之子午卯酉日，子时从一白坎宫顺行算，丑时在二黑坤宫……更准确一点来说：要首先依“日紫白”之算法才对，即冬至前之上元六甲旬中的日子，皆要依此法算。“日上起时”也！

注意：下一句“辰戌丑未七赤宫”就与许多书上不一样了！查多数书上皆是：“辰戌丑未”日子时从“四宫”起。这其中包括目前好几位易学界的名人所著之“玄空”书籍，皆持此算法。

究竟谁对谁错呢？（笔者在此只为风水知识探讨，不针对个人。）

这还要从笔者接触到“玄空”风水学说起：

大约在1995年左右，笔者一次回老家，见家父之风水秘本上有先师刘天禄所传的“紫白掌”及“紫白期”的算法和口诀。那时笔者正处在学习“八字测命”（四柱预测学）的兴头上，还没有兴趣去关心家父的“风水学”，只是出于好奇，就抄了一份下来。那时市面上讲“玄空”的书籍还几乎没有，笔者也没找到“紫白期”的出处。

直到1998年，笔者偶然一次逛书店，买了国内某人所著一本讲“玄空”风水书，书上有“日紫白”和“时紫白”的算法，回家后，没事就学习学习。由此知道了“三元九运”、“沈氏玄空学”，以及什么“峦头派”与“理气派”之类的知识。

笔者当时也认为家父所用的那些民间风水理论肯定不行，人家讲“玄空”的都是历代地理“名家”，而当代著此类书者，亦大都是某某易经学院或某某周易协会，诸如教授级别之“有名”大师。故亦认为“玄空”风水应该是“不传之秘”，是风水学中不可多得的“真东西”。

谁知仔细“研究”下来，才发现有些地方不对，典型的如“时紫白”的算法，就与先师所传的不一样，真是不知该信谁的才好。

于是笔者后来到处买“玄空”的书看，从《沈氏玄空学》，到台湾钟义明所著诸多讲“玄空”之书，再查看古人的《永宁通书》、《象吉通书》、《协纪通书》、《选择正宗》、《崇正辩伪》等书，才逐渐明白许多。

加之笔者在家父传授先师的“刘氏真传形法择”风水理论之后，并跟随父亲到处跑山头实践应证，才略知风水学之全貌，始信先师所传，样样皆是“真东西”。

要知道，先师教家父这些“玄空”及“理气”之学是在 1987 年，而国内“玄空”开始流行是 2000 年前后，实由港台流行“反射”内地而来。查台湾钟义明最早著“玄空”类书是在 1971 年 10 月，著作是“玄空地理丛谭《第一辑》”，但那时国内还未开放，还处在“言风水色变”的年代，风水学包括“玄空”自然也流行不起来，但当时港台“玄空”确已流行。再看《沈氏玄空学》可知，该作者在 1873 年抄章仲山“阴阳二宅录验”而得悟；及后来在 1927 年，有人以“海上四无量斋”之名，集近代玄空地理师之作，出版《东方之科学——宅运新案》。

由此可知，“玄空”风水学之根源还是在内地。

笔者认为，包括其他诸多风水理论在内，其根本之出处，亦是在内地。且许多秘而不传之法，亦多在民间。故风水学不应以“地区”来论高低。

经过多方论证，笔者认为本门“时紫白”的算法是正确的，与《永宁通书》及台湾钟义明所列相同。

特别是：钟义明在门下弟子张成春先生 2002 年所著《新玄空紫白诀》第 368 页中，指出：书中原“时紫白”算法有误。

并说：当依陈希夷《玉钥匙》之法，冬至后为阳局，子午卯酉“四旺日”子时从一宫（坎）起，辰戌丑未“四墓日”子时从七宫（兑）起，寅申巳亥“四生日”子时从四宫（巽）起；夏至后为阴局……阳局顺行，阴局逆行。

此说法与先师所传一致。

但是，笔者在此言明：这个“时紫白”的算法，还仅仅是先师所传的一半，还有“秘诀”存焉！

本书在前面也谈到：一次，先师病了，家父凭多年的医学功底，给先师建议多加了一味药，结果先师病好得很快，心里很高兴，就对家父说："今天教一个'真的'给你，不然你学了个'牌子'（假的）去，用了也无效。"

那个真的"东西"就是"时紫白"的算法！

师传的"时紫白"星不仅要依阳局阴局论顺逆，还要根据以下"口诀"再论顺逆，算出来的"紫白星"才称得上是真正的"紫白天星"到位，效用大得很。

笔者不惜珍秘，将师传口诀公诸于世，供有缘人研习。

师传口诀是：

甲己还加甲（顺），
乙庚丙作初（逆），
丙辛从戊起（逆），
丁壬庚子居（顺），
戊癸推壬子（顺），
此法定不虚。

用法：水星夏天用，木星随时用，火星冬天用，金星晚上用，罗侯计都皆不用，二黑太阴找太阳。

家父用此法实践多次，屡试屡验。如算准"某星"到山会预示有"太阳"，哪怕做事那天正下雨，"时辰"到时自然雨会停止，而"太阳"定会出来光照一会儿。

如家父在葬亲姑母（笔者的亲姑奶）时，当天一直在下大雨，临葬时，前来帮忙的人问家父：

"都说你是刘老师的徒弟，'吊'得来'天星'，你今天'吊'的是什么'星'啊？"

家父当即回答："太阳！"

众人皆笑："太阳？水星吧！"

谁知时辰到时，雨突然停了，太阳真的出来光照了十几分钟。坟刚埋好，雨又开始下了。

众人皆曰："神奇！"

家父当时就是用"真紫白"法算出会有"太阳"的！

得了师传，还需要再去寻找其出处，还要再经实践去论证究竟是真是假。不然，以为老师传的都是对的，受害的还是自己。老师学的都是错的怎么办呢？总之，"怀疑"是求学的基础。这也是笔者为什么要花那么多精力，去学习和论证"时紫白"算法的正确性的原因。

今见某些大师在书中说：年月之"五黄煞"要忌，日时之"五黄煞"可不忌（包括"三煞"亦持此论）。笔者认为：日时中若没有真正的"吉星"到宫，无论"三煞"、"五黄"，还是避之为好。特别是动土之类，日时尤要忌"五黄"。

而且，笔者的观点：择日中尤以"日时"为重，"年月"还可不甚考究。为何？

因为，择日学，首当其冲应是选"吉日吉时"，非首选"吉年吉月"。古人历来有"年吉不如月吉，月吉不如日吉，日吉不如时吉"之说，并有："大凡人生大事，重在择时"之论。稍懂命理之人也知道，同年同月同日生，但不是"同一时间"出生的人，命运有时是相差万里。

杨公云："择日如造命"，亦有此意。

故可见"日吉时良"之重要！

另外，择日学中还有一个大原则，就是："煞"要靠制！

意思是："煞星"要用"吉星"去克制它。

如择日只讲避煞，那恐怕十年都难得找到一个"干净"的好日子。"煞"有二百多个呢，听起来个个都挺可怕，避了这个，就避不了那个。

书云："年月日时紫白星"有"三白"到宫，则为上吉日课，可解诸煞。

所以，用"紫白星"择吉，"日紫白"与"时紫白"的算法，必不可错误！否则，没有"真吉星"到宫，焉能有催发之力！

第三节 师传之禄马贵择日法

传统的丛辰择日法，亦称“崇正法”，源于《崇正》一书，严格说来，包括“紫白期”及诸多择日法亦在其中，在民间运用极广。本篇主要是谈“禄、马、贵”的算法和功用。

笔者家父未遇先师之前，择日即多用“崇正”之法，先师言：“还算不错，懂得用贵人，以吉避凶。”

这里面还包含另一层意思：以吉避凶，只是“避凶”而已，尚谈不上“制凶”。如上所言：真正的择日，是用来与“形、法”配合，在“避凶”的基础上，达到“催发”的作用。

而择日之重点，在于“制凶”。师传地理总诀有：“吉星值日禄马贵，吾师传授必降凶”之句。制得住“凶”，方可言“催发”！

笔者按：禄，即禄神，如甲禄在寅，乙禄在卯等。《三命通会》云：禄，爵禄也，当得势而享，乃谓之禄。禄有多种，以真禄为贵。

马，即驿马星，如寅午戌生人见申，亥卯未见巳，申子辰见寅，巳酉丑见亥。书云：凡柱中带马，若不值空亡、破败、交退、伏神，须荣贵。

贵，即天乙贵人，分天乙阳贵和天乙阴贵。书云：其神最尊贵，所至之处，一切凶煞隐然而避。求法以古诀为准：甲戊庚牛羊，乙己鼠猴乡，丙丁猪鸡位，壬癸兔蛇藏，辛金逢虎马，此是贵人方。阳贵阴贵在择日中的用法亦有诀窍，否则古人那么麻烦把它们区别出来干什么？

总之，“日课”有真禄马贵人到，必有吉兆。

太极贵，又名科名星；天官，随干之官星，可用于催贵；福星，干之食神位，主多福多寿，与红鸾天喜配合，亦可用于催丁；天厨，又名食神禄，主食禄不匮；文昌，可用于学生读书考试、提高成绩，催官最妙；天福，主福德；天星，主天佑；山河节度，主威权。

下表所配之吉星是以命主之“年干”寻找，亦可用命主之“日干”寻找；所择出之“日课”之禄马贵等，则可用该“日课”之年月日时之天干，在地支中交互寻找，四柱中见之则是。

如：六甲之真禄“丙寅”在兑宫，是以“甲子”入中宫来推算的，该“甲子”为造葬之年。如：甲年生人，在甲子年造作（修房、下石、上梁、搬家入宅等亦同），真禄在兑，造作为坐西向东，是真禄到坐；坐东向西，为真禄到向；皆大吉。乙丑年，则真禄在乾宫。所择日课之“月日时”到何宫，可同理入中宫推算。

查：《永宁通书》上例：天乙阴贵为乙丑，到乾宫；师传《秘本》中为丁丑，笔者采用后者，与《崇正》及《选择正宗》所载一致。（真是诸书对不同！）

书云：“禄马贵”可制中等以下凶煞，惟岁破、月破及三煞不可制。师传有“禄马贵”加上某吉星到宫“必降凶”，可制诸煞。

以下详论年命“禄、马、贵”等吉星的算法，摘自先师所传之《秘本》。

一、本命之真禄马贵，及真天官、天星、天福、天厨、文昌、福星、太极、山河节度等贵人的算法：

六　甲

真禄	申子辰(支)马	寅午戌马	阴贵	阳贵天官	文昌天星天厨节度	太极	天福
丙寅	丙寅	壬申	丁丑	辛未	己巳	甲子	癸酉
兑	兑	巽	离	震	坎	中	中

六　己

真禄	亥卯未马	巳酉丑马	阳贵	阴贵	天厨天官文昌天星	天福	福星太极	节度
庚午	己巳	乙亥	丙子	壬申	癸酉	丙寅	辛未	辛未
坤	坎	兑	艮	巽	中	兑	震	震

六 乙

真禄	亥卯未马	巳酉丑马	阴贵	阳贵天福	天厨文昌太极天星	福星	天官	节度
己卯	辛巳	丁亥	戊子	甲申	壬午	丁丑	庚辰	癸未
坤	巽	坎	坤	兑	中	离	震	乾

六 庚

真禄	申子辰马	寅午戌马	阳贵	阴贵	文昌天星天官天厨	福星天福	太极	节度
甲申	戊寅	甲申	己丑	癸未	丁亥	壬午	戊寅	丁亥
兑	坎	兑	震	乾	坎	中	坎	坎

六 丙

真禄	申子辰马	寅午戌马	阳贵	阴贵	文昌天星	福星天福	天官天厨节度	太极
癸巳	庚寅	丙申	丁酉	己亥	丙申	戊子	癸巳	辛卯
兑	巽	坎	坤	巽	坎	坤	兑	中

六 辛

真禄	亥卯未马	巳酉丑马	阳贵	阴贵	天星	天官	天福天厨福星	文昌	山河节度
		太极							
丁酉	癸巳	己亥	庚寅	甲午	戊戌	丙申	癸巳	戊子	己丑
坤	兑	巽	巽	艮	震	坎	兑	坤	震

六 丁

真禄	亥卯未马	巳酉丑马	阴贵	阳贵	文昌天星太极	福星天福	天官	山河节度
天厨								
丙午	乙巳	辛亥	己酉	辛亥	己酉	辛亥	壬寅	丁未
坤	坎	兑	中	兑	中	兑	兑	震

六　壬

真禄	申子辰马	寅午戌马	阳贵	阴贵 太极	文昌天星天厨	福星	天官	天福	节度
辛亥	壬寅	戊申	癸卯	乙巳	壬寅	甲辰	庚戌	丙午	辛亥
兑	兑	巽	艮	坎	兑	离	乾	坤	兑

六　戊

真禄	申子辰马	寅午戌马	阳贵	阴贵	文昌福星天厨	天福天官天星	太极	节度
丁巳	甲寅	庚申	乙丑	己未	庚申	乙卯	丙辰	丁巳
巽	坎	兑	震	乾	兑	坤	震	巽

六　癸

真禄	亥卯未马	巳酉丑马	阴贵	阳贵 天福	文昌天星天厨	福星节度	天官	太极
甲子	丁巳	癸亥	乙卯	丁巳	乙卯	癸丑	戊午	庚申
坤	巽	坎	坤	巽	坤	离	中	兑

二、太岁真禄马贵人的算法：

六乙年			六丙年			六丁年			六戊年		
真禄	阳贵	阴贵	真禄	阳贵	阴贵	真禄	阳贵	阴贵	真禄	阳贵	阴贵
己卯	甲申	戊子	癸巳	丁酉	己亥	丙午	辛亥	己酉	丁巳	乙丑	己未
正　月			正　月			正　月			正　月		
乾	乾	坤	艮	震	中	离	中	震	艮	兑	坎
夏至后			夏至后			夏至后			夏至后		
坤	艮	震	离	坤	离	中	离	坤	离	兑	巽
六　月			六　月			六　月			六　月		
震	离	巽	坎	震	坎	离	坎	震	坎	艮	中

六己年			六庚年			六辛年			六壬年		
真禄	阳贵	阴贵	真禄	阳贵	阴贵	真禄	阳贵	阴贵	真禄	阳贵	阴贵
庚午	丙子	壬申	甲申	己丑	癸未	丁酉	庚寅	甲午	辛亥	癸卯	乙巳
正　月			正　月			正　月			正　月		
离	乾	坤	坤	兑	坎	震	中	离	中	乾	艮
夏至后			夏至后			夏至后			夏至后		
艮	艮	震	震	兑	巽	坤	震	中	离	坤	离
六　月			六　月			六　月			六　月		
离	离	巽	巽	艮	中	震	巽	离	坎	震	坎

六甲年			六癸年		
真禄	阳贵	阴贵	真禄	阳贵	阴贵
丙寅	辛未	丁丑	甲子	丁巳	乙卯
正　月			正　月		
中	坎	兑	乾	艮	乾
夏至后			夏至后		
震	巽	艮	艮	离	坤
六　月			六　月		
巽	中	艮	离	坎	震

以上“太岁真禄马贵”算法，有心的读者请拿去与诸日课书对照，自会发现其中奥秘！不然，本书就算白读了。总之，无论造葬，“禄马贵”皆要到山到向，才有效力。否则，“日课”虽满盘贵人，亦是虚假！

其他如三煞、力士、正傍阴符等煞，本书不再详论，读者可参考其他择日书籍。

关于择日之贵在“制煞”，先师曾打过这样一个比方：

“比如说，你要请人帮忙做事，你去请一个比你级别更高的人来，你不仅要弄好酒好菜给他吃，而且万一不合他心意，他还不一定会真心实意帮你；你去找一个犯过错误的人来，随便给他一点吃的，他就帮你下力去干活了。”

关于“择”家与“形法”二家的配合，先师又是这样说的：

“比如，你要去求人办事，如批一个条子，你首先要找对人（这个人是管你那项事的）；其次还要趁那天他正好当班；而且你早去了他还没来，晚去了，他又下班了；改去找别人吧，人家又不管你这事；最重要的是，你还得想办法让这个人把条子批给你（要帮你办）；找对人了，他不理你，还是没用。”

真是：天理、人理、地理，三理一同也！悟得透，就是“行家”！

第四节　易理择日法

易理择日，主要是运用八卦的纳甲原理，即：

乾纳甲，坤纳乙，艮纳丙，巽纳辛，离纳壬寅午戌，坎纳癸申子辰，震纳庚亥卯未，兑纳丁巳酉丑。

八卦之纳甲原理，传统说法是以月之运行盈亏为由而定的。笔者曾阅一书，言纳甲之理是从先后天八卦之“升降数”而来，颇为精辟。

笔者素不愿多谈理论，不过先贤提出因纳甲所应注意择日之“忌日”，可作为参考：

乾纳甲，故造葬兑（酉）、丁、巳、丑山，忌用甲日，甲辰日尤忌。

坤纳乙，故造葬艮山、丙山，忌用乙日，乙卯日尤忌。

艮纳丙，故造葬巽山、辛山，忌用丙日，丙午日尤忌。

巽纳辛，故造葬乾山、甲山，忌用辛日，辛丑日尤忌。

震纳庚亥未，故造葬坤山、乙山，忌用庚日，庚子日尤忌。

兑纳丁巳丑，故造葬卯、庚、亥、未山，忌用丁日，丁卯日尤忌。

明易理择日，首先要知道“浑天甲子”，即八卦之六爻所纳甲子：

乾卦	坎卦	震卦	艮卦
壬戌	戊子	庚戌	丙寅
壬申	戊戌	庚申	丙午
壬午	戊申	庚午	丙戌
甲辰	戊午	庚辰	丙申
甲寅	戊辰	庚寅	丙子
甲子	戊寅	庚子	丙辰

巽卦	离卦	兑卦	坤卦
辛卯	己巳	丁未	癸酉
辛巳	己未	丁酉	癸亥
辛未	己酉	丁亥	癸丑
辛酉	己亥	丁丑	乙卯
辛亥	己丑	丁卯	乙巳
辛丑	己卯	丁巳	乙未

易理纳甲日课，用本卦六爻为“催财”，用本卦的夫妇正配之卦之六爻为“催丁”，用本卦之先天卦之六爻为“催贵”。以上八卦之“浑天甲子”，在具体山方“择日”中，可用于年、月、日、时。

举例：坎卦（壬子癸三山）

坎卦山，用坎本卦之六爻为催财，用离卦之六爻为催丁（坎离为夫妇正配），用坤卦之六爻为催贵（先天坤九壬子癸）。即：

催财：用本卦所纳之戊寅、戊辰、戊午、戊申、戊戌、戊子（或年或月或日或时）；

催丁：用离卦所纳之己卯、己丑、己亥、己酉、己未、己巳；

催贵：用坤卦所纳之乙未、乙巳、乙卯、癸丑、癸亥、癸酉。

易理日课的用法还要注意以下三点：

一、八卦二十四山，所作何山，专以本月为时令，取其生旺。如春天木旺，可作甲卯乙山，或丙午丁山，木（月）生火相也。

二、所作何山，取用某卦爻，视其取用或催丁或催财或催贵而定，以“日”为君为体，以“时”为臣为用。

三、观其所用日值何爻，或配于阴阳刚柔相济，或配催官催丁，全在“年、月、时”上调理。取外爻之应神，看年月太岁，用卦参详，则吉凶祸福尽在此课也。

举例说明：如辛巳年，欲作酉山卯向，取七月丁卯日，戊申时。七月为丙申，艮纳丙，丙申为艮卦之纳“甲子”，艮卦与兑卦（酉山）是夫妇正配。故“丙申”月可催丁。兑纳丁，故选用“丁卯”日以催财。兑之先天卦为坎，坎纳戊，故选“戊申”时以催贵。此课财丁贵俱全，用之将大吉。

第五节　正五行择日法

正五行择日法，由来已久，但历来不被人重视。目前经过易学界重新挖掘、整理、实践，已成为择日中较为重要的一种方法。

所谓“正五行”，就是年月日时之“天干地支”，以“五行”原来的基本定义为标准，如甲乙属木、子亥属水等，有别于斗首五行及洪范五行等。

该择日法原理，与“八字命理”的原理大体一致，故又可称为八字造命法，——所选的日子犹如是一个新生儿的四柱八字。与杨公《造命千金歌》所言“造命法”有所相同亦有所区别。杨公要求“日干越旺越吉”，正五行法则要求“日干与财食官，皆有气有根，中和为上”，不取“从旺从弱”。

正五行择日的主要内容：

造葬阴宅以补龙为体，扶山为用；建造阳宅以扶山为体，补宅主八字用神为用；日课四柱以日干为体，其他如年、月、时之干支加日支为用；日课旺衰以月令为体，其他为用；同时要考虑日课四柱本身之间，以及日课与龙、山、命之间的“生克刑冲害化合”；最终达到该日课四柱之气势能补龙、扶山及补宅主命局中用神之作用；且课中日干有根有气，财官印食等吉神亦有根有气，与日干形成中和平衡之态势。

笔者对“八字命理”粗略学习过几年，根据自己的体会，认为“正五行”择日法是择日时可以考虑的一种方法。

择日之根本，就是选一个适合作事的“良辰吉日”，跟新生儿出世的“八字”（命）好不好是一个道理。命吉，自然吉；命不吉，自然不吉。而命之吉凶，又全部落在那天日柱的“日干”上。该“日干”有根有气，才可任财官食；无根无气，如人虚脱无力，纵命中有再多财官，也扛之不动，无福消受。

根据命学原理，笔者认为用“正五行”择日，还需掌握以下几点原则：

一、首先要考虑该日课之格局，再论日干之旺衰。

为何笔者在此提出要“首论格局”，而非“首论旺衰”，这里面是大有讲究的。

当今命学研究实已有些走入了“重旺衰、轻格局”的误区，背离了子平命学最初之经典书籍《三命通会》、《渊海子平》、《子平真诠》之“正统”方向。

其实无论哪种择日方法，都必须注重日课的格局，笔者在学习“七政四余天星择日法”时，老师也一再强调：一定要首先考虑日课格局。

简而言之，日课之格局，犹人之“命局”一样：格局高，则成就高。

如同样是身旺财旺的二个八字，格局之完美与否，决定二人之成就可能有天壤之别：

如一人虽财旺，但命局中比劫夺财，逢印破财，四柱无情，该等破格之命，虽看似吉，实则不吉；必要命局中“食、财、官、印、身”有情相生，财星居月令，或天透地藏，方合“正财格”或“偏财格”，才称得上是大富或大贵之命。如选为“日课”，方是上吉催财催贵日课。

特别需要强调的是：格局首以月令所藏之“用神”为准！其他杂七杂八的如“壬骑龙背”、“六乙鼠贵”等，多不足凭。

二、定“命主”及日课“日干”之用神，须以“食神、正官、正印、正财、偏财”五吉神为用，弃“伤官、偏官、偏印、比肩、劫财”五凶神。吉神宜生扶，如是凶神，必须制化。

如某命身弱不胜财官，日课最好不用“比劫”去补，而是用“正印”去生扶为妙，“偏印”大忌，为“枭印夺食”，用之则大不良。若为人催官一般忌用“偏官”，为“七煞”，如未得到合理制化，主官灾、是非、意外伤害等凶。

笔者数年来观测“命局”颇多，但凡见四柱天干“五凶神”有其一列立，未得制化者，多为“贫下”之命；而五吉神为用，日干稍为有气，即是小富小贵之命。此“五吉五凶”，在命中大运流年遇之亦然。故在此亦特别强调。

三、龙、山、命在日课中要得禄、马、贵、长生、文昌、天月二德、紫白等吉星神煞则更吉。

这就涉及到“丛辰法”中的“神煞”理论，亦是颇为复杂。总之，“禄、马、贵”要合得命主之真禄、真马、真贵为上吉；如又合得太岁之真禄、真马、真贵到方，更吉不可言！

笔者在此还提出自己的一个观点：

作阴宅，即葬坟，所选时辰不必去配死者的八字（仙命），只须考虑葬期的吉用神即可。笔者认为：死者已逝，再拿其阳寿的生辰去考虑葬期之吉凶，是毫无意义的。换一个角度来说，葬期就如同赋予了该死者一个新的“生命”。

补龙、扶山是必须考虑的。葬期（日课）的意义，即是起“催发”之作用！可催龙、催砂、催水等。未听说可以去“催”死人之命的。

今天下诸多搞风水的，不从原理上去思考，看书亦不求甚解，人云亦云。写些书出来，外行看得津津有味，明眼人一看，不知所云。

最后，说点题外话：家父当年跟先师学择日理论时，就问老师：会算八字，对择日有没有用？老师说：当然最好是算得来八字！

笔者后来看先师留下的“秘本”上，有许多算命的“断诀”：如一人得了（重）病会不会死，死于双日还是单日；先死父亲还是母亲；以及出生之时辰不准如何推测等。知先师必是懂得算命之术的。

命理亦是深奥无底。故用正五行法择日，犹要精于命理，否则容易弄巧成拙。

总结：

笔者在择日时，通常思路是：首先会考虑该日课是否能合得“师传秘法”之吉星到宫，再运用如“正五行（造命）法”，考虑该日课是否旺相，再配合“从辰法”考虑是否有“禄马贵”或“天月二德”等吉星到山或到向。当然，有“紫白”之吉星到宫更妙。如再加上“易理日课法”，用于催财、催丁、催贵方面，则更具速发作用。

所以说：“择日”是一项系统而又繁琐的工作，选一个好日子，往往要用上四五种择日理论，有时甚至更多。单用一种理论是考虑不周全的。

至于“天星”日课，笔者试用了几次，皆因“动作”太大，也不敢再轻用了。如一次为一亲戚开院门（该阳宅为丑山未向，未水朝来），三日后一场雷阵雨，一个炸雷把该房的屋顶击出了一个大洞（大概是因电表漏电之故），所幸无人员伤亡。不过，之后该家一切顺利，此人之子在未开院门之前，因开公司经营不善倒闭而欠债十余万，开院门之后找到了一份高薪工作。应了古话“雷击而兴”之说。

再闲话一事：笔者近期曾为一人选了一个开张的日子，该人可能信不过，又另花大价钱去找高人重选了一个时间，笔者看了一下，见上面写有“金匮神、大吉大利”字样，回头一查，才知用的是“青龙掌”所算。“青龙掌”先师也传有，是择日入门之学，其所算出的吉星，就是黄历书上所言的“黄道吉日”，与“除建十二神”一致。先师传有家父更高级的择日法，所以“青龙掌”笔者几乎不用。后听其开张后，被有关部门罚款十五万。

谈到这儿，笔者又想起家父讲过的一件事：

有一人，慕名前往先师处，准备拜师学习。路中遇见一个熟人，言及先师。该熟人说：“那个刘老师，听说给人选一个修猪圈的‘期会’都要不得，不是‘三煞’，就是‘破日’，你还去拜他为师？”此人于是打道回府。多年后，此人与家父谈起此事，颇为后悔。

顺便再聊一句——先师曾言：农村人家，首先是猪圈一定要修得好，猪“健康成长”，则家业自可兴旺！意思是：六畜兴旺，有了钱，才能供得起小孩读书。家父见过不少的农村家庭，养点猪都“不干事”（不是生病就是不肯长等等）。

修造猪住的地方尚且要如此考究，还要选地方看日子，何况人住的“阳宅”和“阴宅”呢？你说“风水”重不重要？“择日”重不重要？

对于择日，家父还曾听一个“同行”自言到：我多年来与人择日，选的尽是诸如“禄马贵”、“罗天大进”、“黄道吉日”等好日子给别人，也未见有发迹之象，不知何故？家父也只能笑笑了之：真选一个“红沙”或“三煞”的日子给他，吓都吓坏了，哪里敢用。

风水学之中，岂独此“择日”也！（真点一个好地给他，他还会说：没看别人有这等做法。）

“择日”之学，最是纷繁复杂，各说各理。

至于奇门、六壬以及乌兔太阳、七政四余等择日方法，因篇幅较多，不再叙述。有人言世面之斗首择日不真，笔者未深入研究，不敢多言。见师传《总要》上好象没有记载。其他如“玄空大卦”、“抽爻剥卦”日课等，皆非笔者所长，更不敢言之。

第八章　阳宅风水理论

第一节　浅论现代城市阳宅风水

阳宅，广而言之，就是所有住“活人”的场所，大到一个城市，小到每家每户。

阳宅的要点是：大方面言，要有山有水，适宜居住；小方面言，要采光通气，布局合理。

一个城市的形成，最初也是由一户一村，到一镇一县而逐渐形成的。先民在考虑居住环境时，首要因素即是“有山有水，交通便利”。无山则无法避风，无水则无法生活；交通不便，则无法发展。

风水理论的基本要点就是“避风就水”，风水理论有云：“水浅者民多贫，水深者民多福。”纵观中国的地理经济，还是比较吻合这一观点的。

对于一家一户的阳宅，首要是“采光通气”。从风水角度所言的“合理布局”，也是为“采光通气”服务的。“合理布局”所获得的，就是一个对所住之人有益的“气场”。

阳宅按大环境还可分为农村住宅和城市住房。如前所言，农村之单门独户，在注重内部“门灶”装配的同时，更要注重外部的“龙穴砂水”。

按当下的诸多风水理论，认为：

城市楼房一般可不去考虑“龙穴砂水向”等风水因素，只要外部环境基本过得去，主要讲究“内部布局”。

笔者对此持有不同的看法。故对城市阳宅之风水，提出以下观点：

城市阳宅并非不讲究“龙穴”，而是“龙穴”已在其中。盖一个城市所在之地，必是龙脉所结穴之处。风水理论有云：“大地为京畿重地，中地为省会都府，小地为城镇乡村。”

所谓大地，就是大龙脉所结之大穴地。该穴地历经岁月，而成“京畿都城”，必有其理在内也。

城市阳宅的立向，如能与此地之大龙脉相合，才可称得上大吉！缩小而言之，犹如农村之住宅要考虑龙脉一样。

笔者先讲一个事例来说明：

离笔者老家不远，有甲乙两镇，经笔者家父多年观察：凡在甲镇任镇级干部的，最后大都升迁到县里；而在乙镇任过职的，不是身体健康出问题，就是或这或那出问题，难得升迁不说，而且时有因事“下台”者。

家父曾去考察过甲镇的镇政府所在地，该办公大楼修建在犹如一匹马形山脉的“马头”之上，且立向亦合符龙穴之法度。而考察乙镇，则非。

那如何才能知该城镇或城市的龙脉走向呢？其实并不难。一个城市无论大小，附近必有山脉，择其“主干”测之，即明也。

当然，城市一般小区内家居楼房确实是无法考虑“龙穴”的，因为整片楼房在建造时，朝向已经定了。城市楼房朝向大都是坐北朝南，从八卦言，即坐坎向离，不是“子山午向”，就是“壬山丙向”或“癸山丁向”（要注意的是：立向最好不要“骑缝”）。从风水角度言之，则更应注重整体的布局，如开好出入大门等。

但独立的办公场所（如政府机构）及独立商铺、私房、别墅等的朝向，是可以考虑与龙脉相合的。如不合，则可“改”为合。

要如何改呢？这就是笔者在前面所言：用阴阳二宅“改向”之法。

换言之，若一片房地产（特别是办公场所），在建造的就考虑将朝向与此地之主龙脉相合，则为上上大吉！方法其实很简单，就是——下好奠基石。

否则，笔者认为：只用诸如玄空理论，无论如何“飞星”，真要见大吉，亦难矣。

为何？

阳宅之向与龙脉不合，即“地”之气脉不通，“天”之气再合（飞星仅理“天气”），效亦不大！

顺便提一点，按古人之阳宅风水理论，认为：

一个城市之风水重点，首要是在政府办公之地。政府办公之地若风水好，不仅对官员升迁有利，而且对此地百姓亦是大有好处。（可观古人之《阳宅三要》一书）

但笔者近日看到一篇报道：某省某一国家级贫困县，居然花费近亿元，修建豪华的政府办公大楼，并请了所谓的“风水大师”来布局：将原来耗资数千万元修好的一条马路，说是因为直冲政府大门，就砸毁掉，又修了什么牌坊来挡煞，广场上搞了什么“聚宝盆”、“龙眼”、“怪兽”等等。总之，耗资巨大不说，还搞得不伦不类，最后天怒人怨——老百姓骂，媒体爆光。政府官员狼狈不堪。

这哪是在做风水，这是让官员下台。活该这班不顾民生的无德官员遇上了这样的“大师”。

政府办公之地，只要立向无差，布局合理，何需豪华。官员若心系民生，自有福德，何需外求假象！

笔者一日见国内某“易学大师”著书自说：曾为某市与某市的政府机构布局风水。后这二市皆有无数官员因贪污落职入狱，其中之一更是全国所闻名。也许这只是巧合，或自有“天意”在内吧。“法网恢恢”，自古言风水者，必先言积德。

总之，笔者认为：城市阳宅风水，特别是独立办公大楼，也应讲究“龙穴砂水向”，且“立向”时考虑“龙脉”，是重中之重！家居风水，无法考虑龙穴时，则内部门、灶、床等的布局，一定要合理。

第二节　增补《阳宅三要》原序等篇

讲阳宅内部门、主、灶、床等内部装配的风水理论，莫过于《阳宅三要》。是书最为世人所熟悉，为清乾隆年间滏阳（查：有滏阳河，在河北省西南部）赵九峰所著。

笔者有幸得到一本古印的《阳宅三要》，观其序言，为乾隆五十一年“木衙藏板”（非“版”字）书载：北直磁州赵廷栋玉材氏著。

笔者将里面内容与现行版比较，发现基本无别；惟该古印本前面有“序言”及“碎金歌”、“送九峰赵老师（辞）仕归里”诗三首等，为现行版所无，特整理后滋录于下，以供广大风水爱好者一观。

（注：（）为模糊不清之字，笔者拟之。）

一、（原）序

阳宅不外乎地理，而地理难概乎阳宅。盖龙穴砂水，阴宅虽与阳宅从同，而布卦穿宫，阳宅自与阴宅各异。阳宅之法，可不讲哉。

吾师玉材赵公，于《地理五诀》既成后，复谋阳宅善本，取坊间大全，必用《玉辇什书》、《三才发秘》、《开门放水》、《门楼悬鉴》等集，着一披寻。见其文理虽优，未中肯要，即相（延）（成）基，间合形势而得此失彼，吉凶混淆，（终）不足以利民生，而启世惑。

爰体圣天子善世宜民之心，本《竹节摇鞭》诸赋，以门配主，以门配灶，斟酌至是，图注详明，此其提纲挈领，要言不烦。

视前人之言，多掩义闭秘，未明者，不有问乎？名曰三要，盖示人知“门主灶”为阳宅所重，而地理之不可概阳宅也。

时　乾隆五十一年　丙午小阳月中浣（中旬）

四川成都府彭县受业　王庸弼梦亭氏　谨识

二、碎金歌

碎金歌，碎金歌，阳宅微妙尽包罗，此是救贫真妙诀，我今道出惠人多。一六水位居北，二七火位居南，三八为东木位全，四九金方分乾兑，上数五十在中间，阴土寄坤阳寄艮，后天八卦位当然。九星本位为升殿，若逢生出吉炎炎，间奴更能无克制，五行五色配兼完，诚能一一遵法式，鸣珂佩玉凤池边。

看阳宅，分城乡，城内只要宅合法，乡村砂水一同详。宅纯阴必伤阳，宅纯阳必损阴，阴阳须要配合匀。（借）天问法端正好，丈尺须在五行讨，时师正斜要分（清），（无）耳招谗清静少。（下注：如坎宅大门高一丈六尺或一丈六（寸），宽宜六尺或六尺六寸，忌三八木数类，更宜正开，断匕不宜斜，（切）误以用山向分金为说。）

主房中，吉祥（乘），开了后门泄真气，若不冷退定损财，从今说破君须记。

论厕房，忌乾方，天门不吉首生疮，吉星（召）焕佛头粪，五鬼运财第一良，循吏亦能蓄宝玉，还有清廉姓名香。

六畜栏，忌在寅，要居三个大吉星，不信试去人家验，不合法时畜不生。

同居宅，门主灶，不必房房尽合窍，试看钟鸣鼎食家，子孙马遂人人好，倘若分（伙）或寄居，合得门时福即到。（我）曾一宅断十家，家家祸福如预告。

东西命，不须（拘）泥，只要吉宅便堪居，那（哪）见某房儿不在，孙儿父子另院楼。

漏胎井，正房后，面前又是眼多咎，劝君鉴（建）在天医方，不惟无疾人多寿。

人纯正，好施财，邻里无端毁（诽）谤来，只为房后安碾磨，粼粼锯齿咒诅开。

凡开门，必正面，横头开了多争辩，旧添新榫（门上的接头）亦不（良），（）厦拖麻凶易验。

主房高，名得位，后层过低财不聚，语云心高财不归，（只）见倍出入不倍。

后厢房，莫教有，两边有时名推车，（拽）主定无疑。

两披厦，南省多，也只平平仅可过，惟在北省却不利，马劣车伤事坎坷。

无果树，杂色花，堂前不可乱栽插，女人气感防月事，（延）期致病每有差。

（）（）房，中直卧，上（）天井人下座，市厘（）便往（），修宅主逃则必破。

语虽俗，句句真，东西得位祸还轻，若然卦位又混杂，依诀断来验如神。

原委论，阐根源，碎金歌，包巨细，的是救贫真心事，救得世上无贫人，携手好向瀛洲去。

阳宅自黄石公杨救贫而后，著述颇繁，非不至详，且悉而验之，多难响应，非古人传法之讹，盖后人只知执其（诀）而不知用中也。

自吾师揭出“各具一太极”之妙源，十（余）年来遵而行之，上证于羲文之图、洪范之畴，下验于（黎）民细致之事，无不一一吻合，因作原委，论碎金歌以（见），何莫非大道，也（兀）之流。布其条目，备细载在《三要》全书。

自记。

三、送九峰赵老师（辞）仕归里三首

堪舆至道法先天，
识得源头即是仙；
太极氤氲含众妙，
元关合辟育真诠；
往来姤复分龙虎，
逆顺阴阳奠岳川；
慢说杨公乘鹤去，

救贫心事赖师传。

天公计算甚清真，
救得贫多自不贫；
秘诀已传诸弟子，
新书更扬普同人；
立言爽直高文藻，
阐瑞精微动鬼神；
百世芳名钦仰众，
馨香倍胜一官荣。

锦江东郭送行舟，
满目离情起客愁；
一日师徒犹父子，
八年提命费搜求；
谈心古刹宵连且，
传法舟山夏继秋；
此后身遥神自一，
救贫心事总同谋。

笔者按："救得贫多自不贫"一句，颇为感慨——自己都救不了自己的"贫"，学风水何用也。

所以，关于赵九峰，笔者要说几句：

地理之学，自赵九峰《地理五诀》、《阳宅三要》出后，天下学者、术者无不遵之；赵九峰于三合派之"功劳"堪与蒋大鸿于三元派相媲美。

然，民间用"长生水法"而发富贵者极少，相反，败绝者甚多，如同三元派一百余家，谁真谁假只有"天"才知道，发不发只有"自己"知道一样。说明赵九峰所言理论值得怀疑！

但我们细细品味以上第一道诗，就会发现其中有大秘密："堪舆至道法先天，识得源头即是仙"，细读《地理五诀》、《阳宅三要》，赵九峰讲有先天八卦吗？"往来姤复分龙虎，逆顺阴阳奠岳川"，姤、复是六十四卦之名；逆顺阴阳，无非指阴阳顺逆；而赵九峰得著二书，只字未提有"六十四卦"和"阴阳顺逆"的概念。

由此，笔者推断：赵九峰抛出的书是"皮毛"之学；或者说是"传书未传诀"。

如其"明知而故犯"，则罪莫大焉！连杨公之名亦被其拖累也。

盖，笔者所知，杨公青囊诸经中所言之"长生法"，第一，要分阴阳顺逆推算；第二，是用于先天之气，非用于后天之形。

第三节 阳宅经典理论篇导读

阳宅理论，除《阳宅三要》外，笔者观《入地眼全书》后之阳宅卷篇，虽语句不多，但简明扼要，义理精深；若细心体会，于阳宅之法可无余蕴。笔者细观其末之《元髓经》，尤文辞优美，易理深髓，今摘录于下，试导读之。读者若用心明了，可不疑笔者后面所言"师传宅法"之真也。

《元髓经》

大哉居乎，民生攸紧。门户辨阴阳之路，气口分祸福之机。八卦统宗廿四向，元神方属四正隅。宅依五行而立，星翻九曜而推。元神定而恩仇已彰，来路设而吉凶始见。岑（cen 义：小而高的山）高为体，气口为用，生比为恩，克制为仇。体有吉凶，而化凶顽为役使者，机运于恩星。用无定在，而拨生旺于休囚者，权归于气口。完元不可损伤，用神最宜健旺。

释义： 说阳宅，是人日常所居，所以（布局得）好不好，对人的影响很大。一个阳宅的"门路"，就是"气口"，可以定一宅之祸福。八卦分二十四（山）向，"元神"在四正卦（坎离震兑）和四隅卦（乾坤艮巽）——二十四个方位。宅之属性无非（金木水火土）五行，“游星”就是（贪巨禄文廉武破辅弼）九曜。

恩星，就是九曜之贪巨武辅弼五星，也就是“大游年歌”的“生延天伏”四方。仇星，就是禄文廉破四星，即“五六祸绝”四方。

依“元神”来定恩仇之星，依“门路”来见吉凶之兆。

体，整个宅院之高处为体——即是“主”；“门路”是气口，为用。体用（主门）要相生比合——就是恩，吉；主门相克就是仇，凶。主不吉，可以通过开吉门去化解；门没有固定位置，要看是不是开在生旺之方。谁的生旺方？——“元神”的生旺之方。

完整的“元神”不可去损伤；用神——体用的“用”之神要健旺。

“元神”是什么？元神就是主。

古时把多层的宅院，称动宅或化宅，以整体中高大者所在之方为主；单层的房屋，如民间的单门独户，或现代城市里的楼房，叫静宅，主就是该宅的山向之坐山。

《阳宅三要》开篇即言：（摘古本，现行本多有误字，标点段落亦多有误。）

夫曰：“三者何？”门、主、灶也。门乃由之路，主乃居之所，灶乃食之方。

阳宅先看大门，次看主房。门、厨有东四西四之分，而主房却无定位，高大者即是。只要门主相生，即以吉断，相克即以凶断，此看阳宅必然之理也。至于厨灶，乃养生之所，所关甚大：第一，与门相生；其次，与主相生。若仅以厨灶为重，直断祸福，轻去门主生克之理，亦非定论。须要门主灶三者各得其所，门生主，主生灶，灶生门，三者互生无克，或相比和，又合宅主之生命福元，则人丁大旺，福寿双全。

黄石公杨救贫深得此理，有心斯道者，不必矜（jin，自夸）奇立异，惟是熟读游年，强识八宅，默会五行生克之理、阴阳配合之理，则阳宅之道，思过半矣。

由上我们可看出：阳宅之法，首论“门主相生”。门为一宅之气口，对该宅之吉凶起着决定性的作用。《元髓经》通篇阐述的就是“门主相生”之法。

门宅相生相比，而又遇恩光主照，乃名进气之居。门宅或克或泄，而又寓仇难当全，是为退气之宅。绝处逢生，吉凶相半；旺处逢绝，吉少凶多。是以元神宜补以恩星，仇难当和以吉曜。宅有化气，小人道消；宅无死气，君子道长。逢恩不发，盖缘恩落仇宫；遇难不伤，因有恩星橐（tuo,口袋）钥。一贵当权，诸凶尽伏。

释义：此段进一步阐述了门与（主）宅相生比和的重要性。所谓“一贵当权，诸凶尽伏”，即言“门”之重要。

木入坎宫，凤池身贵之征；金居兑位，乌府名高之应。金取土培，火宜木相。水泄金枯，坎癸无恩于西兑；火炎土燥，艮坤何乐于南离？此东四之所以分，而西四之各自为偶（伴侣）也。

释义：此论东四卦与西四卦之间的相配。

有人说：“八宅派”理论过于简单，不如今之“玄空”精细。试问：古人把宇宙中一切事物只分为“阴与阳”两类，岂不是更简单了？“大道至简”的道理都不懂得，就胡乱批评，恐有失公允。

“凤池身贵”与“乌府名高”，玄空紫白诀上也有同样的词句。

然四宅之成交，因取相济而相比；乃八卦之配合，亦自有假而有真。是以天地定位，此老阴之土生纯阳之金也。若坤配兑女，则庶妾难投寡母之欢心。山泽通气，此少男之精结少女之胎也。若艮配乾金则鳏居，岂有发生之机括？坤艮适遇比之情，乾兑亦假邻之谊。若夫雷风相薄，双木取成林之象；水火不相射，坎离成既济之功。水木相生，则水为木气之主；木火通明，则木乃火神之根。

释义：此言四卦之间的配合，亦有真有假。乾坤、艮兑、坎离、震巽之配，是正配，故更佳。坤兑纯阴，乾艮纯阳，皆不佳。坤艮与乾兑，为假借，尚可。其中比喻甚为形象！

巽木为离宫之火，其散也成风，终一发而即衰；震阳生南离之焰，其聚也成雷，必闻声而不已。坎与震为暂交，巽与离为假合。艮之元神无恩星，以兑金为傍城，借主而玉蕴山辉；坎之主气无育地，用巽尤为借体，筑基而风恬水静。真合者宅元之正体，假合者作先之权宜。

释义：此言巽离、震离、坎震之配不佳，艮兑与坎巽之配甚佳。

阳宅理论很难学吗？一篇《元髓经》就讲完了。此重点论“门与主”，床、灶、命同理推之，阳宅之法尽也。

第四节　师传之阳宅理论初探

《刘氏家传地理总要》之开篇，即言阳宅之法：

门主灶位灶口床，五样命宫大吉祥；
如不合将床灶口，向命天医和吉方；
东四命合东四卦，西四命宫西四同。

意思是：门、主、灶位、灶口、床位，这五样再加上所住人的命宫，如果都能合得“东四卦”（震、巽、坎、离）或“西四卦”（乾、坤、艮、兑），则大吉祥。

如果不合，就将门、灶位（口）与床位，调向命之天医等吉方，即可也。

“主”的含义在前面谈过了，有人以“八宅派”的“主”不知指何，就说“八宅”理论不行，真是有点莫名其妙，你不知是你的事，关“八宅派”本身有什么关系？

门：农村阳宅，就是俗称的“漕门”，就是一个房子之屋外进出的路

(台阶）的位置，有围墙的指具体开门的位置。

城市阳宅之门：商铺有台阶，以台阶位置算；无台阶，以开门位置算。工厂、学校以出入大门算，楼盘以整个小区出入大门算，家居以自家的大门算。

“东四命合东四卦，西四命宫西四同”，是指人的命宫最好能与主、门、灶、床、灶口、床口等，皆能合得东四卦或西四卦。

其中：西四宅（命）以延年方最吉，天医为中吉，贪狼为次吉；东四宅（命）以贪狼为最吉，延年为中吉，天医为次吉。

“大游年歌”的起法：用翻卦掌，以坐山（或命宫）之对宫起“生五延六祸天绝伏”。此与书上大游年歌所配相同，省了去背大游年歌。

举例：一阳宅，山向之坐山为庚（宅主），属兑卦，对宫乾宫起生、离宫五鬼、艮延年、巽六煞、坎祸害、坤天医、震绝命、兑伏位。

师传口诀：

贪狼生气属木星，一夜之上人财兴；
天医巨门属土星，五十天内除病根；
延年武曲属金星，日日进财把寿增；
伏位辅弼万事吉，天医更佳最属灵。

一、阳宅太极点的选择

在阳宅风水布局的实践中，太极点（下罗盘）位置的选择十分重要，笔者将多年的一些心得总结如下，与爱好者们探讨。

1. 农村阳宅比较方正的房子（长方形，堂屋在正中），应在整个阳宅的中心点下罗盘。左右有偏房、屋前有晒坝的，要算入整个房子的面积。确定好整个房子面积的四个角，划交叉线，再将交叉点正对堂屋中间下石的中心点，这个重合点就是整个阳宅的中心点。

2. 农村阳宅有的堂屋（正屋）偏在一边，以堂屋正中对出的屋檐滴水处，再考虑外部面积适当进退，确定中心点下罗盘。建造时有下石的，以下石正中位置对出为准。堂屋，就是“主”。

3. 城市阳宅，无论家居、商铺、工厂、楼盘，都以整体之中心点下罗盘，就是以整体的中心点为太极点。

4. 用地盘立好向后，以“地盘”上字的方位来确定开门、打灶的位置。因为门、灶、床是阳宅的内六事，故用地盘。收砂纳水是外六事，才用人盘和天盘。此点十分重要，很多人是用天盘，古代阳宅“天井放水”之位，才用天盘。

5. 有民间用法：开（漕）门在屋檐下下罗盘，找打灶的方位则在堂屋中间下罗盘。这种作法，笔者认为是错的：阳宅是一个整体，门、主、灶是讲的一个整体内部布局。开厨房门才以厨房间中心点下罗盘，这才叫“一屋一太极”。

6. 古人在多处下罗盘，是动宅、化宅的用法。现农村单门独户和城市家居楼房，都是静宅，故只有一个太极点。

二、阳宅之门灶“装内水”秘法

伏位天医无祸殃，延年生气主吉祥；
五鬼廉贞壬癸水，相逢六畜有惊惶；
绝命定伤人共口，祸害临之定不良；
此是八门灾殃诀，后套九星细推详。

注：《阳宅三要》上此段歌诀是“九星吉凶歌”，关键是最后一段，书上是“此是九星灾殃诀，后学广览细推详。”世人不知此段歌诀的具体用处。先师点明：这是阳宅开门（含打灶）“装内水”的歌诀——“此是八门灾殃诀，后套九星细推详。”

先师并言：“阳宅装有内水，比去收外水的效力还要大!”

笔者要说明一点：所谓“装内水”，不是指现“玄空”之“财星”在何处，即在那里布置一个养鱼缸什么的。

笔者提示：宇宙为一大太极，阴阳二宅为一小太极，外水法用于内，即内水法也。

三、笔者近期的几个阳宅实例

2009年5月，笔者回四川老家看望父母，有几个亲戚请笔者前去做客，顺便请笔者帮他们“看看”阳宅风水，笔者摘选其中较典型之三例如下：

1. 一庚山甲向阳宅，乙方有出入路，外有电线杆，2009年巳月，主人的父亲突发脑溢血，治疗花费一万多元。后笔者建议：将乙方路封闭，漕门改在寅方。改后现一切顺利。

2. 一甲山庚向阳宅，房子右侧后方有路，在丑方，为六煞文曲水方；前无具体出入路。今年丑年辰月，家中儿子骑摩拖车出行，将人撞伤，伤者要索赔三万多，最后找关系说和，赔了一万多。后笔者建议：将漕门开在丁方，改后顺利。

3. 一丑山未向阳宅，2005年在巳方修有摩拖车道，为绝命金方，2006年丙戌年酉月，男主人骑摩拖车摔倒，手脚严重摔伤，医好后现一只脚约短，成伤残。2008年（戊子）3月（农历卯月），女主人外出又跌倒摔伤；7月（农历未月），男主人查出得肺结核；亥月开始，所养猪连续死了4、5只，鸭子飞出去落地就死。可谓“倒霉透顶”！

笔者认为：该宅开两个中门（原是两兄第合住的房子，一人搬走，故有两个堂屋），属于主不定。

书云：主为伏位方，属辅弼星，随门、路、灶的吉凶而应吉凶。此点务必注意。

一宅一主也同论，只要门路灶有一凶，辅弼也应凶。

后听本人建议：将巳方路封闭不走，并封闭一大门，漕门路改为“未”方对出，再转兑方，并选了上好的日课去做，后又在“亥”方重新安灶，现家里一切已好转。

笔者将上例出事之应期详明，读者可细心琢磨。（后记：以上的那家人原来家里喂的猪一直不怎么肯吃东西，长得自然慢；前几天听家父来电说，现在那家人的猪肯吃得很，只只肥滚滚的。真是奇怪，莫非“亥”方安灶也能管着猪？)

城市阳宅实例太多，今只举一二：

2009 年 11 月，笔者前往广州时，顺便为某朋友看阳宅，该友在某厅上班。笔者观其灶位不对，与其命宫亦不合，就建议他调整一下。后该友按笔者所选日课去做，没过多久，打电话给笔者说：“感觉家里舒服了很多，做事也顺多了。”并言升职有望。后，该友从 50 名竞选人中脱颖而出，顺利升职。

前几日，帮市里一位朋友买房做参考，该友之姐顺便请笔者上她家看看。城市阳宅多为坐北朝南，即坎山离向。笔者见其厨房在艮方，且与其夫妻二人的命宫皆不合，就说：“你们自搬进该房后，是否夫妻二人经常因小事拌嘴？”其人言：“是的，有时自己都觉得莫名其妙。”

城市阳宅受户型所限，门及厨房的位置很难达到如愿，但灶位（口）与床位（口），还是可以具体作些“文章”的。

总之，门、主、灶、床、灶口与命，六样能合三样以上，方可言阳宅之吉。若配有“内水”，则更吉也。

所以，笔者通过实践，证明：《阳宅三要》所讲“东西四宅”理论是有效的。

笔者家父在民间用“八宅派”理论为人布局或改造阳宅之门、路、灶，几十年了，都有很好的效果。

当然，日课配合也很重要——日课之用，即“催发”之功也！

还有，笔者见有如此理论，言：“灶要打在宅之凶方才吉。”先师与家父及笔者都没有这样的实践，不敢言其对错。

第九章　风水杂篇

第一节　浅谈符咒术与风水

符咒术，属于“神秘”的道教文化之一，也是最易跟所谓“迷信”搭上关系的学说。通过了解符咒术，可知其并非“迷信”的同时，也可了解到风水与道教、佛教理论的某些联系。

中国社会科学院研究员、博士生导师胡孚琛先生，在《四库术数丛刊》序言中言道：

“我本是研究自然科学的学者，由于对内丹学的兴趣，遂接受钱学森教授的建议，改行到中国社会科学院研究道家和道教，至今不觉过去二十余年。方技术数学和丹道性命学都是新道学文化的重要支柱……”

胡先生在文中提道：“哲学和术数学分别是道学的两条腿……在中国历史上，术数学是历朝历代政治家、军事家、谋略家的必修课，为帝王师的姜子牙、张良、诸葛亮、李靖、李淳风、李泌、刘伯温等都是精通术数学的……”

胡先生又说：“我国自‘文革’以来崇尚西方十八世纪启蒙思想家早已落伍的‘科学主义’，将道教文化斥为‘封建迷信’，将术数学斥为‘伪科学’，术数学的研究一变为‘说无易，说有难’……”

序中并引用《意识革命》（中译本由社会科学文献出版社 2001 年出版）一书中所言：

“科学有崇高的威望，但人们（经常）所说的科学，指的是惟物主义一元论主导的牛顿——笛卡儿范式的科学。这种思维方式，不论从个人的角度，还是集体的角度，都会导致可怕的后果——西方‘惟物质’发展理论，导致形成聚敛钱财、贪得无厌的物质主义价值观，以及相互竞争、弱肉强食的个人利己主义人生观，结果必然导致环境污染、人口爆炸、物种灭绝、资源匮乏等地球生态危机。这就是为什么我们必须把深刻的内心改变和对过时的科学世界观的彻底修正结合起来的原因。”

序中并言：“西方自然科学只研究物质运动，忽视人的心灵、意识等精神的层面，缺少直觉、灵感、超感官知觉等非正常状态心理学的研究……通过人类心灵的修炼和生命体验，将促使人类发生‘意识革命’，使人类变得更宽容，更有爱心……避免地球生态的大劫难。”

胡先生接着说：“中国的道学文化，特别是其中富有天人交通灵性的丹道和术数，恰是中华文明的智慧之花，是中华民族免除生态劫难的福音。”

胡先生言：“我在中国社会科学出版社1995年出版的《中华道教大辞典》中，已将‘内丹学’和‘符箓、法术及占验术数’列入其中。在萧克将军主编的《中华文化通志》中，我亦将内丹学和占验术数收入《道教志》，此书经过中央有关部门多次审查及国家认定（上海人民出版1998年出版）。”

观胡先生以上所说，可知：道家之符咒及内丹之术，其中是深有道理在的。笔者在此引用胡先生的著作，对胡先生表示感谢。

符咒术，就是“符箓和法术”的统称，“符”是具有“法力”之人所画的“符箓”，“咒”是“咒语”之意，是法术之专用语言。符咒术一般是指道教理论之所有。

风水术，亦是中国传统术数类文化中之一种学术。其作用于阴阳二宅（葬死人与住活人）之理论，皆是以达到“天人合一”为最终目的。风水学认为：感应由“气”而行，此气因“动”而生吉凶。

笔者理解的风水之“天人感应”，是元运（含择日）之“天气”，与龙穴（含阳宅）之“地气”，再与人（活人与死人）之“命运之气”，三“气”合一，达到天、地、人交感。这就是风水的全部功用！

如《葬经》云：“葬者乘生气也”及“人受体于父母，本骸得气，遗体（后代）受荫”等，都是讲的一个“气”字。

风水术中也有运用“符咒术”的：如催龙有“催龙符咒”，破龙脉有“断龙脉及破坟符咒”，择日中有“制月三煞符咒”，安财神有“请神符咒”及“开光符咒”等等。

笔者认为：这是行风水术中之有“道行”的人，借用“符咒”之力，以理顺或打通甚至破坏天人感应之气的，是风水术借用道教之成果，用之来作为风水的“辅助工具”。

风水术本身具备自己完整的一套理论体系，其核心精髓其实就是“易经八卦”在天文和地理之间的配合与运用。

如笔者所言之“形法”秘法，用之实践，真会让人无比佩服古代先贤之智慧，惊叹天地山川之奇妙——龙真穴的，穴内挖出的土色都不一样；而穴场无论在高山或是平地，人站其上，必定有“清风雅静”、“藏风聚气”的感觉；在该处举目四望，必能感觉到“山水”看起来特别协调，真是有“气象森严”、“气势非凡”之感！

现社会在大谈“和谐”，山水和谐，风水必好；反之，风水好，山水必和谐。

关于“符咒”与风水，笔者听家父讲了一个关于先师曾经运用“符咒”的故事：

一次，先师给一家人葬地，其家三兄弟以“车轮战术”有意将他灌醉，然后背着他到穴场，将“真穴”点了出来。葬后不久，该家三兄弟果然都很快发了迹，但却违背了当初给先师许下的“诺言”。

更为奇怪的是：自此穴葬后，先师的眼睛日见模糊。

一日，先师叫一名徒弟来到跟前，交给他一张“符咒”，并吩咐该徒弟到那座坟的后面挖一小洞，将“符咒”烧入并掩埋。第二天，该坟便无故坍塌了。

后先师的视力又恢复如初。

此事为该徒弟亲口讲给家父所听，后家父又去问老师，老师言：确有其事。

笔者按：民间历来有风水先生“穴点真了眼要瞎”之说。一日，笔者与二位爱好风水的朋友在一起闲聊，一位是四川巴中人，一位是河南信阳人，居然皆言当地有此等实例传闻。听得笔者心生“惧意”。看来，风水术中确还有许多神奇不解之处。后记：笔者后来与余师叔聊天，余师叔还说起此事——那家人后来“恨”死了那位破坟的师伯，该师伯“黑锅”背得真是冤枉！

总之，“符咒”的力量还是很大的。

先师在传家父阴阳二宅“改向”秘法时，就传有“符咒”方面的秘法，并再三言之：“此法江湖已失传几百年了，效力极大，可谓一做就发，切不可轻用。”

后家父为人实践，确是效力非凡。

第二节　浅谈医理与风水

古有：命理、医理、地理，并称“三理”之说。

医理，在西医还未传入中国前，仅指中医而言。现代，医理应指一切有利于人类治疗疾病的方法。

下面，笔者讲一段医理与风水的故事：

笔者家父从二十多岁开始拜师学习中医（严格说是“中草医”），老师姓李。李老师年轻时曾是农村的木匠，木工活干得很漂亮。后来改行跟当地一位有名的中医老师学习医理。

这位中医老师的专长是专门医治“疑难杂症”。李老师虽然文化程度不高，但脑子灵活，记忆力特别好。他的老师后来要求李老师认真学习和研究一本医书，就是《医宗金鉴》。学中医的人都知道，该书是划时代集大成之作。笔者曾听一位“全国名老中医”言：能弄懂《医宗金鉴》，最起码是当地之第一名医！

李老师后来医术在当地确实很有名气，方圆三四十里的许多得了“疑难杂症”的病人都去找他，家里中午经常要开三四桌人的饭，多是远来的病人，还有几个徒弟。现在，李老师的好几个徒弟都是当地有名的医师，他其中的一个儿子也是。笔者家父虽然跟李老师学了几年医，却是老师最不成气的弟子。后来一不从医，二者更甚：改行学地理搞风水去了。

话说一次，有位林某因家中有人生病，来请李老师前去医治。林某是当时一家国营兵工大厂的总会计师，那时大约是在上世纪六七十年代左右。一来二往，大家便熟悉了。一天，林会计和李老师在路上边走边聊。

林会计问李老师："你医术这么厉害，懂不懂地理？"

李老师说："不懂，虽听人说起过，但没去学。"

林又问："那你觉得地理有没有道理在里面？"

李老师说："道理肯定有，但就是这么多年下来了，哪还有好地没被人葬掉的呢。"

林却说："那道未必。我爷爷和父亲也都是农民出身，我爷爷就学过些地理，记得小时候，见爷爷晒地理书籍，摆开来有两张大晒席那么多。爷爷死后，葬在他生前找好的一个地方，说是不错。现在，我们家一共有五弟兄，除大哥因需要留在家里以外，其余四弟兄都在外面工作，有在部队任师级干部的，有当市级干部的，我是级别最低的，才县团级。"

二人正好走到一处地方，林会计停下对李老师说："你看此地如何？还不是摆在这儿没人要。"

李老师也停下步来举目四望，发现该处山水看起来确实顺眼。李老师不禁问："怎么没人葬呢？"

林说："这里面可能有几种原因，一是该地方上没有高明的地理老师，没看出来；二是高明的老师故意不做，留下来的；三是虽看出来了，但此地不是你的地界所有，得之不到。不然大地都葬完了，哪还有留给我们后人看的呢？"

从此以后，李老师便开始留心起地理来了。

话说一次李老师给一家人治病，这家人祖上数代都是地理先生，家里有一个儿子得了像"肝腹水"一样的怪病，到处医也医不好。眼看人都快不行了，才寻访到李老师。老师前后花了近一年的时间，才终于把他儿子的病医好。那家人给儿子治病多年，本就没什么钱了。最后可能感觉无以为报，于是就对李老师说：“听说你也在学地理，我家有一本祖传下来不知已有多少代的地理书，我们一直用不来，也没传给其他徒弟，就把它送给你吧！”

但最后还附加了一个条件：让李老师再答应教会他一个儿子行医！

这本书就是本书所附录的《辅星水法》。

现在“辅星水法”已不稀罕了，好多地理书籍上都有记载。但本门所得《辅星水法》最大的特点，是阐明了“九星”的来由，且“断章”更为详细。书上言是“邵氏家藏”本，今已无法考证其真正出处。

在当时，搞风水是严重违背“政策”的事，故民间的地理书籍是少之又少。所以李老师当时毫不犹豫就答应下来，得之可谓如获至宝。拿回家后，苦心研究，终于可以运用自如。

后来，李老师也将此书传给家父及他的其他几个徒弟。

依家父了解，民间仅水法一门，现还在用不知对错的“长生水法”而不知“辅星水法”的地理师，尚大有人在呢。至于“玄空风水”之类，可能更是还听说过吧。

笔者此话并非虚谈，笔者舅舅在老家街上开有一小书店，也常进些算命风水之类的书来卖，笔者前些年回老家时，见他书架上有一套《沈氏玄空学》，摆了有二年多，竟无人问津，最后还是笔者买了拿给家父“研究”去了。听家父曾言：老家当地仅一乡村级范围，自称“懂”地理者就达三四十人之多，如以镇级来算，不知何数也。哎，天下多少地师也！

由此可知，先师刘天禄所学，若非家学渊源，是不可能知道“紫白”及“三元九运”的，更不要说“形法择”三家之精髓了。家父与先师后来谈到“辅星水法”，先师当即指出其中尚有“秘诀”在内。书上所言，亦非全对，照书操作，亦离“大地”差之甚远！

何故？

“大地”如仅依“水法”，是找不出来的！无论依何种“水法”所找之地，顶多看起来“像”而已！

然依“辅星水法”立向，最起码不会“害人”，多数可发小富小贵。能做到此点，亦是善莫大焉！

多少先贤苦口婆心，有的人就是一生不能领悟——做为地师，与人做作，一二十年下来，有没有效自己还不知道吗？知道没效还不去学习，不去找明师，做多了“害人”不说，还会自损阴德，何苦来哉！

后来，李老师也开始留心起医理与地理的关系来。

一次，某家之主妇不小心摔了一跤，手摔伤了，老师前去帮她医好。没过多久，该人又摔了一跤，还是伤的那个手。老师觉得有点奇怪，于是拿出罗盘来考察考察，结果发现该家的“槽门”（阳宅之进出路方向，俗称“槽门”）位置不好，就让该家把路另改了地方。该家后来果然“顺当”了很多，连“病痛”也少了。

李老师还发现，民间有大多数越是家景不好的家庭，越是容易有生病之人。有的医来医去，家里已穷得“叮当响”，老师去看病，一点药费也拿不出。

（笔者按：这跟当时社会大环境有关。边远农村，苦得很！笔者深有体会。总之，各行各业，相比而言，农民都是最苦的。家父说：当今社会之好，是他们这一辈人想也没想到的。并告之笔者：若所学，能“为国为家为人民”，则善莫大焉！看来，“国运”好，才是真的好啊！）

相反，越是家庭兴旺的，越是没什么“疑难杂症”。老师当时只能用一些风水理论去解释，帮人改改门路灶等等。渐渐的，李老师的地理之术也远近闻名了。

（笔者此说，并非表示“有病不去看医生”，或“风水可治百病”之意，切莫误解。）

所以家父后来认为：“医可救人，但无法改变其贫富贵贱！”于是醉心于地理而缀医理了。

关于医理与地理二者的关系，笔者是这样认为的：医理是“救命”之学，地理是“改命”之学，二者皆很重要！

今医学发达，有病亦不难医也，惟难医者，“懒”病耳！

第三节　赖布衣《催官篇》解读（节选）

《四库全书》云：臣等谨案：《催官篇》二卷，宋赖文俊撰。文俊字大素，处州人。尝官于建阳，好相地之术。弃职浪游，自号布衣子，故世称曰赖布衣。

所著有《绍兴大地八铃》及《三十六铃》，今俱未见……书中旧有注解，不知何人所作，阐发颇为详尽。其传已久，并录之以资考订焉。

乾隆四十六年十月恭校上

笔者曾见一易友在其书中讲到这么一段风水传奇故事：

相传宋朝徽宗年间，在江西定南县凤山岗，有一位名叫赖澄山的风水先生，饱读诗书，精通堪舆。

当地官府秦槐，在其父病危之际，为求子孙发迹，想请赖先生寻一吉地。又恐自己德行不彰，先生不允，于是设计诱骗赖澄山欠下巨债，逼他为其父寻得一处风水宝地。赖先生本想将计就计，谁知秦槐更为奸诈，怕赖先生在下葬时"做手脚"，于是临葬时逼赖先生发誓："若是败穴，先败赖家；若是绝穴，先绝赖家。"赖先生身家性命系在他人之手，无奈只得做真。

后秦槐之妻夜梦蝙蝠入肚，生下一子，名秦桧。赖先生悔恨之余，亦为自家先人寻得一处可出宰相之地。但在下葬之时，却因仆人内急，小便于穴后巨石之上，导致灵气受污，龙气大泄。先生对其子赖文俊叹曰："看来天意如此，你作不了宰相，只可为一代国师。"

时过境迁，赖文俊与秦桧又在朝中相遇。秦桧已身为太师，权倾朝野。赖文俊因在考场上将考卷换与邻坐一落难书生刘仲达，后刘考为状元，而赖却名落孙山。刘仲达为报恩，向皇上推荐赖文俊。皇上召见赖后，颇为赏识，留在身边，并封赖为国师。

秦桧后以皇上之命为名，骗赖文俊找到一处真龙大地，又使出各种手段，甚至不惜将赖之父亲的骨骸与其父的骨骸合葬，并故技重演，让赖文俊发下毒誓，以防赖作假。葬后，秦桧又欲意杀人灭口，从此赖文俊只好隐名埋姓，浪游天下。

秦桧凶霸朝纲，谗杀岳飞，做下不少灭绝天良之事。赖文俊终于不顾断子绝孙的重誓，历尽艰辛，破了那座合墓的龙脉。秦桧在众骂之中得怪病而死。风水史上从此多了一位“赖布衣”。

赖布衣在民间留下不少佳话和美丽的传说。相传昔日他曾从江西经广东韶关下南雄、英德、广州、东莞、深圳到达香港。广州“五羊城”据说就是他起的名，他当时还曾预言深圳与香港一带，数百年后必会富甲天下。

笔者去广西容县，也见到赖师在当地的风水题记：“南山金厍斗，九曲十八扭，谁人葬得着，芝麻官三斗……”让人神往。

相传赖师在广东英德时，曾留诗云：“我在英州二十年，无人识我地中仙……”，读来为之掬泪叹息。时也，命也。

一日，笔者静心阅读赖师之《催官篇》，发现赖师原文确实义理深髓，龙、穴、砂、水，行文层次分明。虽天星之名甚多，但寻得其意，亦不难理解。惟原文下方之“原注”，以笔者所学观之，多为错解，且语意前后矛盾，有的甚至不知所云。先贤数千年之心法，恐已被“屋里先生”所误，不胜虚吁！

笔者今试解读之，聊为抛砖之用。

现将二十四山（龙）所属天星之名列表于下：

罗经二十四山所属天星名称

壬：天辅、阴权、（天辅）

癸：阴光、（天汉）

艮：阳枢、阳极、天市、（凤阁）

甲：阴玑、（天统）

乙：天官、（天官）

巽：太乙、太微、阳璇、（太微）

丙：阴枢、赦文、（天贵）

丁：南极、（天柱）

坤：天钺、阳戈、玄戈、（宝盖）

庚：天汉、长庚、天潢、（天潢）

辛：天乙、阴璇、（天乙）

乾：天廊、阳机、天玑、（亢阳）

子：天垒、阳光、（帝座）

丑：天厨、金牛、斗牛、（天厨）

寅：天培、功曹、（天培）

卯：天命、阳衡、天冲、（将军）

辰：天罡、亢金、（天罡）

巳：天屏、（明堂）

午：太阳、阳权、（天马）

未：天常、金羊、鬼气、（天恒）

申：天关、传送、瑶光、（玉印）

酉：少微、阳关、阳阊、（华盖）

戌：天魁、文魁、河魁、（天魁）

亥：天皇、紫微、（天门）

注：艮纳丙，故艮为阳枢、丙为阴枢；巽纳辛，故巽为阳璇、辛为阴璇。（三合）罗盘太微在丙，经查《天文》：太微垣在轸宿，正对巽，似以巽为太微更宜。《催官篇》中所言太微在丙，为保持统一，笔者释义中仍用"太微在丙"。

（ ）中为今港制三元盘所列天星名称，可参照。惟三合盘天汉在庚，三元盘天汉在癸。释义中用"天汉在庚"。

北宋初年（宋太宗年间），有静道和尚，亦名托长老，著有《入地眼全书》，开篇即言"天星龙法"，与赖师此篇互有异同。相传赖师生于宋徽宗年间，故赖师较托长老晚生约二百年。

《催官篇》所论龙、穴、砂、水，及立向分金坐度，与托长老所言相比，更为实切细致，于风水的实践操作，亦更具指导意义。

笔者阅读《催官篇》，一边读，一边理解，有一个问题一直困扰笔者，那就是《催官篇》中所言的“左右”二字。笔者读到后面，有些句子苦思冥想多日，也不解其意，问题就出在“左右”二字上。

后通读全篇，终于悟得，并肯定：书中所言之“左”，在罗盘（或实际方位）上即是“右边”；同理，书中之“右”，在罗盘上即是“左边”。

这原来是跟古人看图的习惯有关，古人看图是“上南下北，左东右西”，即人是背北面南时，左手为东，右手为西，左手由下往上横举时，即为顺时针左旋。而我们今人看图是背南向北，即“上北下南，左西右东”，左手还是由下往上横举，我们说是往右。如把罗盘置于胸前，看亥龙（亥为背、巳在前），书中言“挨左加乾”，在罗盘上即是“挨右兼乾”。

此点甚为重要，否则《催官篇》的内容无从理解。为求统一，笔者释义中的“左右”，也依古书所言。但在罗盘上的实际方位是相反，读者不可不知也。

评龙篇

评阴龙

催官第一天皇龙，博龙换入天市东。
少微阳璇左关局，廉贞起祖峰崇崇。
右关廉贞降枢兑，变换太乙东南雄。
穴乘阳枢秉生气，或更受穴天皇宫。

注：十二阴龙：亥、庚、卯、巽、辛、艮、丙、酉、丁、巳、未、丑。

龙分三吉六秀，纳甲掌：坤宫之对宫起贪狼：艮丙贪狼木，巽辛巨门土，乾甲禄存土，壬寅午戌文曲水，庚亥卯未廉贞火，丁巳酉丑武曲金，癸申子辰破军金，坤乙辅弼土。此为罗盘天池外第二盘所列“贪、巨、禄”等。

庚、亥、卯为三吉，巽、辛、艮、丙、酉、丁为六秀，皆阴龙。

释义：中天北极紫微垣正临亥地，为天帝之最尊，故言：亥龙（或起祖）结穴为催官第一。观以下《评穴篇》言：亥穴为催官第一穴，可知：真龙穴的，立亥山巳向，为大贵之地。前提是：要天地自然生成才行，如果龙、砂、水与穴不合，强立此向，反有大凶。

有书载：紫微亥，主出王侯卿相；天市艮，主府库财帛；太微巽，主富贵寿考（此处言太微为巽）；少微酉，主威武权谋。

第一段：天皇亥龙往前行，（龙头）左转，成艮龙（天市在艮，位在东方）；或亥龙往前巽方（巽为阳璇，在前方）行，转成少微酉龙。酉在亥的左边，是谓“左关局”。廉贞起祖，广义应指庚亥卯未发源方有高崇山峰，此单指震（卯）方。

第二段：廉贞卯起祖往前右转，变换为艮龙（降枢，艮阳枢），或再转成酉龙（降兑）——龙往前入太乙巽方（非转成巽龙，是往巽方前行之意）再起顶转脉，变为亥龙，或结亥穴。此种变换为“右关局”，巽在卯之右。东南雄，是指在东南巽方起顶转脉，故言巽方有雄伟之砂。

特注：如亥龙要变成巽龙，龙头要往乾方，等于龙要倒转，在罗盘上是死角度，山也是不会这样生的。故以上言龙行巽，是指龙往东南巽方行走之意，非是亥龙转为巽龙。

故原注言：“亥艮入首博入兑巽者，皆上吉之龙”，又言“巽龙之贵”，非也！又言“左关局者，由穴逆推至祖，顺转之阳局；右关局者，自祖顺推至穴，逆行之阴局。”亦非也！如此理解，那全篇如此多的“左右”，又如何解释呢？“左右”，不过是左转右转、左边右边的意思。

“天皇太微为正向，阳枢穴癸为上龙。”

释义：“太微为正向”，非原注所言“亥龙来应立壬山丙向”；此应是指太微垣在巽巳丙方，与紫微垣正好正面相对，在其正前方位，即太微为紫微之明堂。

“阳枢穴癸为上龙”，最难理解。难在一“癸”字。原注为：“艮龙癸向”，即艮龙来应立丁山癸向。但此段《评龙篇》明明是在说“天皇龙”，此处言“阳枢穴”，又怎会扯到艮龙？赖师行文岂会如此颠倒不清？

所谓“阳枢穴”，就是艮穴，即是亥龙来立得起“艮山坤向”的穴。艮穴何来立癸向？

笔者反复思考，认为此是指：亥龙如结艮穴，立艮山坤向应左兼癸丑。艮山右丙寅、中正、左癸丑，一百二十之分金正好坐丁丑。（丁丑纳音水，亥龙本五行属水，癸者，水也。）

看下篇《论艮穴》有“催官第二穴宜癸，天市正气左耳冲”一句，也有一“癸”字。意思应是：天市之正气是从左边来的，所以应挨左兼癸丑，即“宜癸”。

总之，绝非艮龙应立丁山癸之意。立丁癸穴，小而且错。

考天下“丁癸”及“壬丙”山向，无论阴阳二宅，少有发富贵者，不信，请到民间一游。民间地师，多只会做“丁癸壬丙”。不得明师指点，又至死不悟，奈何！

原注言“亥龙应立丙向”与“艮龙应立癸向”，不知此原注者是谁，多半只是个“屋里先生”，如此解读《催官篇》，误害天下多少人也！

以上是笔者初读时的理解。

笔者通读全篇数遍之后，对赖师的行文著笔有了更加深刻的体会。笔者后来亲自去江西学习“杨、曾、赖、廖”先师的作品，又得高人指破“向法”，才终于明白：“阳枢穴癸为上龙”，并非是言“艮穴分金应兼癸丑”之意。

详见《评穴篇》中论亥龙“少微正向宜配丁”及论艮穴“催官第二穴宜癸”两段。

第四节 刘伯温的风水传说

相传在元朝时期，在浙江温州青田县南面150里的地方，有一脉连绵起伏的南田山，山下有一刘姓大族，在当地颇有名声。

这刘姓的祖先是汉朝开国皇帝刘邦，也不知传了多少代，到了宋代，刘族世代为将。宋钦宗靖康年间，有刘延庆，官至镇海军节度使，逢金兵进攻京城，刘延庆战死。他的儿子刘光世随高宗南渡，后官至太师，封扬国公。光世之子尧仁，由当时都城临安（杭州）迁往丽水竹洲乡，隐居不仕。其子刘集后定居青田县南田山的武阳村。

刘集之子刘濠，曾任南宋翰林掌书。刘濠之子名刘庭槐，刘庭槐有一子名刘爚（yuè）。刘濠慷慨好施，经常救济穷人，而且曾做过一件“大善德”之事：

有起义军抗元失败，元朝遣人搜索余党，有土豪借机诬陷无辜，牵连一万多人。刘濠得知消息，便依十岁孙子刘爚之计，将元朝使者邀至家中，用酒灌醉后，安置楼上休息；接着偷出捕人名单，简录200余人，然后一把火将楼烧毁。使者仓惶逃出，以为名单被烧，性命不保，哀求刘濠帮忙。刘濠遂将那200余人之名单交出，保全了万余人的性命。

后刘爚于45岁时，尚膝下无子，见邻人有葬亲后得子者，方才想起他父亲刘庭槐死前曾说过：要葬在南田山的主峰，有白鹤翱翔的古木之处。刘爚于是将其父骨骸从原葬处取出，烧成骨灰，历尽艰辛爬上主峰，将骨灰埋于一棵正好有一对硕大白鹤停歇的古木之下的洞中。（在这里，笔者顺便谈一下公墓和骨灰葬：家父言过——古人早就知道葬骨灰跟“活葬”是一样的效力！现在国家提倡公墓和火化，其政甚明——死人何必跟活人“抢地盘”，留点土地给子孙们吧！）

半月后，刘爚之夫人夜梦一浑身雪白之怪物，化成一粒圆珠飞入口中。刘夫人后得孕，于公元一三一一年二月初二日，生刘基，字伯温。

刘伯温自小聪明伶俐，拜当时有名的大儒郑复初为师学习。到刘伯温十四岁时，郑老师觉得已无可传授，于是让其赴县城参加秀才考试。

刘伯温入得城中，交遇一游方和尚，名慧圆法师。法师言与刘伯温之祖父刘庭槐是旧交，二人曾在铎长老处研习地理。

后慧圆法师传刘伯温地理之术，并传之其从铎长老处单传所得之《灵城精义》一书。

刘伯温一举考中秀才后，又在两年后十六岁时，考中举人。

话说一日，刘伯温在青田县西之石门书院一石壁前读书，不知不觉睡着，梦见石壁忽然裂开，他随即闯入。不知越过了多少崎岖和黑暗，眼前突然闪出一座光亮的方丈石屋，屋壁大书："石为基开"。刘伯温奋力一推，屋壁应手破裂，露出一只石匣，打开一看，见有古钞兵书四卷。伯温将其揣入怀中，急速出洞，刚出洞口，一声巨响，石壁砰然紧合如故。从梦中醒来，伯温对兵书竟然已烂熟于胸。（笔者去青田时，路过石门书院，在其河对岸观之，乃河边两大山石中间夹一"窝堂"。既雄俊又甚是怪异。）

后刘伯温于二十二岁入京城参加会试，高中进士。以他之才，本应取为头名状元，然元朝怕天下耻笑他蒙古无人，遂将其排在前三名之后。

刘伯温在元朝任过县丞之类的小官，终因其为官清廉，刚正不恶，不为宦海所容，故郁闷而不得志——无法实现他济世救民的抱负。蹉跎岁月快五十岁，才被朱元璋聘为高参，最终以其经天纬地之才，协助朱元璋成就了帝业。故世传有："三分天下诸葛亮，一统江山刘伯温"之赞誉。

笔者按：史书记载，刘伯温后被胡惟庸在药中下毒害死，且有朱元璋指使之嫌。盖当时胡惟庸以"占有王气之地"等由，在朱面前诬陷刘，而刘则主动进京，居于天子脚下。故有传言，说是刘伯温将计就计，以"诈死"而避祸。笔者倒不是从美好愿望出发，希望如传说所言。但以刘伯温之主动进京"受死"的举动来看，是有"诈死"嫌疑的。君不闻：置之死地而后生！况以他精通"奇门"等预测之术来看，又岂能不知"生、死"之门。

先师刘天禄亦能提前预知自己之"大限"——对家父言：过不了当年的"大寒"节气，果于"大寒"前夜去世。况刘伯温乎！刘伯温之结局，让笔者浮想：世间之荣华富贵，实如过眼云烟。

第五节　风水故事三则

笔者按：本篇几则风水故事，是笔者与家父闲聊时听来，觉得颇有些意思，特整理以供读者一观。

第一则

荣县有个王大本　好坏不分专破坟

善恶到头终有报　损德之事不可为

话说，清朝年间，在四川省荣县地区，有一处名叫“擦耳岩”的地方。因此地有一处山凹，十分陡峭，行人路经此地时，身体要紧贴山壁，好像耳朵要擦到山岩一样，故而得名。

相传此地有一处“真龙穴地”，是一条犀牛，藏在山中。有诗为证：“水打擦耳岩，文武百官自然来。”此穴被一刘姓祖上所葬，故而刘氏后人只要每逢科考，必有人考取进士。刘家有几十人在外为官，为当地之望族，远近闻名。

话说某年，科考乡试期间（考举人），朝廷派了一位主考官前来当地监考。这位主考官到了荣县后，便下民间微服私访，一来考察当地民风，二来寻访贤能。

一日，这位主考官途经“擦耳岩”，听到山上一座宅院人声鼎沸、鞭炮声声，就问身旁一位路者：“上面这户人家，何事如此热闹？”

路者看了一眼这位主考官，说道：“这位先生是个外乡人吧？这是刘家在做‘状元酒’呢！”意思是家里有人中了状元，在请客吃饭。

主考官十分惊讶，心想：“今科举人尚未开考，本官也刚到此地，何来状元之说？”于是忙问路者：“今科还未开考，他们怎知一定会中状元？”

路者回答道：“这你就不知道了吧，他们刘家的庭院前有一莲池，每逢科考时，池中开出几朵莲花，他们刘家就会有几人中考。听说今年池中共开了七朵莲花，其中一朵还特别的大，他们都说是中状元之象，所以先办‘状元酒’了。这位先生，要不要上去喝一杯？”

说者无意，听者有心。主考官哭笑不得，摇头而去，但也将此事记在心间。

话说科考结束，主考官忆起此事，于是吩咐下去：“将今科凡是‘擦耳岩’地区姓刘考生的试卷统统给我找出来。”一看，果真正好七份。主考官先将这七份试卷带回家中，暗藏起来，再去阅览另外的考卷，心想：“我偏偏让你一个也不中，看你刘家怎么出状元！”

真是无巧不成书。到了晚上，那主考官阅卷阅得乏了，便趴在书桌上打起盹来。不料桌上油灯的灯花突然爆开，一点火星正好落在考生的那堆试卷上，顷刻之间便燃烧起来。等主考官惊醒，已来不及抢救，一堆试卷化为灰烬。

这可了不得，要是朝廷知道此事怪罪下来，那是要掉脑袋的。主考官只好将失火烧卷的事隐瞒下来，心想不知该如何是好。回到家中，不免长嘘短叹，夫人问清缘由，突然提醒：“你不是还有几张试卷放在家中吗？”

主考官连忙取出那七张试卷，一边看一边感叹：“真是天意不可违啊！这七张考卷，个个文笔斐然，远超我先前所阅之卷，就是没有失火之事，也该个个名列前茅。”遂将这七位刘姓考生录为举人，把考卷一并上报朝廷，免祸了事。后，该七人入京殿试，个个中得进士，其中一人，果被皇上钦点为头名状元。听说故事的人讲，此事清史有载，刘氏一门同期七人高中，一时传为佳话。

话说后来，这刘家身势显赫，时间久了，家里人便渐渐在地方上仗势欺人，做出一些无德的事来。

某年，朝廷派了一位姓王的人来这荣县任县官，不知因何事得罪了这刘氏家族的人。刘家动用关系，不仅罢免了这王知县的官，还让他到刘家磕头赔罪，就是俗话说的“四礼八拜”，这才饶了这个王知县。

王知县罢职回老家，竟积郁成疾，一病不起。临终时将其子叫至床前，嘱咐道：“儿啊，官场险恶，你以后最好不要再做官；即使做了官，也万不可到那荣县做官。刘家的势力太大，你斗不过他们，不可为我报仇，切记，切记！”言罢，吐血而亡。

这个王知县的儿子，名叫王大本。

王大本见父亲遭人陷害而死，心中无限悲痛，暗下决心，非报此仇不可，寒窗苦读多年，终于考中进士。朝廷外放官员时，王大本哪也不去，偏偏选了荣县，到荣县做了县官。

王大本到荣县后，反与那刘家交好，只字不提他父亲当年之事。后来，并以便利刘家交通为由，叫人从那个“擦耳岩”的山凹处打下去十几丈深，又把两边山壁凿宽，修成一条大路。后据懂风水的人说，那个山凹是那条“犀牛”的颈子，王大本这是活生生把这条“犀牛”给杀死了。据说当年山脚下流出的泉水都呈红色，还带有腥味，数年后水才慢慢变成黄色。

笔者家父有一老舅公，年轻时做生意曾路过“擦耳岩”，喝过此地的水。据他讲：“水虽然已清，但还是腥味较重。”山凹处也确如传说的那样，被凿下去一个大豁口。（笔者想：这是开山破坏了自然生态环境所致吧！）

原来这王大本知道自己斗不过刘家，读书闲暇之余，便专研那风水之术，又到处拜访明师，终于懂得了风水的奥秘，并以此破了刘家的“犀牛”地。

自刘家祖坟被破之后，刘家在外为官的人陆陆续续死了抬回来，据说当时连埋都来不及，真是一败如山倒。

这可不得了，把王大本自己也吓坏了，没想到后果如此严重，这样下去，他刘家非绝人丁不可。苦思冥想多日，终于想出一条拯救之计：让人在刘家前面的河中修了一个罗星（小岛），又立了一个塔。刘家这才止住死人，但却再也不出官了。刘家从此算是彻底败落。

自王大本破了“擦耳岩”的风水之后，不知何故，竟然一发不可收拾，凡是见了人家葬有风水宝地，他都以“此地要出贼首”等种种理由，尽皆破之。

如荣县有一名为“李子英”的地方，呈公牛形，此地一姓兰的家族出了好几个武将。王大本路过此地，令人从“牛”屁股处挖出两块圆圆的大石头来，从此兰家再也不出武将了，只出一些“打打将”——就是五大三粗、惹事生非的人。他们说是王大本让人把那条牛的“睾丸”给挖了，等于把牛给阉了。

后来，王大本调任笔者老家宜宾县任县令，看到翠屏山“青岗坝”有一处大地，是本地富绅王大爷的祖坟，就以修孤寡老人的墓地为由，亦将之破去。听说这王家原本富有半城，还有一子在外已做到知府之职，竟突然得病而亡，家势后来也败落了。

一次，王大本微服路过某地，看出一棺可出大贵之墓，也想破掉。正好看见路边有一老者，弯腰驼背，还在“捡狗屎”劳作。王大本就问老者：“你知道这棺坟是谁家的吗？”老者说：“是我们家的。”王大本说：“我看这棺坟的后人应该在做官，你怎么这么大的年纪不去享清福，还在劳动？”老者说：“我也当过几年小官，深知民间疾苦，不敢言享福啊！”王大本看这家人如此良善，才没去破那棺坟。

又有一次，王大本坐轿路过笔者老家不远的一个地方，突然让人停轿。下轿来，看了看旁边一个山头，对身边的人说：“这个地方还可以，不过还没人葬到。”上轿离去。谁知他没注意到田里还有一位老者在低头插秧，也听到了他的话，于是消息便扩传开来。如今那个山头已是葬坟一片，但也没听说出过什么大贵之人。

笔者一个初中同学，他家祖坟也葬在该地，他家全是教师，他父亲死后也葬在那处。该同学当年考的是师范，做了几年教师后，听说调到县组织部工作了几年，后来又到省里去工作了。

笔者家父一次好奇，同笔者一位表哥一起前去该地“考察”，发现该地的“真穴”至今还没有被人葬得，那个同学父亲之坟沾了一点气脉。福待有缘，看来似乎还是有些道理。

总之，在宜宾和荣县地区，被王大本破了的风水宝地不计其数，搞得天怒人怨。听说后来王大本破了一个大官的祖坟，该人在朝中参了王大本一本，王大本被革职杀头。正应了那句：“善恶终有报！”

于是，王大本的风水故事就在笔者老家流传下来。

第二则

忠厚传家发福远　常存天理子孙荣

后人不思前人德　富贵凋零惜无踪

就在离笔者老家不远的一个地方，有一户陈姓人家。主人原名陈方乾，发迹之后，经常在乡里行善积德，颇有贤名，当地人渐称为陈方贤，原名却不知了。

笔者曾阅《祖谱》时，发现这位前辈与笔者祖上是一脉相承，皆是于康熙四十九年由湖南邵阳入川而来。

陈方贤原也是小户人家，不过颇为相信风水。一日，花了很大心血，请得一位先生到家，每日好酒好菜款待。先生感动之余，先替他修了一个阳宅。搬进新居以后，陈方贤便渐渐发迹起来，财产丰盛，人丁大旺。

一日，陈方贤又请那先生到家，千恩万谢之后，还留先生在家一住就住了大半年。某日与先生闲聊时，叹气道："先生，您看我现在家境尚可，只是子孙学业不佳，如子孙能发贵一二，那就更好了。"言下之意，希望子孙能出当官之人。

先生沉吟半天，说道："要出官倒也不是什么难事，我在你家的地方上也看出一'地'，不过……"

陈方贤见先生不语，急道："先生但请直言，有什么要求我都会尽最大能力满足。"

先生言道："不是我不肯把'地'点给你，只是我知：如点了真穴与你，我眼必瞎。这后半生如何度过呢？"

陈方贤说道："先生放心，你以后就住在我家，我绝对不会辜负你的。"

于是先生将那真穴点出，并帮其将祖坟迁葬。不久之后，先生果然双目失明。

自祖坟迁葬之后，这陈家出了七、八人在外当官，都在县级以上。不久，陈方贤年老去世。陈家第二代人还是将先生待为上宾，每日坐上座，好酒好肉的伺候。

先生的命还挺长，到了陈家第三代，便有小辈说话了："这个老头子，又不是我们家的什么亲戚，为何要我们每天像'供'老人一样待他，不如让他干点活去。"遂打发老人到厨房去"椿糠头"，剩菜剩饭随便给一点他吃。

事到头来不自由。老先生双目不见，只得忍气吞声，活一天算一天。

不料，先生有位徒弟，云游天下，几十年未见老师了，突然想念。到老师当地一打听，才知老师住在陈家，便前去拜见。

徒弟看见老师如此惨状，不禁抱着老师，流下泪来。

到了晚上，徒弟悄悄问老师："还有没有办法改？"老师说："办法是有，就怕人家不一定肯。"徒弟说："这不难，只要老师教我办法就行。"于是如此这般，师徒二人将主意商定。

第二天一早，徒弟与老师聊天，有意让主家的人听见，徒弟说："老师，我看这陈家的官还做得不大，要是怎样怎样，官还要大。"老师说："是啊，我当年也是留了一手，不然就不是眼瞎，命都要没有了，你千万说不得。"

吃过早饭，徒弟对陈家的人说："多谢你们这么多年来照顾我老师，我这次是来接老师到我家去住，这就告辞。"谁知主家却不肯，无论如何要留师徒二人多住几日。

这徒弟见多识广，嘴巴又会说，没两天便假意与主家交好，最后托不过主家的追问，故意背着老师，教主家：如何如何，便可出大官。

首先，在阳宅前立了一根高高的旗杆，寓意高升；又在阴宅前方的对面山上造了一个风车，说是将运气转好；再让人在其阴阳二宅的来龙处，挖下去数丈，蓄上水，说是荫龙水。最后，让主家把那座祖坟打开，将山向拨动，说是以合元运，可求速发，等等。

把这些活干完，徒弟再顺便"敲"了主家一笔酬金，然后背起师父，赶紧就跑。跑到半路，老师的眼睛突然重见光明了。

没多久，陈家那几个在外当官的人，有突然暴病而死的，有出事罢职的，总之，财官人丁尽皆衰败。其后世子孙，亦一蹶不振。

笔者家父于2007年农历正月十八那天，当地有户人家请他前去勘察祖坟。因相距不远，家父顺便去考察了陈方贤那座被破的祖坟。

该穴葬于一蛇形山的七寸处，明堂两水交汇，水从白虎山脚下一天然石洞中流出，眼看不到半点出水，确乃“真龙穴地”也，可发富悠久。看来当年那位先生确实水平很高，也是真费了心血的。可惜现不仅穴被破，龙脉也被挖短，已毫无生气可言了。

家父还问当地人：“怎么说改就改了呢?”当地人言：“男的都在外当官，家中老弱妇女，哪懂得那么多?”

咦！富贵在天乎？在人乎？在德乎？

第三则

形家不会地不真　辅星水法也救人

误听庸师把向改　岂知大地绝人丁

本篇两个故事，都与“辅星水法”有关。

第一个故事，是笔者家父用“辅星水法”为人做作的一个实例。

1985年，有一人家，因其父亲去世，让人带信请家父前去主葬。家父有事耽搁，等赶到时，主家已另请了一位当地的风水先生。这家人原与笔者家有点亲戚关系，所以就请家父在旁做“参谋”。

家父到时，那个先生已点好了“地”，回家去了。只见几个前来帮忙的工匠正在一块大石头上，用钢钎铁锤在打坑（开“金井”）。一个多小时了，才打下去半尺左右。工匠们说：“照此速度，估计到明天下葬的时候还打不好。”

主家问家父：“这个地方可要得?”家父想了想说：“麻烦你再去把那个先生请来，我跟他商量一下再说。”

不一会儿，老先生来了。老先生年纪已经快八十岁，头发胡子都白了。家父于是对老先生说：“老先生，您看，工人们打得很辛苦，估计明天要赶不上葬期，请您是否帮忙再另外找一个地方？”

老先生脾气甚大，看了家父一眼，说道：“哪里去找那么多好地，要找你去找好了。”家父被老先生“将”得下不了台，只好对主家说：“那我就试试吧，不过，礼金我分文不取，该给老先生多少，还得给多少。”老先生见家父如此说话，也就不言语了，在一旁看家父找地。

家父当时用“辅星水法”，依水立向，为主家另找了一个地方。工匠只用了半个多小时，就把“金井”打好了。家父当时还对主家说：“此地将来出一个镇级干部还是可以的。”

在回去的路上，家父与老先生已谈笑如常。老先生说：“看你找地确实有些功底，你似乎懂得‘形家’。我们老师当年就没有教给我们‘形家’的功夫。”家父言道：“我与主家有点亲戚之谊，只得帮他一下，得罪了。我也不懂得‘形家’，老师倒是传有一套水法，还可以用。”

家父于 1987 年拜明师后，才得风水之“形、法、择”三家真传。前些年，家父到那家人附近的地方做事，该人知道后，盛情邀请家父前去做客，才知他儿子现如今在当镇上的武装部长。

家父重去看了当年点的那个地，心中愧然。“穴”是没有的，只水法马虎过得了关。

（笔者按：笔者看宋朝托长老著《入地眼》，书中说道：“俗人说牛好医，地好看，做地师，只怕四个碓头？曰：活、死、硬、软。开井开出白蚁，是活碓头；开出古坟，是死碓头；开出是石，是硬碓头；开出是水，是软碓头。若无四碓头，地理好行了。”）

第二个故事，是家父亲自去考察过的一个“改向”风水，也与“辅星水法”有关。

离笔者老家不远，有一户人家，祖上曾有粮田三千余担。某年间请了一位地理先生来家，住了三年多，先生才为主家修了一个“生基”。

后主家一老人去世，其后人跪求先生主葬。先生说：“你们要什么？”后人说：“我们钱粮是有了，就是人丁不旺。”先生说：“这好办，就给你们人丁。”

先生将穴立为“丑山未向”。家父用“辅星水法”考察：来水在西，出水在午；西水为武曲水，午水为文曲水。书云：“武曲水来发众房，世代为官近帝王。”（出水为“午”，说明该地并未真正葬到位。）

该穴葬后，这家人的后人连生了七子，孙子辈中有四子皆在外面的著名学府读书，且成绩优异。但遗憾的是，只有二房没有男丁。

一日，二房也去请了一位风水先生来，好酒好肉款待了半年多，请先生帮忙。先生说：“那是你家的那座祖坟克住你二房，你二房要发人丁，只能改山向。”二房说：“只怕其他房的人不肯。”先生不语。二房说：“那就告诉他们说改了后还会出高官。”

这位先生将向改为“艮山坤向”（与“丑山未向”偏十五度）。不料该穴改了不到半年时间，这家人接连死了十二个男丁，包括那四个在外读书的人，全都死了。二房却的确生了男丁。

以“辅星水法”论：立“艮山坤向”后，来水西变为破军，去水午变为贪狼。书云：“破军水来是凶神，先杀长子后杀人。”

这家人一下死了那么多人，吓得觉都睡不着了，赶紧又去花了大价钱请了别的风水先生来家。（当年的那个先生早已过世）

这位先生有些道行，将那座改过向的祖坟的下一代的坟，迁到那座祖坟的后面，较它高出一台土的地方，向依然立“丑山未向”。

那家人没再接着死人。

家父一次路经此地，曾前去考察，发现：原穴确属有龙有气，立“丑山未向”也算过得去。如果立向时再“考究”一点，二房也是会发人丁的。

风水之事，能不慎乎？

后记：

本书最后定稿之即，笔者阅稿至此，又突然想起家父曾跟笔者讲过的一件关于先师的事迹：（本书故事多多，叫“风水故事会”似乎更宜呢！）

一次，家父去看望先师，先师对家父言道：“前几天有一个人，跑来‘问’我一个问题，但他没有把我‘问倒’。”（问倒，就是无言以对的意思）

家父问："老师，他来问您什么？"

先师说："哦，是这样的——有一家人，很早以前来找过我帮他去下葬，我当时问他：'你是要人、要财，还是要官？'他回答我说：'我们家现钱粮还可以，就是人丁不怎么旺，所以要人。'"

先师接着说："过了这么多年，这次他跑来问我：'刘老师，自从您来帮我们家主葬以后，我们人丁现在是旺得不得了了，像我就生了七八个儿子，每个儿子又（给我）生了七八个孙子。但就是有一个问题——我的这些儿子和孙子们怎么个个读书都不行，这到底是咋回事啊？'"（当时还没实行计划生育政策）

家父问："老师，您是怎样回答他的呢？"

先师微笑着说："我答复他：'你当初不是只要人吗？'"

笔者听完这个故事时，还问家父："您当时怎么不问一下老师——您是怎么做的啊？"

家父说："是啊，以为老师迟早会讲，就没追问，现在想起来，还真是有点笨啊！"

——这实际是家父性情所致：在老师面前，从来不去问老师"要"东西，老师高兴讲一点，就记一点，从不"贪心"。

家父曾说："能拜在老师门下，能请老师来家勘察一下阴阳二宅，已经觉得是莫大的福分了；师兄们都是一二十年的从师时间，自己刚入门，哪里敢去多想。"

"要人、要财还是要官"，古代明师也有这样的说法和作法。这个问题，笔者也思考了很长的时间，算是悟出来一点点，但还不敢肯定——笔者想：这应该不是"山管人丁、水管财"那么简单的。

道理是：不是特别大的穴地，那还好说，立向、收砂及纳水上考究一点，要人、要财还是要官（不大），算是可以"控制"的。但如果是特别大的"真龙穴地"，人财官都是要发的，怎么"控制"呢？就算向错立了，那也只是发的过程顺不顺，发了以后败不败的问题，并不是不发啊？具体是择地而葬，还是择向而葬，或是择时而葬？或三者兼而有之？

这个问题，笔者在此诚心向天下高师请教，笔者“著”本书，有些话和道理是不说又不行，但自己知道自己是“半壶水响叮当”，万望有明师不吝赐教，以解我心中之惑。（古人云：有阳传阳教师、阴传阴教师、口传心授师、一言半句师，能解吾之惑者，皆吾师也！）

——朝闻道，夕死也可！

后记：笔者后来游历江湖，就这个问题请教过不少高师，笔者在此表示万分的感谢！人、财、官之控制，确实法有多门，不过，笔者后来终于悟通师传的“挨星诀”（甲癸申贪狼一路行……）后，才明白应以立向为主——同样的山水，立向一变，则人、财、官皆变。

第十章　风水实例篇

本篇主要摘选了笔者家父自 1987 年出师以来，在民间为人造葬的几个风水实例，供读者聊为一观。

本篇之中，亦选摘了笔者近期为人造福的几个风水案例，供有兴趣的读者参考。

第一例　家父为亲姑母下葬

笔者家父自小父母早逝，由姑母（笔者应尊称为老姑奶）带大，与老姑奶的感情十分深厚。老姑奶于 1988 年去世时，是家父亲自去主葬的。（老姑奶的二儿子，与先师刘天禄相识多年，是家父拜师时的引介人。）

老姑奶的“穴地”是家父亲自勘点的，据家父言：是一个“白鹤吃螺”穴，案山生得活像一只“螺蛳”。当地历来有风水传闻，说老姑奶家附近那个地方，有一处“宝地”，有无数个风水先生都去勘察过，但都没看出什么头绪来。家父自得先师“形法”真传后，“穴位”自是一找就准了。

据说挖穴（开“金井”）时，穴土是白中杂有少量红、黄、青、黑之色（书上言为“五色土”），且穴之周围都是很硬的石块，惟独中间是软泥，正好开出一个可以放得下一口棺材那么大的“穴位”。

下葬的当天，下着倾盆大雨，前来帮忙抬棺材的人都叫苦不迭，知道家父是刘天禄的徒弟，就开玩笑说家父“吊”的是“水星”，而家父言：“太阳!”后在葬时果如其言：太阳出来光照了二十几分钟，坟刚埋好，又开始下雨。

老姑奶最小的一个儿子，排行老五，在老姑奶去世前，已连续考了九年大学，都没有考上。（毫不夸张，那个年代农村要考一个大学，跟登天差不多；一个县级重点中学，一年才考几个大学生。）家里为了供他读书，可说已经是十分的困难，他本人也已心灰意冷。

老姑奶葬后不久，这位笔者称呼为五表叔的不第才子，就满怀逝母的悲痛和对现实的无奈，孤身一人前往市里去找点事做。后来，在一个单位（建筑设计院）的传达室找了一份事干，看看门，收收报纸。

一次，该单位的一位领导见笔者这位表叔言谈不俗，做事也认真肯干，闲谈时便了解了他的身世，于是鼓励他再去求学。表叔身无分文，只能苦笑表示感谢。

不久，该领导知道某建筑学院要招内部委培生，就以单位名义开了介绍信，让笔者表叔前去报名参加考试。结果，笔者表叔考了个全校第一名。

这中间还有一段“奇特”的插曲：表叔当时连报名费都没有（看门工资估计刚好够吃饭，说不定还是打的临工），又不好意思找人去借（可能也没处借），再加上对考学已心有余悸，估计当时都不准备去报考了。说来也巧，结果在回家的路上，表叔居然捡了70多块钱，而且还有二支钢笔！于是第二天才去把名报了。这件事要不是笔者亲自听表叔聊天时所说，笔者也不会相信还有这等“奇事”。

考是考上了，但问题又来了：表叔是农村户口，该学院又以没有录取资格为由，拒绝录取表叔入学。还好，该领导知道此事后，亲自给学院领导打电话，并言：“你们第一名的考生都不要，要什么样的考生呢？”后该学院算是破格录取了笔者表叔。（还是好人多啊！该领导与笔者表叔无亲无故，完全出于爱才惜才之心，帮了这么大的忙，可说是表叔命里之大贵人也！）

后笔者表叔以优异成绩毕业，通过自己不懈努力，如今已是该市最大的一家房地产公司的副总了。他后来修造的多处房产都是请笔者家父去“主庚”的（立向、破土等），其中一栋法院的办公大楼，据说造好搬进去后，升了好几位到上面去。

笔者表叔找的爱人，说起来家世也是大有来头，她爷爷名叫李晓亭，曾做过孙中山先生的秘书，解放后任过四川省委书记，现其老家还建有他的纪念碑。据家父言：在李前辈的老家前面，有一座形如“文笔”的山峰，高得很。

笔者老姑奶的坟，听说现在比初葬时“涨大”得多了。究竟是什么道理，笔者也不敢言了。

顺便说一下：老姑奶的三个儿子，即笔者的三个表叔，现家境都很不错，他们的子女也个个都是上大学的上大学，工作的工作，没一个在农村了。笔者惟一觉得有些遗憾的是：一次家父不幸病重，表叔们都很忙，有的连问候电话也没有。

第二例　为杨某改阳宅山向

1993 年，一位杨姓人家前来找到家父，让家父去帮他勘察一下阳宅，并说：“当时是请的高人所做，怎么住了几年家境还是没见好转，儿子马上要初中毕业了，希望能考个中专什么的。”

这位杨某与家父也是故交。说起他的阳宅，当时确实是请一位高师看的。谁呢？这位老师姓熊，但这位熊老师的老师才真正是大大的有名。熊老师的老师姓杨，其有名还不是因为懂得风水，而是因为他的一个儿子是非常有名的“高干”。

笔者将这位杨老师祖上的一段风水故事，说来给大家听听：

据说杨老师的祖上就很懂得些风水，在兵慌马乱的年代，为了给其先祖找一处“好地”，该家族有兄弟二人，一人装成乞丐，一人装成和尚，到某处去寻地。历尽艰辛，终于为其先祖找到一处“宝地”，并悄悄将其安葬。没过几代人，该家族就出了后面那位“高干”。

因这位杨某与杨老师家有亲戚之谊，所以在修阳宅时就去找杨老师。杨老师大概是去北京儿子那里养老去了，于是让他的一个徒弟——熊老师前去帮他勘察。

据杨某讲，熊老师勘察出地方后，告诉他：该阳宅应立“丙山壬向”。

又为他选好了动土、下石、上梁、打灶等“日课”，就回去了。等修造时，杨某不知何故，并未再去找熊老师，而是请了当地一位风水先生“主庚”，山向也是按“丙山壬向”立的，只是“日课”并未按熊老师的去做。

家父到后，粗观龙势，觉得该地确实龙真穴的，甚为难得，看来熊老师的水平的确很高。立“丙山壬向”也还可以，问题出在哪儿呢？

家父再仔细考察该阳宅的立向，才发现问题：原来房子的立向并非“丙山壬向”的正向，而是偏了不少度，都快成“骑缝向”了。这才想起是怎么回事！

前面笔者也提过了，可能是“盘子”有问题！杨某后面请的那位先生的罗盘可能不够精确，导致“山向”立偏了，或是那位先生在“分金坐度”上没考究好。

家父只能用师传之“下石改向”秘法为该阳宅改了向（据家父记录本记载：下石日课是1993年农历七月二十五日午时），并又选了好的“日课”，帮其调整了门、灶位置。

后来，杨某儿子如愿考上了中专。（那时中专是国家计划招生，难考得很。）2002年，笔者回老家，还去成都杨某儿子那里玩了一下，当时他在成都自己刚搞了一个印刷小厂。听说后来这几年发展得相当不错，已有好几百万家资了。（前些日，笔者与一位熟悉该家的人通话，证实的确如此。）

2006年，笔者再次回老家为家父办七十大寿，杨某也来了，并把他刚出生不久的孙子的“八字”让笔者看了一下，天干“正财、正官、正印”俱全，难得的好“八字”啊！足可证明阳宅之好风水亦能荫生好命，不假也。

笔者身边尚存有熊老师当时所选“日课”的书函，确实是一手漂亮的小楷！惜其所选“日课”，尚未含有“天星”之法。

家父曾言：“以前大户人家，哪有不懂风水的，自家做发了，哪还会出来帮人？”细思此语，犹自汗颜。

第三例　汪某　阳宅　癸山丁向

1992 年，有一汪某，原来的房子立的是丑山未向，房子修好住进去没几年，家里就死了俩人：一个是他母亲，一个是他老婆。汪某怀疑阳宅有什么问题，于是前来请笔者家父去看看。

家父勘察下来，对主家说：“你这个房子怎么改都没什么用的!”

主家忙问：“为什么?”

家父说：“龙、砂、穴、水、向，没一样能合的。”

主家问：“那怎么办?”

家父说：“要好，只能另外找个地方重新修房。”

农村修房造屋也是件大事，但汪某还是很相信家父，于是家父在另处为他勘察了一个地方，重修阳宅，立的是癸山丁向。日课是：1992 年农历十一月初一辰时。

后来汪某的一子一女都考上了大学，到城里工作去了。不久，子女也把汪某接到城里享清福去了。房子也转让给了别人，听说后来住进去的人家，各方面也都很顺。

家父曾言：“癸山丁向，如果‘龙真穴的’，出几个大学生或教师，还是没问题的。”

第四例　察刘某家阳宅

1994 年，一刘姓人家前来请家父去察看他的阳宅。

据刘某讲，自他家修好该阳宅搬进去住后，六七年来先后死了三人，而且奇怪的是，都是因为不小心有了一点小小的刀伤，就导致不治身亡。刘某请了不少先生去看过，都没瞧出所以然来。

家父去了，也仔细勘察了一下。该阳宅虽非龙真穴的，但砂水还不算犯了什么煞，门、路、灶也算合法。一时也没看出什么明堂来。

因天色已晚，家父便在刘某家住下。晚上，家父做了一个奇怪的梦：

家父梦见一个人向他走过来，对家父说道："我叫某某，是个杀猪匠(屠夫)！"家父就醒了。

第二天一早，家父就问刘某："你们在修这房子时，是不是挖到有'生基'（坟）什么的？"

刘某一下回答："有的，你不提我还想不起来呢！"

家父于是说："这房子我看你们还是不要住了，另找地方重修吧！"

后来，家父为刘某另选了地方修房，再也没出过什么怪事。

这件事说来十分蹊跷，笔者也不知该作何解释。

第五例　为钟某小孩调整床位

钟某是笔者老家当地信用社的主任，为人多仗义，有困难的家庭找到他贷个款什么的，一般都没什么问题。与家父也是故交。

钟某小孩在校成绩属中上，为求小孩成绩再好一些，在1993年初，钟某请家父为他小孩布布"文昌"局。

钟某小孩丁巳年命，家父将其床位调为"艮山坤向"，时间选的是：一九九三年农历正月二十三酉时。

后，钟某小孩成绩一直保持良好势头，直到如愿考上重点大学。

第六例　为汪某葬母　卯山酉向

汪某家住笔者之姑奶奶那边，算得上是笔者家的亲戚，汪某小有职务(镇级)。

2003 年，汪某的母亲年迈去世了，汪某找到笔者的那个二表叔，前来让笔者家父前去主葬。

家父之记录本上记载（原文）：仙命丁丑，葬于 2003 年农历九月十四日卯时。下葬当日，从凌晨二点钟时开始下雨，一直下到早上七点才停。至六点过，拨山向“字头”时，雨停十分钟，然后又下雨。

当时汪某说了一句：“看来我是找对人了！”

葬后三个月，汪某职务提升了一级（局级）。

以下是笔者近期所做的几个风水案例。

第七例　为美丽田园美容院开业择日

无锡美丽田园美容院，是德国美丽田园美容连锁公司的国内加盟店。老板梁总为人爽直，与笔者是多年好友。梁总与夫人陈总，在无锡打拼多年，生意做得挺不错。该美容院是梁总在 2006 年投资的，“美丽田园”在美容业界是第一品牌。

一日，笔者与梁总聊天，梁总谈道：“店里人气还不算太旺，有何良策？”

笔者言：“那就选个日子，算重新开张吧！”并半开玩笑言之：“故且一试，如无效，我以后也不与你谈什么‘风水’了。”

后笔者为其所选日课为：2007 年 8 月 8 日卯时。

二月后，再遇梁总，笔者问：“情况如何？”

梁总言：“8 月较前月营业额增长一倍，9 月又增长 50%左右，感谢感谢！”

笔者笑曰：“那都是你经营有方！”

后至今，该店营业状况一直保持良好势头。2008 年 3 月，梁总决定再开一家分店，也请笔者前去参考布局。

第八例　为山东某房地产布局

不久之前，笔者经香港友人游先生的介绍，为其好友林总在山东某县城开发的房地产布局。

该县经济在本省同列中处于中下，但名气不小：相传凤凰飞过，曾在此地栖脚，听说当今有六位部级官员的祖籍皆属此地。林总将其楼盘命名为“凤凰城”。

因当地房地产初兴，林总是富有经验的开发商，没有走大市场开发的思路，而是去开发这类二、三类的市场。故该房产为当地最具前瞻意识的楼盘，无论小区规划，还是户型设计、净水入户、户外保温等，都超常所想。但售价才定一千多元。

笔者对已规划的立向、开门提出自己的建议后，还为其在小区中心及入门处参考布局了美丽的“水景观”，并选定“日课”调整了售楼处的内部布局。

后游先生来电，说其楼盘自开盘不久，就已售出约七成，有点后悔当初没有投资。

后记：近日，有福建某建设集团董事长苏先生，在游先生的推荐下，请笔者为其在龙岩开发一块地价数亿的房产公司命名，苏先生在笔者提供的几个名称里，选定“广景”；并诚邀笔者为该楼盘的风水顾问。

第九例　为锡城某娱乐公司布局

锡城王总，为人豪爽仗义，在娱乐界名头甚响。因政府规划需要，王总原来的娱乐公司要搬迁重开。听朋友说起笔者有家传之术，遂请笔者为其新公司开张布局。

笔者考察其地后，从风水角度言之，感觉还是有些问题，如大门有路直冲等。笔者并听说：在此之前先后有4、5个老板租该地开饭店茶楼等，皆以失败告终。于是笔者慎重为此地作了相应的化煞处理，并选定了开张吉时。

新公司开业后，听说生意一直不错。后王总又投资一千多万开了一家更大的娱乐公司，也是请笔者选的开业日期。

后记：近日，无锡一著名娱乐主持人自己创办了一家“演艺吧”，布局和动工装修，都是请笔者“包办”的。笔者为其选定的开业日课为2009年12月24日巳时（壬山丙向），并告之不必忌讳“4”字。后反馈生意一直不错。

第十例 为某局长调整办公桌

一次聚会，笔者认识某局一副局长。该局长业余对易学颇为爱好，也研究颇深，闲聊时知道笔者也懂点易学之类，一日周末无事，就请笔者到他办公室去喝茶聊天。笔者顺便对其办公室的布局提了一些建议，并选了一个日子，让他调整了一下办公桌的坐向。曾见先师秘本上言：文昌星可催贵！于是笔者在那个“日课”中选了一个“文昌星”。

大家都忙，大概过了大半年，笔者一次路过该局的办公大楼，想上去看看他，忘了楼层，问门卫，门卫答曰：“某局长几月前已调到某区任副区长去了。”

笔者按：以上所例，恐多有巧合。

古人云：天时、地利、人和，并言：天时不如地利，地利不如人和；俗语亦有“天道酬勤”之语。风水在一个人一生或一件事的成功过程中，应该只能起到“辅助”的作用；人为万物之灵，起决定作用的当然还是个人主观上的努力！

笔者在本书中也一再强调：风水绝对不是万能的！

第十一章　家藏秘传《辅星水法》

第一节　辅星水法总论

先贤曰：水之祸福应速，山之祸福稍迟。水亲朱雀，缠玄武，绕青龙，包白虎，为养阴之水。要回旋，要到堂，要上阶，要拱背，要弯抱，要囊聚，皆水之吉也。书云：逆水一滴，胜于万派。山嫌粗恶，水爱澄清，纵横似织，方知眷恋之情；汇泽如湖，乃辨朝宗之势；洋洋悠悠，顾我欲流。

龙得水，水得龙，是夫妇交感；龙逆水，水逆龙，是夫妇配合。百川同归者，亲而又亲；来而不去者，恋而又恋。水若屈曲有情，必合星卦为上。九曲是秀水，却为外应而地结于内，愈为贵重；三台是朝岸，却在当前，而穴结于前，易近易发。故：水深处民多福，水浅者民多贫，水聚者民多稠，水散处民多离。此指大异而言。

又云：两水合流谓之交，关栏紧密谓之锁，之玄屈曲谓之织，众水会聚谓之结。破龙虎明堂者，穿也；割脚者，无龙虎也；直去为箭，直冲为射。

未看山，先观水。有山无水休寻穴，有水无山亦可裁。真龙不配凶水，吉水不向凶龙。水绕过穴而反挑，半文不值；水若入怀而反抱，一发便衰。

古云：富贵贫贱在水神，水是山家血脉精，山静水动昼夜定，水主财禄山主人。

又云：识得立向水去来，吉凶祸福手中存，依“图”葬下无差误，仙家留下好救贫。

故：砂水法遵于《河图》，出自《洛书》，先天之体，后天之用。（易）经曰：天尊地卑，阳奇阴偶，一六共宗，二七同道，三八为朋，四九为友，五十同途；曰：天地定位，山泽通气，雷风相薄，水火不相射；此先天之卦，夫妇相配也。又：戴九履一，左三右七，二四为肩，六八为足，纵横纲纪；阳以阴象，阴以阳含，发育万物，坤柔乾刚，此所以为后天之体用也。

但：来龙论坐，纳水论向。《青囊经》云：山上龙神不下水，水里龙神不上山。山管山，水管水，此是阴阳不待言，正此谓也。故水法取夫妇相配，卦气相通。

向上消纳，天盘为主。《青囊经》云：万水俱从天上去，寻龙须向地中行，正此谓也。故罗经有天地人三盘，正中缝三针之用。以天盘为天之气，自左旋右，故曰天盘。以地盘为地之气，至静不动者也，故专论来龙坐度旺相分金配卦，即地盘也。又以人盘自右旋左，合太阴太阳之气而消砂，即此盘也。故《青囊经》云：一山有两用，有左旋一局，有右旋一局，即此谓也。（笔者按：此论罗经三盘之用。）

俗注以天干位放（收或纳之意）水者，非也！又以墓库上水口起破军，分阴阳顺逆，旋自坐向，从坐向起贪狼，旋自库口者，非也！（笔者按：即四大水口起九星之水法。）

昔杨公为九星水法，赖公为催官水法，司马头陀为挨星水法（笔者按：皆为辅星水法之同名）。书云：二十四山起八宫，贪巨辅武在其中，四边皆是逃亡穴，下后人丁皆绝灭。（笔者按：此处之“四边”，应是指纳甲八宫之另四宫。）又云：收山出煞有何功，破禄文廉宜坐宫，八宫配出九星名，走尽天下任横行。（笔者按：此应指出煞之法。）

有龙上九星，水上九星；龙以入首一节，从本卦变动；水自向上从本位变动。故有“一山有两用”之说，俗注右旋左旋，各从坐向起贪狼者，非也！（笔者按：此指黄石公翻卦掌用之于“格龙”与“纳水”之别。）

又非今之时习一盘，左右旋转，俗重蒋盘格式者，错也！盖蒋盘只地盘一层，何以合得动静；蒋盘惟取黄道为之气本，以黄道度分：子午卯酉以为天元，辰戌丑未为地元，寅申巳亥为人元；不知地盘只可格龙。今人讲三元旺气，以地三元分上中下者，错也！夫又以地三元为纳水，子午卯酉立向，定要乾坤艮巽之水，更错！

夫三元旺气，如上元坎水主事，即为正神，对宫为零神，此零神正神之真也，即三元之活法。

今人以支为正神，干为零神者，非也。又以本卦为正神，生气为零神者，错也。又子午卯酉之向为正神，乾坤艮巽之水者为零神，非也。总以山水之气得生旺方，更速；休囚方，稍迟。当元自发福也。

俗以为一卦管三山之用者，是悖《青囊》也。地当三元生旺之运，零神正神已明显也，挨星顺逆"一山两用"之体已辨正也。

（笔者按：以上数段，重点是本书作者对"蒋盘"只用地盘的质疑，看其对正神零神之分析，知作者应懂得"玄空"之法。因本书系手抄秘本，亦未见作者姓名及年代，观其文笔，应是蒋大鸿之后的人士。得此书时已传数代，故不会是民国年间所著。）

但依后总二十四图论吉凶，分别以贪巨辅武弼为五吉，破禄文廉为四凶。

来水以见眼处为准，去水以出口为确，其过宫水不必俱论。看来之水在某字位上，或吉或凶，阅图了然。后增九星总断语以为捷诀。

第二节　辅星水法之二十四山总图论

水从天，其性动，为乾，为阳，祸福之应速。故云：论葬龙水并重，论厝（阳宅）专取水。盖厝不取地脉，惟取天气，以其易于应验发富贵也。但天行健，易发易衰。故葬以龙为主，水亦其要也。

（笔者按：阳宅在无龙无穴的情况下才专论水；无龙无穴亦无水，如城市中之某些阳宅，才专论内部风水结构。然城市阳宅非无龙无穴，只因属大龙大穴，俗士不知罢了。）

自唐一行造《铜函经》之后，习者纷纷，不计其数。又吕司空复造伪书，将推命卜易之长生为水法，后诗歌竟出，泛滥支离，将此一道，搞作糊泥面酱。今葬亲者请堪舆来家，葬亲大事，信凭先生。谁知先生信凭伪书，依样画葫芦，害人非浅也！

（笔者按：古人云——尽信书不如无书，诚然！读假书是会害死人的。）

总而言之，看书未索其解，又不肯礼拜明师，是真是假，全无凭据。假的看得津津有味，真的原来无头无脑。古人云：“庸医杀人用纸包，地理杀人不用刀。”

余自十二岁学习此道，跟随先父日夜讲究，指点形势，讲明理气，天星元运，深察祸福。讲龙不过起伏盘旋；讲穴不过窝钳乳突；讲砂不过肥员端正，高大中小，向我有情；讲水不过阴阳驳杂，推在立向以纳之。

（笔者按：流传几千年的风水之术，说白了，就这么几句话而已。但要言“精通”二字，无明师指点，仅靠自己揣摩，恐穷其一生，终点不出一“穴”！）

古云：“水不绝人，乃向绝人。”依水立向，向上寻是也。虽无真龙确穴，而得真向吉水，自然发福也。又云：“人言生气地中来，岂知地气水边流，流到水边看停止，初代儿孙把名留。”余学此道，二十余年，得授水法一书，崇正去伪，考古今名墓，验之如神。是书确可遗贫就富，故非人勿传，不敢轻泄。

共计二十四山总图，祸福判祥，开卷了然。

注：辅星水法的起例，是用翻卦掌，以“向”所在纳甲宫位，起九星：辅武破廉贪巨禄文。上起下落，下起上落，中起中落，边起边落。

一、壬山丙向

丙向纳卦在艮，故：艮水为左辅，丙水为右弼；亥卯庚未为贪狼，以先天之震即后天之艮位，故曰贪狼；兑丁巳丑为巨门，以兑为少女，艮为少男，得夫妇配合。巽辛水为武曲，为先天之兑位，故曰武曲。书云：辅贪巨武水催官，内排六秀三吉安，二宅逢之皆吉庆，当代儿孙在朝班。

又丙向，申子辰癸水为禄存，主横祸官非；离壬寅戌为廉贞，主失红痨疾，虫蚁水侵；乾甲为破军，主少亡损丁；坤乙为文曲，主奸淫赌博。书云：破禄文廉是凶星，丁财损败横祸侵，赌博官讼癫疯死，淫乱少亡败财丁。

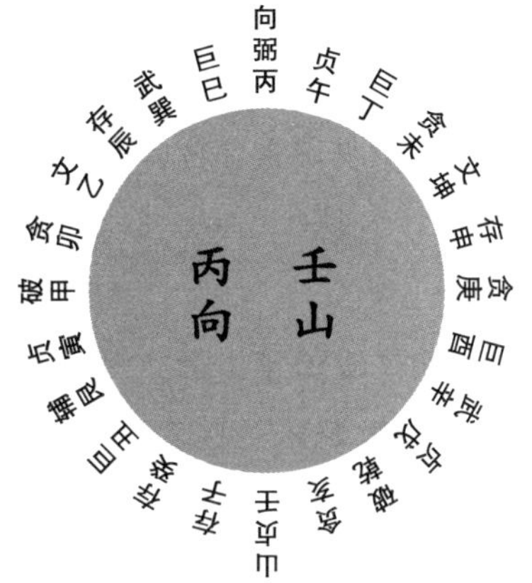

二、子山午向

午向，即离也。故：寅午水为左辅，壬戌为右弼；申子辰癸水为巨门，中男中女得夫妇配合，后天一九合十，曰水火不相射，故云巨门；乾甲水为武曲，坤乙水为贪狼，以先天之乾坤，即后天之坎离，曰武曲乾贪狼坤也。书云：午向后天正南离，贪巨辅水武曲宜，二宅逢之生吉庆，当年应发定不移，若然真龙并穴的，富贵绵绵不尽期。

又：丁巳酉丑为禄存，主瞎眼痨疾；庚亥卯未为文曲，主淫奸泥水；艮丙为廉贞，主少亡损丁；巽辛为破军，赌博官非。断曰：破军文曲起祸殃，更有禄廉不可当，常遇凶祸并少死，赌博官非退田庄。

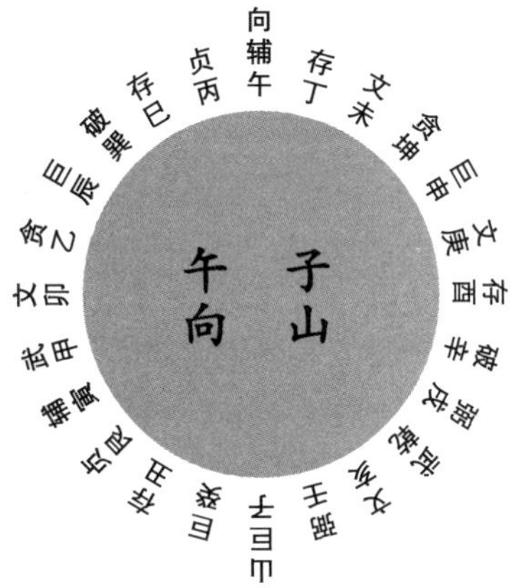

三、癸山丁向

丁向纳卦在兑，故：巳丑为左辅，酉丁为右弼；巽辛为贪狼，居先天兑之位，故曰贪狼；艮丙为巨门，少男少女得夫妇相配，故曰巨门。震庚亥未为武曲，后天之艮位，即先天之震位，故曰武曲。书云：贪巨辅武是吉星，水绕山环发富真，依图参断无差误，当代儿孙冠群英。

又：寅午戌壬水为禄存，主瞎眼疾病淫乱；乾甲为文曲，主泥水赌博；申子辰癸水为廉贞，主失红痨疾，泥水入棺；坤水为破军，主损丁横祸凶灾。男亡女寡讼事起，退败田园财产空。

四、丑山未向

未向纳卦在震，故：卯未水为左辅，庚亥水为右弼；巽辛水为巨门，得夫妇相配，故曰巨门；丁巳酉丑为武曲，先天之兑位即后天之巽位，故曰武曲；艮丙水为贪狼，以先天之震位，即后天之艮位，故曰贪狼。书云：贪巨水朝旺人丁，辅弼武曲福自真，当代儿孙多富足，金库银仓不须猜。

又：未向，寅午戌壬水为文曲，主淫乱聋哑；乾甲水为禄存，主虫蚁水侵，翻棺损丁；坤乙水为廉贞，主失红痨疾，多寡妇；申水辰癸水为破军，主赌博讼事。断云：文曲廉贞莫犯他，破军禄存乱如麻，横祸灾凶官事起，损丁破产败了家。

五、艮山坤向

坤向，故：乙水为左辅，坤水为右弼；乾甲为巨门，得夫妇正配，天地之定位，故曰巨门；寅午戌壬水为贪狼，申子辰癸水为武曲，后天之坎离即先天之乾坤位也，故曰贪狼武曲，主丁财大旺，催富极速。书云：巨门左辅福寿昌，贪狼武曲夸文章，当代儿孙天赐福，二宅逢水永垂芳。

又：坤向，巽辛水为文曲，主泥水奸淫；庚亥卯未水为廉贞，主少亡损丁，横祸官非；丁巳酉丑为破军，主贼盗赌博痨疾眼瞎；艮丙水为禄存，主泥水虫蚁失红。断云：破禄文廉势洋洋，男灾女淫与孤霜，赌博讼事官非起，横祸牵缠见瘟惶。

六、寅山申向

申向，纳卦在坎，故：辰申水为左辅，子癸水为右弼，主富贵绵绵；寅午戌壬水为巨门，得夫妇相配，主速发丁财；坤乙水为武曲，主催贵；乾甲水为贪狼，主催丁极速。书云：贪狼武曲旺丁财，少年文运天自开，当代儿孙登科第，文武全能一起来。辅弼巨门水到宫，丁名骏发达天聪，当代儿孙多富足，少年科第事事通。

又：庚亥卯未水为破军，主祸事凶灾；丁巳酉丑水为廉贞，主少亡产死；艮丙水为禄存，主蚁水侵棺；巽辛水为文曲，主淫乱。断云：破军文曲损少年，禄存廉贞退田园，连年横祸凶败死，男亡女寡哭皇天。

七、甲山庚向

庚向，纳卦在震，故：卯未水为左辅，庚亥水为右弼；丁巳酉丑水为武曲，得后天三七合十，故曰武曲；巽辛水为巨门，得夫妇相配，为雷风相薄，故曰巨门；艮丙水为贪狼，以后天之艮，即先天之震位，故曰贪狼。书云：辅弼武曲正催官，贪狼巨门进田园，人丁大旺财源广，常得外财满心欢。

又：庚向，乾甲水为禄存，主堕胎，黄肿；午戌壬水为文曲，主淫乱痨疾，赌博退败；坤乙水为廉贞，主讼事横祸，损丁败绝；申子辰癸水为破军，主泥水凶伤泉水侵，赌博淫乱损败家。

八、卯山酉向

酉向，故：丁巳为左辅，酉丑为右弼；庚亥卯未水为武曲，后天左三右七合十，故曰武曲；艮丙水为巨门，得少男配少女，为山泽通气，故曰巨门；巽辛水为贪狼，后天之巽即先天之兑，故曰贪狼。书云：武曲贪狼旺丁财，当代儿孙进君门，小与长房皆可发，男侯女妃在朝庭。又云：巨门辅弼进金财，文武科名一齐来，屈曲朝来为上格，当代儿孙进阁台。

又：寅午戌水为禄存，主损丁败财；乾甲水为文曲，主失红败绝；坤乙水为破军，主少亡蚁水；申子辰癸水为廉贞，主痨疾淫乱。断云：破军禄存不堪言，文曲廉贞祸事牵，男亡女淫家败退败，官讼横灾退田园。

九、乙山辛向

辛向，纳卦在巽，故：巽水为左辅，辛水为右弼；丁巳酉丑水为贪狼，先天之兑即后天之巽位，故为贪狼；庚亥未卯水为巨门，得夫妇相配，雷风相薄，故曰巨门；艮丙水为武曲，先天居西北，后天居东北，即先天之震位，故曰武曲。书云：武曲催官发文章，贪狼辅弼姓名扬，当代儿孙主速应，富贵荣华万司箱。

又：寅午戌水为破军，主痨疾损丁财；乾甲水为廉贞，主失红生泥水；坤乙水为禄存，主黄肿冷退；申子辰癸水为文曲，主奸淫赌博好讼。断云：禄存文曲主凶恶，廉贞横祸损少年，赌博讼事退田产，不上半载见祸殃。

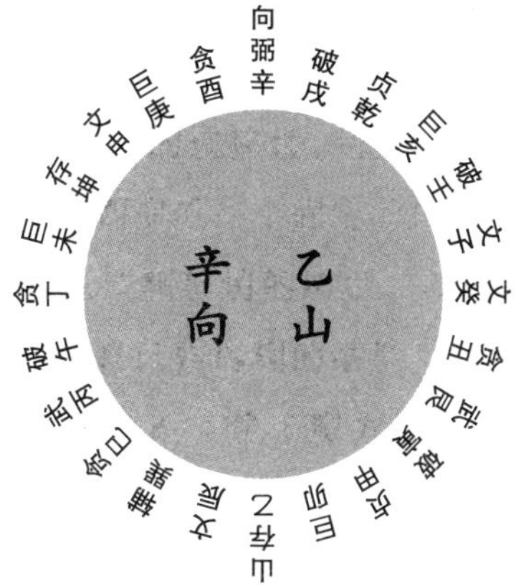

十、辰山戌向

戌向为火库，纳卦在离，故：午戌水为左辅，壬寅水为右弼；申子辰癸水为巨门，得夫妇相配，为水火既济，故曰巨门；乾甲水为武曲，以后天之离即先天之乾，故曰武曲；坤乙水为贪狼，以先天之坤即后天之坎，故曰贪狼。书云：贪狼辅弼主聪明，巨武朝来富贵兴，当代儿孙登科甲，百子千孙一般均。

又：丁巳酉丑水为禄存，主痨疾聋哑；庚亥卯未水为文曲，主奸淫损丁；艮丙水为廉贞，主泥水退败；巽辛水为破军，主争讼横祸失红。断云：

廉破横祸主遭凶，禄文淫乱祸重重，墓宅见之丁财败，子孙忤逆田产空。

十一、巽山乾向

乾向，故：乾水为左辅，甲水为右弼；壬午戌寅水为武曲，先天之乾，后天之离，故曰武曲；坤乙水为巨门，得夫妇相配，为天地定位，故曰巨门；申子辰癸水为贪狼，先天之坤位，即后天之坎位，故曰贪狼。书云：贪巨水朝喜上堂，初代儿孙发文章，弼武人丁兼名旺，永无凶祸福寿长。

又：庚亥卯未水为禄存，主黄肿痨疾，内生泥水；丁巳酉丑水为文曲，主奸淫冷退，溺水投河；巽辛水为廉贞，损丁吐血多寡妇；艮丙水为破军，主赌博讼事生泥水。断云：破廉横祸事主凶，文禄官灾财产空，屠戮损丁並溺水，淫乱癫疯出哑聋。

十二、巳山亥向

亥向，纳卦在震，故：庚未水为左辅，卯亥水为右弼；艮丙水为贪狼，后天之艮即先天之震，故曰贪狼。巽辛水巨门，得夫妇相配，为雷风相薄，故曰巨门。丁巳酉丑为武曲，得后天三七合十，故曰武曲。书云：辅贪巨武本无凶，二宅逢之事事通，当代儿孙多富贵，少年科第步蟾宫。

又：寅午戌壬水为文曲，主淫乱投河；乾甲水为禄存，主痨疾黄肿；申子辰癸水为破军，主失红聋哑瞽目损丁；坤乙水为廉贞，主泥水疯疾翻棺。断云：廉贞文曲水不良，破禄凶星更难当，田地退败遭官杖，不上半栽见祸殃。

又云：十恶原来是水神，生死祸福不由人，破禄文廉休犯着，官灾横事损人丁。

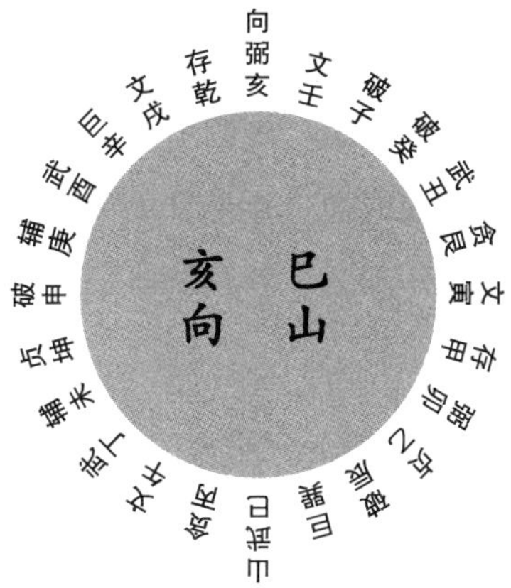

十三、丙山壬向

壬向，纳卦在离，故：午戌水为左辅，寅壬水为右弼，俱在本卦之内，故云辅弼；申子辰癸水为巨门，先天得夫妇配合，后天一九合十，故曰巨门；坤乙水为贪狼，乾甲水为武曲，先天乾南坤北，后天离南坎北，是坎南得乾坤之气，乾坤即坎离也，故云武曲贪狼。书云：武曲贪狼能救贫，巨门辅弼多利名，若得贪巨武辅弼，文武全能为公卿。

又：巽辛二水为破军，主赌博少亡。丁巳酉丑为禄存，主损丁失红。庚亥卯未为文曲，主好淫。艮丙水为廉贞，主痨疾。断云：文曲禄存出游荡，廉贞多生黄肿恙，破军逃窜往他方，失红水犯遭椤杖。

十四、午山子向

子向，故：辰癸水为右弼，以申子水为左辅，又为后天三合局，此为后天一卦，故云辅弼；乾甲水为贪狼，寅午壬戌水为巨门，得坐山三合，中男配中女，故云巨门；坤乙水为武曲，主催官求科极速，又先天之乾坤位即后天之坎离，故云武曲贪狼也。书云：辅弼武曲发富真，巨门贪狼福自增，水来若能得其吉，当代儿孙播名声。

又：丁巳酉丑水为廉贞，主少亡失红；亥庚卯未水为破军，主军贼缢死；艮丙水为禄存，主泥水绝嗣；巽辛水为文曲，主好淫。断云：破禄文廉凶相聚，坟茔犯之主杀人，第兄屠杀家消败，棺内泥水损丁财。

十五、丁山癸向

以癸纳卦在坎，故：申子水为左辅，癸辰水为右弼；离（午）壬寅戌水为巨门，得夫妇相配，坎离即济，故云巨门；乾甲水为贪狼，以先天之乾，即后天之离位，故云贪狼；坤乙水为武曲，先天之坤位，即后天之坎位，故曰武曲。书云：寅午戌与申子辰，名曰六秀吉水临，乾癸乙水云三吉水，二宅逢之皆跰臻。贪巨辅武在内安，当代儿孙福禄全。

又，丁巳酉丑水为廉贞，主少亡损丁；庚亥卯未为破军，主赌博好讼；艮丙水为禄存，主失红痨疾；巽辛水为文曲，主淫乱败家。断云：破禄文廉谁敢当，墓宅逢之主绝亡，男多横祸少年死，女犯邪淫走外乡。

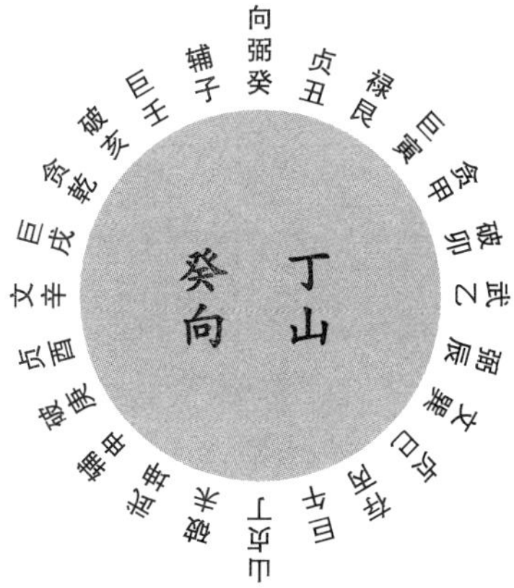

十六、未山丑向

以丑为金之库，纳卦在兑，故：丁巳水为右弼，丑酉水为左辅；庚亥卯未水为武曲，得后天左三右七之配，故曰武曲；巽辛水为贪狼，先天之兑即后天之巽，故曰贪狼；艮丙水为巨门，得少男媾少女，为山泽统气，故曰巨门。书云：丑向武曲旺丁财，贪巨辅弼喜朝来，二宅逢之生吉昌，少年登科进阁台。

又，寅午戌壬水为禄存，主寿矢聋哑；申子辰癸水为廉贞，主失红水厄；坤乙水为破军，主军贼赌博；乾甲水为文曲，主淫乱产死。断云：廉贞禄存祸事伤，破军文曲再不良，产死缢亡屠戮配，荡家散业见灾殃。

十七、坤山艮向

艮向，故：兑丁巳丑水为巨门，得少男少女夫妇相配，山泽通气；又庚亥卯未水为贪狼，以先天之震位，即后天之艮位，故曰贪狼；艮水为左辅，以丙水为纳气，故曰右弼；巽辛二水为武曲，催科极速。以上贪巨辅武，内合三吉六秀。书云：贪狼巨门合归元，巨辅同临发富先，人丁大旺财源茂，富贵悠悠永绵绵。

又，寅午戌壬水为廉贞，主痈肿痨疾，血贯满肠；乾甲水为破军，主疯癫失红；申子辰癸水为禄存，主水蚁交侵，覆椁翻棺，多淫乱少亡；坤乙水为文曲，主瞎眼。断云：破禄文廉水主凶，宅墓逢之财产空，赌博军贼失红死，淫乱消索祸事攻。

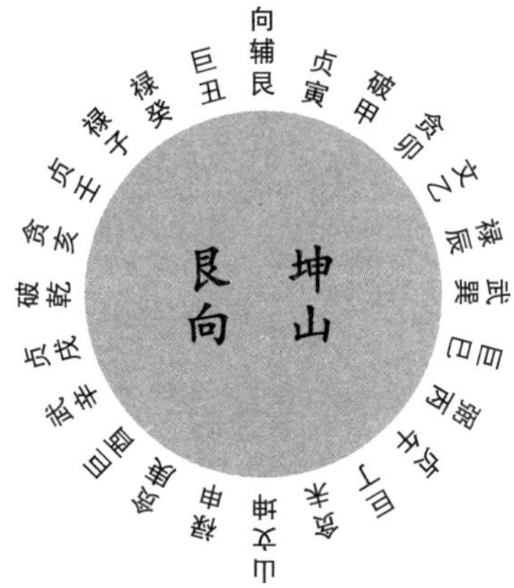

十八、申山寅向

寅向，纳卦在离，故：壬戌水为左辅，寅午水为右弼，癸申子辰水为巨门，得夫妇相配，后天一九合十，故曰巨门；乾甲水为武曲，以先天之乾位即后天之离，故曰武曲；坤乙水为贪狼，以先天之坤即后天之坎，故曰贪狼。寅向坎水是北辰，寅午戌壬旺财丁，武曲贪狼名六秀，为官清正不污民。又云：寅向巨门旺丁财，武曲贪狼福自来，立向若然无差错，当代儿孙产英才。

又，庚亥卯未水为文曲，主淫乱；兑丁巳丑水为禄存，主失红痨疾；艮丙水为廉贞，主少亡产死；巽辛水为破军。断曰：破禄文廉是凶杀，墓宅逢之乱如麻，赌博讼事出淫乱，男亡女消败寡家。

十九、庚山甲向

甲向，纳卦在乾，故：乾水为左辅，坤乙水为巨门，得夫妇配合，为天地定位；寅午戌壬水为贪狼，又申子辰癸纳卦在坎，寅午戌壬纳卦在离，以后天之坎离，即先天之乾坤，故曰贪狼武曲。书云：辅武贪巨来合家，二宅逢之享荣华，内合三吉与六秀，当代儿孙富可夸。

又，甲向以庚亥卯未水为禄存，主痨疾堕胎；丁巳酉丑水为文曲，主疯癫狂死多淫乱；艮丙水为破军，少亡产死，败绝瘟癀；巽辛水为廉贞，赌博好讼。断云：破禄文廉凶水侵，灾祸相连哭悲声，不信请君开穴看，内生虫蚁外损丁。

二十、酉山卯向

卯，即震也，故：亥卯水为左辅，庚未水为右弼，主丁财大旺；丁巳酉丑为武曲，得后天左三右七而合十，故曰武曲；巽辛水为巨门，为长男长女相配，得雷风相薄；艮丙水为贪狼，先天之震即后天之艮。书云：震向兑水旺财丁，隔穴相生福自来，人财两旺家丰足，当代儿孙产名财。又云：贪狼辅弼武曲生，文武全能掌兵衡，若得真龙与穴的，当代儿孙近帝君。

又，壬寅午戌水为文曲，主男荡女淫，赌博败家；申子辰癸水为破军，主军贼少亡；乾甲水为禄存，主流走军配；坤乙水为廉贞，主瞎眼聋哑。断云：文曲男荡女主淫，消家败产是破军，禄存绝命聋哑瞎，廉贞少亡灾毒刑。

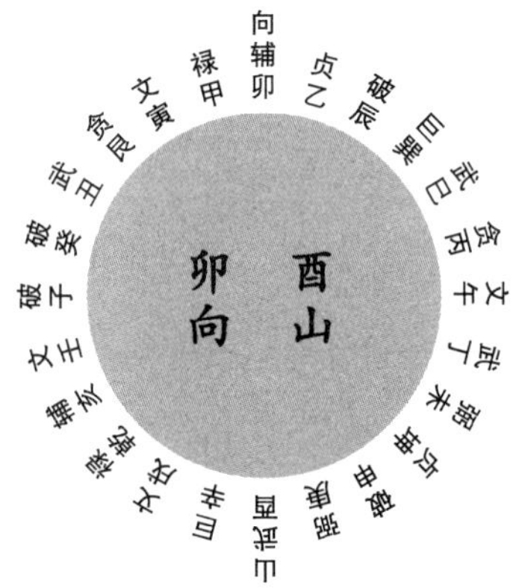

二十一、辛山乙向

以乙纳卦在坤，故：坤水为右弼，乙水为左辅；乾甲水为巨门，为夫妇相配，得天地定位，故曰巨门；壬寅戌水为贪狼，以离居先天乾位，故曰贪狼；申子辰癸水为武曲，卦在坎居先天坤位，故曰武曲。书云：辅弼武曲正催官，贪狼巨门众房安，少年科第身无价，常得外财满心欢。

又，丙艮水为文曲，主男荡女淫；巽辛水为禄存，主少亡痨疾，失声聋哑；庚亥卯未水为廉贞，主瘟癀横祸，官非赌博；丁巳酉丑水为破军，主泥水军贼。断云：破军禄存主少亡，再加文廉起祸殃，人丁损失资财散，单身寡妇抚螟郎。

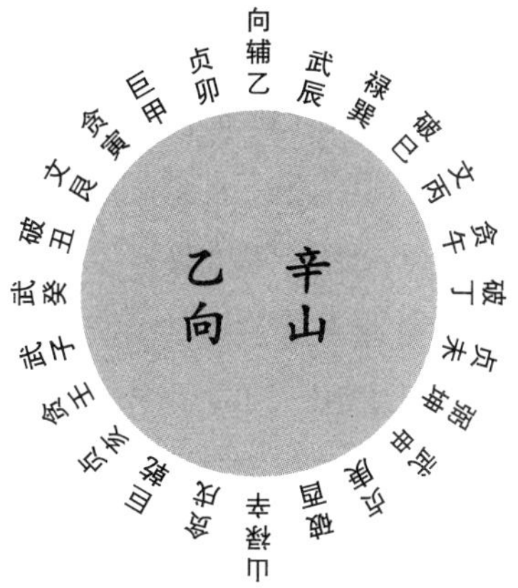

二十二、戌山辰向

以辰水为库，纳卦在坎，故：癸辰水为左辅，申子水为右弼；寅午戌壬水为巨门，纳卦在离，得夫妇相配，一九合十，故曰巨门；乾甲水为贪狼，坤乙水为武曲，以先天之乾坤即后天之坎离，故曰武曲贪狼也。书云：大发财产是巨门，人丁自旺贪狼星，如得辅武同来会，儿孙冠世有名声。

又，巽辛水为文曲，主淫乱败家；艮丙水为禄存，主失红溺水；丁巳酉丑水为廉贞，主损丁败财，泥水侵棺；庚亥卯未水为破军，主少亡横祸，损丁绝嗣。断云：破禄文廉凶杀水，人丁败绝家资毁，男子寿夭女淫乱，官灾祸事常牵连。

二十三、乾山巽向

巽向，故：丁巳酉丑水为贪狼，以先天之兑即后天之巽，故曰贪狼；巽水为左辅，以辛水为纳卦，故曰右弼；庚亥卯未为巨门，纳卦在震，以震为长男，巽为长女，得夫妇配合，为雷风相薄，故曰巨门；艮丙水为武曲，先天之震即后天之艮，故曰武曲；书云：弼武贪巨朝巽宫，少年科第达天聪，当代儿孙均发富，文武全能在朝中。

又，申子辰癸水为文曲，主奸淫赌博；寅午戌壬水为破军，主军贼讼事；乾甲水为廉贞，主吐血产死；乙坤水为禄存，主绝嗣聋哑。断云：存文水犯痨疾多，内生泥水事磋跎，更有破廉来聚会，男亡女淫受折磨。

二十四、亥山巳向

巳向，纳卦在兑，故：丑巳水为左辅，丁酉水为右弼；庚亥卯未水为武曲，得三合会局，后天三七合十，故曰武曲；艮丙水为巨门，得少男配少女，故曰巨门；巽辛水为贪狼，以后天之巽即先天之兑，故曰贪狼。书云：巳向巨门全财进，更喜辅武贪弼来，当代儿孙冠科第，金银满库不须猜。

又，巳向申子辰癸水为廉贞，主痨疾少亡；寅午戌壬水为禄存，主奸淫失红，聋哑好讼；坤乙水为破军，主赌博军贼，横祸官非；乾甲水为文曲，主堕胎产死。断云：廉贞禄存多痨疾，破军文曲生讼灾，男多横祸遭刑杖，女多邪淫又堕胎。

笔者按：辅星水法运用的关键是看用哪一盘来收水。有人说用地盘，有人说用天盘，笔者说：都不是！有读者就说了：哈哈，那是用人盘了？实话说：也不是！那是用哪一盘呢？

不是笔者卖关子，或故弄玄虚，答案就在本书中，只要读者看书够仔细，相信一定找得出的。

——太轻易得到的东西，一般都不会珍惜。而懂得辅星收水之盘，可与天地真形相合，万不失一！

先圣留下真口诀，只待有缘有福人。

附录一

风水与命运漫谈

——人及一个家族之贫富贵贱从何而来

陈良荃

人及一个家族之贫富贵贱从何而来?

这个问题很严肃，很深刻，也很难回答。简而言之，就是：是什么造就（注定）了一个人的一生是富人还是穷人？是权贵还是平民？又是什么在影响（决定）着一个家族的兴旺与衰败?

笔者多年来，一直在思考这个问题，也在寻找它的答案。

相信世间有很多人，也想知道这个问题的答案。

因为，知道了这个问题的答案，就犹如：当一个人站在“富贵”的大门前，只要念出《阿里巴巴和四十大盗》中那句经典咒语：芝麻开门！——“富贵”之门便会轰然而开。

这个“芝麻开门”中的“芝麻”，究竟有没有呢？如果有的话，又到底是什么呢?

笔者先从自家的《陈氏家谱》说起：

笔者某年回四川老家祭祖，看到一本家族重修的《陈氏家谱》。

《家谱》中记载，本门陈氏一脉系舜帝之后裔，被周武王敕封河南开封府陈州为国，故始姓陈。有记载的始祖名叫陈昌，是战国时期齐王之后代——先祖陈完（谥敬仲，陈国皇子之一），为避祸由陈国逃奔齐国，曾易姓田，后之子孙即位齐王（如田常），传至十一代时，齐被秦灭，齐王田建之子——昌，逃归颍川，复姓陈，即陈昌。陈昌之第三子陈平，曾数出奇计，辅助汉高祖刘邦取得天下，官居左相。第 11 世祖名陈寔（有书载为陈实），世称颍川长者，德显于世。故本门亦称颍川陈氏。

《家谱》中记载，在南北朝年间（约公元 557~589 年），本脉第 28 世祖名叫陈霸先，曾推翻南朝梁国，立都南京建立陈国，皇位共传五代，计三十二年。后陈国被隋文帝所灭。自此以下，陈氏一脉子孙大旺，为官者数不胜数，历经唐宋五百余年。

陈宣帝陈顼之第五子——宜都王陈叔明（后主陈叔宝之弟）之子（第 31 世祖）陈南瑛，隋文帝丙辰年进士，官至副御史，后迁居江西吉州府（今吉安市）泰和县。至第 41 世祖陈伯万，官任唐僖宗驾前都督，七十岁告老辞官时，于唐同光二年，请旨由江西泰和县迁居湖广宝庆府（今湖南邵阳市）新化县鹅塘村。其间陈氏子孙多有任太守、太师及尚书职位之人。

如第 46 世祖陈省华，为谏议大夫（封秦国公），其妻冯氏一胞三子，先后全部中过当朝之状元，并分任尚书、太师及节度使之职，故有“三元同朝”之美谈；冯婆亦得宋仁宗及皇后宣旨诏见，赐金缕、金杖、锦屏三宝，并赐封燕国夫人，寿高 108 岁。

其第二子状元，即第 47 世祖陈尧佐，官至太师，所生十子，皆为朝中要员：第一子，工部侍郎；第二子，吴州太守；第三子，广东谏议使；第四子，户部给事；第五子，礼部尚书；第六子，济源太守；第七子，大理寺卿；第八子，淮州太守；第九子，吏部文选司；第十子，内廉御史。

本门一脉即是其中第五子，第 48 世祖陈述古（礼部尚书）的后人。

后本脉至第 76 世祖陈国义时，因明末张献忠之乱，“湖广填四川”，先祖陈国义携家眷于康熙四十九年由湖南邵阳迁入四川宜宾。

笔者发现，本门一脉自第 49 世以后，可谓极盛而衰。距今近 40 代人以来，便未见《家谱》中记载有什么“大人物”出现了。

特别是近代以来，在四川当地的本脉陈氏子孙，大多是以务农为生的农民，按俗话所言，就是几乎没有人是“吃皇粮”的。笔者是陈氏第 87 代子孙，当年由考学到南京读书，算是本脉近几代人来第一位“跳出农门”之人

(后又有多人考上大学)。

故纵观我陈氏之《家谱》，由此可知：陈氏本门一脉确实“衰败”到了无法与前人相比的地步！

人言：“自己好不算好，后人比前人好，才算真的好！”

一个家族的兴衰，有没有什么原因在里面呢？

笔者曾就这个问题问及家父，家父跟笔者讲了这么一段故事：

本脉自迁入四川以来，距今不过十余代人。在民国年间，我们陈家虽说没有出过什么当官之人，但也算得上人丁兴旺、家财颇丰，据说当时方圆十里之内都是我们陈家的“地方”（田产）。

某年，不知从何处来了一个风水先生，对我们祖上说：“某棺祖坟葬得还不够好，要迁，迁了不仅财会发得更大点，还可以出官！”（人心不足，自古皆然。)

当年葬这座坟的，是当地一位有名的姓张的风水先生，这位张先生知道后，就前来阻挡，对先祖说：“我是看在我们有亲戚之谊的面子上，才给你们做的。你们如果真的要迁，请先在坟后挖一个洞，如见有‘白气’冒出，就赶快把洞堵上；如没见‘白气’冒出，你们再迁不迟。”

果然，在迁坟的当天，众人先在坟后挖了一个洞，只见洞中真有许许“白气”涌出，吓得众人连忙把洞堵上（其实坟也算破了大半)。迁坟之事这才作罢。

按理说，风水之事该到此为至。但不久，不知从何处，又来了一位风水先生，祖上居然再次听信了那位先生的话，将一个原本“一步踏三山”那样狭窄的水口，开成了一块大田，据说一方面也是为了可多产粮食百担。（可谓因小失大！)

据家父言，此水口是管着我们陈家阴阳二宅的要紧之处，从风水角度言之，事关祸福。

自祖坟与水口被破之后，我们陈家便逐渐衰败下去，接连发生了兄弟相残及赌博吸食鸦片败家等事，没到解放前，“地方”已经卖光，人丁也凋零下来。

家父后来猜测：那两个风水先生，说不定是因为祖上不小心得罪了某人，或遭人嫉妒，人家出钱请来故意“害”我们陈家的。即使不是，也是江湖谋食之辈，自视水平甚高，其实是学得来先杀自己、再杀别人之流！（俗语有言：庸医杀人用纸包，地理杀人不用刀！）

家父感慨：“皆是因为自己不懂，别人怎么说，就怎么做，上了当也不知道。”并言：“这就是我从年轻时就立志要研习风水的原因！”

笔者后再仔细翻阅《家谱》，见第48代先祖以上，多有记载某先祖葬“笑天狮形”穴，某先祖葬“飞鹅抱卵”穴等，还配有详图说明。今依图观之，觉得最起码“青龙白虎”还算不错。可见历代先祖即使不懂风水，也是十分看重风水的。

后笔者见一本《陈姓》书籍中记载：陈寔之后代有一陈达，出任长城县令（今浙江长兴县）时，观该地山清水秀，便安下家来，并曾对亲人说：“此地山川秀丽，当有王者兴，二百年后，我子孙必钟斯运。”陈达的预言，在他第九代子孙——陈霸先身上得以实现。看来先祖陈达必是深谙风水之道的，应证了笔者以上的猜测。

而本脉入川至今十余代人以来，近代先祖之墓，多半葬于什么“田边”、“土边”或“坎上”。据家父言，以如今所学观之，于风水之“龙砂穴水向”，可谓无一合法。仅依所谓“水法”能马虎过得了关的，也寥寥无几。

本脉入川之第一祖坟葬的是“辛山乙向”，书云：辛山乙向，不得乾甲山水，少人丁，且多死得力壮男。观《祖谱》知：本脉一直人丁不旺，多有绝后之人。笔者祖父得力却早逝，家父无亲兄弟，笔者亦单丁。

风水之事，能不信乎？（家父尝言：风水之损人丁，专损得力之人，亦怪哉？）

特别是笔者曾祖父之墓，葬在一山咀临大田之边上，立向时把“后龙”都甩掉了，即成后空之势。稍懂点风水基础知识的人都知道——“左青龙、右白虎、前朱雀、后玄武”，是言穴之后方及左右两边一般不能呈漏空之势，不然谈什么“藏风聚气”？

真不知当年为笔者曾祖父下葬的那位先生是怎么想的？水平“高”得还真是有点“级别”了！更难得的是，居然当时无人认为有什么不妥！真是：“先生怎么说，就怎么做！”

家父后言：此立向用的就是假的“长生水法”！

家父曾讲：笔者曾祖父去世时，其辛苦一生所创家业已败，去世时竟无人照料，还是十二三岁的家父壮着胆给曾祖父穿的寿衣。以当时之凄凉处境，哪有条件去找什么“高明”的先生。

再说，如今想想，当时哪里又有多少“高明”的先生？还不是认为——“手里有罗盘的就是先生！”

那风水真的就是影响一个人甚至一个家族富贵兴衰的原因吗？

俗话有云：“一命二运三风水，四积阴功五读书。”照如此说，那所谓的“命运”是不是决定一个人一生之富贵贫贱最根本的原因呢？（笔者近期见台湾师范大学教授曾仕强在《百家讲坛》上讲：“一命二运三风水，四积阴功五读书”，应从后面往前面讲，第一是读书。）

有许多人可能会说：“我不信命，相信只要努力勤奋，就会有富有贵。”

但现实证明，好像并不完全是那么回事：君不见，路边也有许多每天都在努力勤奋——靠乞讨为生的人。人活世上，除了真正的懒汉及个别思想不正常的人，谁不是每天都在努力奋斗？

也有人可能会说：“一切都是命中注定，命里有时终须有，命里无时莫强求。”言下之意：命里没有，再努力也没用。但问题是：你怎么事先知道命里是“有”还是“没有”呢？何况，这个“命”又是从何而来的呢？连这个问题都没搞明白，就那么消极，不免有些为时过早！

所以，笔者再从命运谈起。

其实研习术数文化，特别是“命理”，有一个问题是无法逃避的，那就是：“人真有命运存在吗？如有，命运可以改变吗？”

笔者从小也是从接受正统教育过来的，读书、考学、分配、参加工作。虽然自小受家父影响，知道风水之类的东西，但并不太以为然，相信命运是掌握在每个人自己的手里，前途要靠自己努力去创造。

1995 年，笔者有一同事，中医世家出身，对易经八卦和八字算命之类颇有些研究，笔者曾让他算过一次命。记得该友当时煞有介事的拿出一本《万年历》来，问了笔者的生日及出生的具体时间，就在纸上写了一些对笔者而言犹如天书的“天干地支”来，口中还念念有词，分析半天，说：“你八岁有水灾！”

——笔者回忆，八岁时夏天同玩伴去一池塘洗澡，差点被淹死，记忆犹新，确有其事。神奇之至！世间还真有“知过去未来”的东西？

该友还认真跟笔者算了什么“何时大运走好运”，什么“要晚婚”等等。

如今十几年过去了，笔者回过头去想想，有些东西好像还真是那么回事。

出于好奇之心，笔者由此对算命之术产生了兴趣，想看看人是否真有“命运”一说存在。记得当时看的第一本书是《古代算命术》，说实话，看不太懂，当时笔者连什么“地支含藏”，特别是什么“用神”都搞不明白，“四柱”及“大运”排出来，也不会分析。幸亏经那个朋友的指点，才算入了门。

总之，笔者后来见到算命书籍就买，没事就看，渐渐也有点入行了，偶尔也拿身边朋友的“生辰八字”来研究研究，也能说准个七七八八，焉然有点“大师”的味道。

笔者后因工作到某地，又认识了一位易友，其人对“八字命理”研究颇深，曾拜一盲人命师学习，一本《三命通会》看得滚瓜烂熟，断事颇为准验。笔者亦得其诸多指点。

该友以他之亲身经历告诉笔者：“不可不信命！”

——该友未发迹前，那位盲师曾言他某年要“发财”，后果然身价数百万；后盲师又言他某年要“败”，他不以为然，后果然一败如灰。笔者相识他时，正是他身无分文的时候。整五年过去，该友如今又重新开始创业，与其命局颇为吻合。

笔者当年还在研读国内邵大师和一位李大师的命理书，二人对一些命学观点“争辩”得颇为厉害。该易友于是告诉笔者：“研究命理，应以《三命通会》、《渊海子平》、《子平真诠》为正纲，辅以《滴天髓》、《造化元论》、《神峰通考》等，方能有成。”

笔者经过这十余年来对命理知识的学习，以及为身边许多朋友测算“八字”的实践，笔者认为——人确实还是存在有“命运”一说的！

如笔者一日接到南京某朋友电话，报了一个人的生辰过来，笔者在电脑上一排出其“八字”，当即短信回复：“其人祖上为大官，兄弟也为官，自己也是个官，不过目前官不大。”友电话立至，连说“惊奇”。其人在旁，接过电话，言其祖上明朝就有尚书，清朝官员累叠，今兄弟数人皆局级，惟他职务稍低。

笔者言其祖上必得“好风水”，其人言之：听说祖上风水甚好，是请明师所作。

看来，一个人的“生辰八字”中确实蕴藏了许多“命运”与“风水”的信息。

但命运究竟是个什么东西呢？

依笔者的理解，笔者认为：

所谓人之命运，其实就是一个人从出生到死亡这一期间的“生活轨迹”！一个人出生时的年月日时那个“时点”，按八字命理所言——就是所谓的“命”；此人以后的“生命时间”——就是“运”。

命加运，就是所谓的命运。

笔者按：关于剖腹产，从命理上言，笔者认为应以婴儿出母体之时算，因其已感应天地之气，实践中看来也是准确的。有人会说：那我选一个富贵的时间剖腹产生小孩不就可以了吗？事实情况是：全在“天意”！笔者为很多朋友生小孩时参考过希求大富大贵的时间，但都因或这或那的原因，没有一个能达到，结果只能求其次。所以笔者后来反对剖腹产选时间，一切皆应顺应自然。

古人所说的“好命”，其实就是指一个人一生的生活轨迹呈“非富即贵”的状态；“歹命”就是其一生的生活轨迹呈“即贫且贱”之态。当然，更多的是不好不歹之芸芸众生之命。

笔者认为：所有算命的理论，都不过是古人经过不知多少年总结归纳出来的一种“模拟公式”而已，用来模拟一个人一生的生活轨迹的。

算得准不准，要看这个算命先生对这套“模拟公式”的理解掌握程度而定。

但不管算得准不准，并不影响人本身那个生活轨迹——命运的存在。

人既然有所谓命运存在，那又是什么决定出每个人具有不同的命运的呢？也就是回到笔者一上来就提出的问题：

“人一生之贫富贵贱的‘命运’从何而来？一个家族是由人组成的，同样，一个家族兴衰的‘命运’又是由什么决定的呢？”

笔者家父从年轻时就立志拜师研习风水，一直一边学习一边实践，所追求的就是：

“风水是不是能够决定和改变一个人及一个家族之贫富贵贱？”——即好风水是否可生出（荫佑）好命之人，好风水是否可以改变已生不好之命？

家父穷其一生之精力，历经五十余年的实践，到如今告诉笔者的答案是：

风水确实可以起到改变一个人甚至一个家族之贫富贵贱“命运”的作用！（注意：非言“风水”是惟一作用！）

家父言：风水好的家庭，生出来的小孩，面相骨格看起来都不一样。（笔者曾看过家父“改向”后的一家人所生其孙子的八字，相当的漂亮！）

但还有一个关键问题，就是——

“真风水”理论才行，“假风水”理论不行！

（笔者按：此处所言“假”，并非“全假”之意，而是指“层次较低”的意思。任何理论，都有层次高低之分。）

家父得先师刘天禄之风水真传后，方才明白：天下之坟，其实万中难得有一墓是葬得合“法”的！

家父言之：“几十年来，不知查看过多少人家的祖坟，稍有富贵的家庭，必有一二座祖坟看起来是‘要得’的（最起码‘水法’能过得了关）；而数代都是‘贫下中农’的，真的找不出一座葬得稍好一点的祖坟。”

所见中，特别若是能合得‘形法’二家理论的，更是少之又少；如能合得，必是出大富贵的家庭，且少说要发数代以上！

为何？

道理其实很简单——无龙无穴，无砂无水（砂水是有的，如不能为我所用，有等于无，而且作煞），向亦立错，后世子孙何来“好命”？连聪明俊秀的人都出不了，何言富贵？

如在民间，有多少本身懂得些风水之术的人家，自家数代“官”连生产队长都没有当过，“文”连高中生都没有，发富贵乎？所学真乎？

难怪风水之术，自古“用者疑之，学者亦疑之！”

那什么才是“真风水”理论？什么又是“假风水”理论呢？

笔者认为：

用之能点出“真龙穴地”，并葬之可出大富贵之人的风水理论才是“真风水”理论；反之，用之无效甚至有害的便是“假风水”理论！

故观今之某些风水理论，舍龙穴不谈，而只在元运飞星或水法上琢磨，恐穷此毕生，亦不知“道”在何处！

更甚者，今有些人自持懂得些“奇门”、“六爻”或“六壬”等预测之术，亦用之于风水，去为人“寻龙点穴”，并焉然以“风水宗师”自居。

——欺人尚可，欺自己难也！

由此，笔者在此提出个人观点，认为：

一个人和一个家族之贫富贵贱（命运）与“祖坟风水”有莫大的关系！

笔者用一句时下流行的话来说，就是：“风水不是万能的，但一点不讲风水则是万万不能的。”这就是逻辑学上讲的充要条件与必要条件的关系。

有人会说：“你把风水说得那样神奇，这是‘惟心’甚至‘迷信’的说法，完全否定了人的主观能动性，难道有了好风水，不去努力就会成功了吗?”

对于这类“书呆子”和“钻牛角”的问法,笔者只能苦笑:“乞丐尚需主观能动去伸手才不至于饿死,何况吾辈?”

其实,说得再“惟心”一点,以笔者的理解,认为:好风水自会产生一种“冥冥”的力量催促和引导你去努力!也可以换个角度来说:你不努力都不行!

为何?

笔者把风水和命运比喻为一个人的“内因”,把个人努力和社会环境等比喻为“外因”,而“内因”是根本。

犹如一粒种子,只要具备发芽的能力,就会在适当的温度和环境(外因)下发芽生长;至于这粒种子是参天大树的树种子,还是小草的草种子,这就是“内因”之别。

“内因”和“外因”,就犹如武打小说中高人练功的内功和招式一样——没有内功,招式再好看也没用!俗话所说的“是金子总会发光”,也有点这个意思。

一个人若没有富贵的“内因”,再努力,到死回头一望,一生终是平淡!草种子再怎么长,也是长不成参天大树的。而名利,谁不是一生都在努力追求?真不求名利者,那是得道之人,不在世俗之论。

笔者近些年来看过不少发富和发贵者的“八字”,如发富有身价千万者,有上亿家资者,其命局不是身旺财旺,就是身旺财弱、运逢补财或身弱财旺、运逢补身;官贵者,亦皆可从此命局中发现“官星”得力的标志。

故俗语有:“五行八字命生成”,富贵岂无“内因”?

有了好的“内因”,发富贵不过是时间上的问题。

古人尚云:“行善积德为纳福之本!”以此理解,风水和命运又为末也!先贤有云:“福地自是福人居”。何为福人?非“行大善积大德”之人否?

著书期间,笔者曾到安徽某氏宗祠一游,颇为感怀。对“积善之家,必有余庆;积恶之家,必有余殃”这句先贤名言有了更深的体会。

何为大德大善?莫过于“为民请命”!——该氏祖上为保家为国,抗击倭寇，竟被奸臣所害，后屈死于狱，不胜嘘吁！但其后世子孙却很昌盛。

故笔者认为，可将上段古语改为：“一积功德二风水，自有好命与好运；三要读书求知识，再加努力终可成。”若以经世为用的角度而言，也可以反过来说：一书二德三风水，四运五命加努力。

有一句话说：“知识改变命运”，笔者认为深有道理。风水之学，实源自《易经》，非知识否？只是常人不知其奥罢了。

还有人说：“性格决定命运，改变性格就可改变命运！”

笔者认为：改变性格不是嘴上说说那么容易的，是要经过学习和修炼才行的。努力读书，接受教育，就是改变性格从而改变命运的一种最好的方法。古人云：“万般皆下品，惟有读书高”，还是深有道理的。

据笔者了解，某些宗教之法经修炼确实也可以起到改变命运（运气）的作用，但想借此从根本上来改变性格，或改变命运，是很难的，因为性格或命运，也有先天所赋的成分，要因此来影响后世子孙，那就更不好说了。

又有人说：“国家强盛，人民自会富足！”诚然，俗话有云：国有国运，家有家运，人有人运。但从大环境来言，那是相对论；而对每一个人而言，则是绝对论。一个社会，永远存在着贫富的差距。

国家之运，非吾辈下士所能言之。不过，笔者看过不少现代小孩的“八字”，发现他们的命局普遍比上一时代的人的命局都要好，诚可慰也！

关于国运与个人命运的关系，笔者听一位高人是这样总结的：一个人的先天约占30%，后天约占30%，国运约占40%，还是很有道理的。

可能还有人会说：“按惟物辨证法，物质决定精神，风水命运之类的东西，看不见也摸不着，所以说是‘迷信’！”

看不见摸不着的东西就不是物质了吗？空气、电、手机信号、磁场等，不是物质吗？只不过空气、电等已可由现代设备检测得到，而风水之类，暂时无法用什么设备来检测罢了。想在几百年前，若有人提出拿两个“砖头”一样的东西就可以千里之外通话，肯定同样会被人认为是“疯子”！

世间用常理无法解释的事情多矣！“实践是检验真理的惟一标准！”经得起实践检验，笔者认为就是真理！

笔者建议此类读者可多去看看古人所著地理书籍，如《玉髓真经》、《地理人子须知》等，书上图文并貌，因祖坟而发迹之实例很多。而且此类古书大多是古代进士级水平的人所写，估计不是为了写来骗吾辈这些“文笔不通”者的。

如果读者自己稍懂点风水知识，也不妨找几个发富贵人家的祖坟，站在那里往外看看，感觉感觉，与自家祖坟看出去“气势”上是否有所不同？

（笔者按：近日看海南出版社《平砂玉尺经》一书，是经虽是言“三合”理论，但编著者水平甚高，似得风水“三昧”，书中例举了很多古代先贤所作发迹名墓之图，特向不信风水者及风水爱好者推荐。）

最后，笔者讲一个风水考察事例：

一次，笔者陪家父去南京紫金山游玩，观赏完中山陵和明孝陵后，乘缆车直上钟山之巅，后再步行由天文台而下，沿途经山间崎岖小道抵达山脚。休憩时，观地图知不远处有“徐达墓”，便前往观之。行至墓处，见外有“中山土陵园”几个大字，入内，地却只剩方圆亩许，除一高大石碑和几对石像外，坟冢与四周皆荒草凄凄也。旁有简注：“徐达，谓明朝开国第一功臣……此地处钟山之阳，为朱元璋所御赐。”

可见，徐达生前享尽殊荣，死亦长伴其主左右，实谓：一世之英雄也！

笔者与家父行至冢前，考其立向，乃“乾山巽向”正向，前以钟山为案，形如天马。家父思之良久，叹曰——“徐氏自此墓以下，不复胜前！”（据考：徐达祖墓在江西丰城，龙真穴的，水口日月捍门，堂局气势雄伟。）

笔者前些年一次也曾前去紫金山游玩，站在天文台之最高处，看远处钟山有一山脉延绵而下，下有一山丘隐隐隆起，便问旁人：“那是何处？”旁人答曰：“明孝陵。”

家父此次看完明孝陵后，对笔者言之：“好是好，但依此龙脉之势，朱家之三百年天下，绝非此墓所出！”（后朱元璋之子朱棣夺其孙建文帝之位，乃有明十三陵）笔者思之：南京为六朝古都，惜皆为短期，是不是也有什么“客观规律”在里面呢？

风水之学，其义亦深远乎！如先师所言："大可为国，小可为家。"

行文至次，笔者突然忆起唐伯虎的那首《桃花歌》：

别人笑我太痴癫，
我笑他人看不穿；
不见五陵豪杰墓，
无花无酒锄作田。

以笔者之理解：墓无后人奠祭，必被"锄作田"也！

今国家已将清明节定为法定节假日，而拜祭先祖，自古为我中华之传统美德。

风水之学，历经中华文化数千年，时至今日，难免末学纷纷，真伪参杂。而传承和发扬风水学之精髓，去其糟粕，应是吾辈之责！否则，伪学皆用之无效，长此以往，世人恐真将不再信风水也！

今国内亦有诸多反对风水之声，笔者认为：走近风水，可发现它其实并不神秘，也谈不上是所谓的"迷信"。风水之学，不过是我国的一种传统民俗文化罢了。任何理论，都存在真伪之辨，但不能因为倒洗澡水就连同把孩子也一起倒掉。

而人人希求富贵，是社会进步的动力，何错之有呢？

刀可切菜，亦可杀人；用在于人，刀有何过？心目在自而已。

人及一个家族的贫富贵贱从何而来？可谓仁者见仁，智者见智。

附录二

风水交流心得

在本书写作之际，有不少风水爱好者不畏炎炎酷暑和路途遥远，亲自前来笔者处交流学习，笔者深为他们的诚意所感动。

如重庆潘明伦先生，是一所高级中学的教师，自学六爻和玄空多年，其六爻预测水平在当地也颇有名气。从网上看到笔者的文章后，千里迢迢带着爱人和孩子前来“拜师”。

潘老师说起他的经历：“我父亲过世时，请当地的风水先生找了一地，在葬时，因自己懂得六爻，就跪在地上用铜钱卜了一卦，结果卦象显示是绝地。我当时想，可能是自己水平不高看不准，或是信息不准确；加之情况紧急，自己又不懂风水，就还是下葬了。没想到自该墓葬后，出了很多不吉之事；一言难尽，拿最轻的来说，我们家几兄弟好几个都得了肝炎，医了很多钱。我于是决定自己学风水。自学了几年玄空后，觉得不是风水的大道，看到你的文章，就跑来了。”

笔者当时随口问了一下：“你父亲坟前甲乙方是不是有山？”潘老师说：“有！”笔者笑着说：“甲胆乙肝，肝不好可能跟乙砂没收好有点关系。”

潘老师又讲了该墓的来龙和立向，皆不合“形法”——无龙无气，自是绝地。

笔者尽自己所能，与潘老师交流学习了几天，潘老师满意而去。

有浙江丽水市李子庭先生，与浙江青田陈先生一同前来。李先生对风水略知一二，看到笔者的消息后，打电话给他在青田的好友陈先生，说：“有人称是你们青田刘伯温嫡传的风水传人，你看看是不是真的?”

来笔者处交流后，笔者才知陈先生对风水很是爱好，走南闯北拜会过不少高师。我们相见甚欢，奇闻异事谈了很多。最后，陈先生对笔者说：“你是我见过的老师中最为直爽的人，你的功夫也很了不起！”并对李先生说：“你向陈老师请教风水，会少走很多弯路，我弯路走得太多了。”说得笔者十分汗颜。

李子庭先生并言：“我已将祖坟三迁，最后一次起迁时，发现墓中全是蚂蚁，心痛万分，皆因自己不懂，又找不到高师。”

笔者为二位的精诚所感，相互交流了不少学习风水的心得。

还有许多朋友先后来电与笔者交流风水心得，其中不乏深藏民间的高师，也让笔者受益良多。

如陕西的徐老师，曾得明师真传，犹精于寻龙点穴，笔者每次请教，都受益非浅。徐老师尤其讲到“杀师地”，让笔者对“形家”理论有了更加深刻认识。

又如贵州的陈先生来电言：“我有一位九十岁的姑父，虽个字不识，但有缘曾得高人传授——“文革”时期一湖北人避祸到他家，带有满箱地理书籍，在他家住了四五年。我姑父点地，从不用罗盘，所点之穴，皆与诸地书所言不合。姑父曾言一地会出省级，现果出了一位副省级官员；姑父之孙，现是师级干部。”

其姑父并言：“罗盘只先后天八卦、周天二十八宿星可用，什么穿山透地，七十二龙，皆伪！”还有如：“真龙结穴，必先抛假穴；一龙只结一穴；葬地不葬时；莲花地何时开”等语，让笔者深为受益。

陈先生还将笔者所言“形法择”大意询问其姑父，老人答曰：“地理之道，当如此说；果皆通晓，天下翘首！”让笔者诚惶诚恐。

“有朋自远方来，不亦乐乎！”

路漫漫其修远兮，吾将上下而求索！

附录三

刘伯温故乡风水行

去先贤刘伯温的故乡瞻仰学习，是笔者心中一直的梦想。

2009年11月中旬，笔者从广州帮几位朋友考察完阳宅，又前往中山市瞻仰了孙中山先生故居和孙氏祖墓回来，刚到无锡，便接到浙江李子庭先生再次打来的电话，诚邀笔者前去丽水和青田游玩。

笔者于11月23日清晨六点，到达浙江丽水市火车站。李子庭和他青田的好友陈先生早已等候在外，李先生说："天公作美，丽水已连续下了十几天雨，今天终于放晴了。"（据考证：今之丽水，即杨公当年在此避难很长一段时间的"处州"。）

短暂休息后，我们商定行程，决定先驱车前往李先生之祖墓考察。

李先生在车上才实话告诉笔者：祖坟三迁，曾请过江西很著名的一位讲"长生法"的李老先生的某徒弟。到达现场，笔者指着墓前呈"反弓"而去之水，问李先生："此处有地乎？"李先生说："自上次到你那里去过之后，我已经深知自己不懂的危害了。"

笔者帮李先生另外斟酌好一处上好之地后，回到丽水。晚餐时，席间有某公司吴总和几位易学爱好者，大家畅谈了对风水和命理的认识；吴总安排好了第二天去南田的专车。

24日清晨，从丽水出发，一路风景，彻底改变了笔者对浙江山水的认识——崇山峻岭，气象万千。在盘旋的山道公路上车行三个多小时，终于到达刘伯温老家所在地——南田镇。

在当地友人的带领下，我们首先参观了刘基庙。

进入庙殿大门，一座高大俊伟、神采飘逸的刘伯温真身塑像映入眼帘，塑像前“千古景仰”四字让人顿生敬意，其后“通天地人”四个大字更让人无限神往。

在参观左边大殿之刘基事迹展时，笔者发现有“祖父墓，南田主峰天葬之地”这么一段文字，笔者咨询管理人员：“这是何意？”答曰：“无人知道刘伯温的祖父葬在哪里，所以只能写‘天葬’。”当地友人并言：“传闻刘伯温死后亦有 36 处墓地，无人知道真假。”

走过右边一座上书“王佐”的高大牌坊，可看见后面并排还有一座上书“帝师”的牌坊；“王佐帝师”四个大字苍劲有力。王佐帝师，恐怕是古代文人最高的人生理想。两座牌坊中间，便是祭奠刘基的庙门。

在管理人员的带领下，我们一行先到供奉刘氏先祖的庙堂拜祭，之后，再回到刘基的庙堂。香烟缈缈，笔者心情跌伏：

先师刘天禄当年曾亲口告之家父——本派风水乃刘伯温嫡传；虽然笔者无从考证，但按“五百年前是一家”的说法，笔者今日有缘来到先贤堂前，也替先师向他的刘氏先祖——伯温先生敬上一柱香，磕上三个头；了却了笔者多年的一个心愿。

顺便谈一趣事：

拜祭完毕，管理人员对我们说：“刘基庙堂前的签很灵，各位是否抽上一签？”于是我们乘性皆各卜了一签。记得笔者签词的题头是“武王天下”四字，偈语中有一句“丹凤叩书因下来”；虽言是大吉之签，但笔者也不知其意若何。

晚上回到丽水，梁奕明老师来电：笔者在广州时劳他代请易学泰斗张志春老师为拙作题写序言之事，张老师看过初稿后基本同意了，但对书中内容提了几点意见，让笔者尽快与张老师联系。

笔者拨通张老师的电话，与张老师交流了四十多分钟；张老师对拙作共提出了十点修改意见，让笔者受益非浅；张老师为弘扬易学竭力提携吾辈后学，让笔者深为感动。放下电话，笔者突然想到：“丹凤叩书？”

走出刘基庙后，我们驱车前往刘基故居瞻仰。

到达目的地，刚下车门，笔者举目一望："好个山头！"只见五个"金星"体山峦在面前一字排开，其中最大的一个"金星"正对过来的这边，有一处山塆，山塆中隐约可见一座房屋，便是刘基故居所在。

站在刘基故居大门"云鹤楼"横匾之下，笔者算是真正体会到了"藏风聚气"的意境。

相传刘基在元朝出仕四起四落，每次罢官回家，都在此故居休养耕读，直到48岁时出山辅佐朱元璋一统江山，生于此，亦死于此。

关于刘基故居，当地还有这样一个传说：刘基先祖曾夜梦"五羊在谷"，于是按梦境之意寻至此处名为"五仙冈"之地，安家落户。

走出刘基故居，回头望去，只见后山挺拔高耸——莫非该处就是传说中的"南田主峰"？再望前面五个"金星"——莫非就是传说中的"五羊"(道家传说：羊为落地之龙)？身边小溪山泉叮咚，无语而去。

笔者曾经一直有这样一个想法：

刘伯温之所以成为诸葛亮式的传奇人物，是因为他本身胸怀大志、学识渊博、谋略过人，其不畏权贵、以拯救天下苍生为己任的高尚品德更受万人敬仰，加之有名篇《郁离子》等传世，故被后世称为是"立言、立功、立德"的三不朽伟人；再加上传闻他精通象纬（天文）之学、术数之学，如"能掐会算"，精通奇门遁甲等等，年代久远，民间便将他神化。

但笔者相信：单从风水学上的造诣而言，刘伯温肯定是非同一般的。

参观完刘伯温故居山水，笔者更坚定了这一想法；笔者后面的学习考察，则进一步证实了笔者这一想法是完全有道理的。

25日，我们驱车前往武义县俞源村。

俞源村，是经刘伯温当年亲自布局改造过的一个俞姓村落，现被人称为"太极星象村"。

相传（据《俞氏宗谱》载）：刘伯温与俞氏第五世祖俞涞是同窗好友，

元末至正九年（公元1349年），刘伯温辞官归里，路过俞源探望俞涞。当时俞源旱涝不断，火灾频发，瘟疫流行，民不聊生。俞涞请刘伯温帮忙想想办法。

刘伯温经过仔细勘察，认为俞源四周有十一道山冈环绕，有灵瑞之气，但村中的溪流太直太“硬”，把瑞气都带走了。于是，刘伯温将溪流改为曲溪，设计成太极图形状，与周围十一道山冈形成黄道十二宫；还进一步设计了按天罡二十八宿星的布局，对整个村庄进行建造；又在村中按北斗七星状挖出了七口池塘。

令人惊奇的是，从此以后，俞源村旱涝无虞，村泰民富，不仅在明、清两代富甲一方，而且还出了尚书、大夫、抚台、知县、进士、举人等260多人，从此被认为是人杰地灵的“风水宝地”。

我们进入村口，首先看到的是“伯温草堂”。

相传当年刘伯温曾在此小住，堂前有一棵六百多年的白栎树，高27米，据说被浙江称为“白栎王”，该树正好在整个“太极图”的阴鱼眼位置。

往里走，是俞氏宗祠，上书“壬林堂”三个大字，笔者考之，坐北向南，乃壬山丙向，前面正对几座高耸的山脉主峰，气势非凡。看完整个村落的布局模型图，发现俞氏宗祠正好装在北斗七星的“斗”内。

笔者一行在村中转悠，穿过一条曲折的小巷，来到村落后山，无意间发现了俞氏先祖俞涞与其后二代（子、孙）并葬的坟墓，立向十分考究；子山午向之正向。

笔者暗想：俞涞既然请刘伯温来勘察村落阳宅之布局，说不定在阴宅上也会请刘伯温参考一二吧？要知道：古人谈风水，都是阴阳二宅并重的。

俞源村的神奇布局，应该就是刘伯温“天文地理”知识在风水实践上的一次成功演练吧！

无独有偶，笔者近日看到相关文章，说：1999年3月，考古人员发布了一个惊世的发现——南京明孝陵布局呈“北斗七星”图状。相传明孝陵是当年朱元璋亲率刘伯温与汤和、徐达等文臣武将，精心勘察后选址布局建造的；后来如徐达等很多功臣死后，都环绕明孝陵而葬。

再有：史载，万历二十三年，定陵（明代第十三帝神宗万历的陵墓）已建成五年，刘伯温之十一世孙诚意伯（世袭）刘世廷，仍上疏奏称：“大峪山寿宫龙穴非真。”果然在二十四年之后，李自成起义军攻破了南京，应验了传说是刘伯温所著《烧饼歌》中所言“万子万孙”一句——明朝到万历之孙崇祯结束。

由上可知：刘伯温在风水方面的学问，在当代有实践，而且是世代传承下来了的。

所以，笔者一再强调：

不要一看见“风水”二字，就当成是“迷信”的代名词。风水，其实就是古代“天文”再加上“地理”方面的知识；说相信风水就是“迷信”，这种说法有失偏颇，也有点“一网打尽”的味道。

台湾师范大学曾仕强教授在《百家讲坛》讲《易经》时说道：“风水是有科学道理的，不懂或乱讲的人，才觉得是‘迷’。”并举了故宫之建造为例。

特别要申明的是：

笔者虽言风水，但也绝不是“惟风水论者”。

古人云：天时、地利、人和，并有“天时不如地利、地利不如人和”的论断；如果把风水（地理）当作是“地利”中的一部分，那么风水的作用就只是其中之一了；而社会客观环境和个人主观努力，也是一个人或一件事成功的关键因素。用一句话来说，就是：风水尽天命，功成在人事。

相信略懂惟物主义辨证法的读者，都应该会明白这个道理。

26日，笔者一行前往传说当年刘伯温曾写过“留题”的一个地方。

在车上，青田陈先生说：“我只记得‘留题’中有这么一句——‘太阳从西边出来’，不知何意？”好奇怪的隐语。

到达该地，发现整个堂局十分宏大，确实是气势不凡。笔者前后望了一望，信步向某处走去。

到达一处，笔者问陈先生：“你看此处如何？”陈先生默了一会，说：“可能是的。”笔者好奇问：“为什么？”陈先生答曰：“我刚起了一卦，是艮卦，所以我觉得位置到了。”（看来“测风水”也挺有意思，不过若“点地”时每至一处皆测，恐有些麻烦。）

这时，我们举目四望，发现在西边，真的有一个“太阳”——远处一个高而圆的山峰似从西边冉冉升起。

从刘伯温“题记”之地出来，看到身边层层“青龙白虎”往后退去，把笔者的思绪拉得很远：

先贤已逝，千古留名；山川无语，识者传音。

后　记

本书从“起心动念”到2010年2月4日（立春）最后定稿，历时近三年。其中有“奋发期”的通宵达旦（如“解读《青囊奥语》”一篇是一个通宵写就），有“迷茫期”的写写停停（不知道怎样才能出版），有“定稿期”的反反复复。这些“酸甜苦辣”——彷徨、欢欣与感谢，如人饮水：冷暖惟自知之。

“写作”的过程，实际上是笔者对风水的一个学习的过程，本书所论，亦只代表笔者的个人观点。尽管笔者在书中已竭尽全力，将自己所思所感告诉大家，但风水之学，实乃博大精深，由于本人学识与经验所限，难免管孔之见，纰缪之处，还敬望广大读者和同道匡正，并欢迎与笔者作学术方面的探讨和交流。笔者想：通过本书，若能结识更多的明师和同道，相互交流，则是笔者之幸也！

在本书的出版过程中，得到了冯敬旺、胡长江、高峰、郑强等许多好友热情的支持和鼓励，在此一并致以诚挚的谢意！

在此，笔者还要特别感谢张志春老师和梁奕明先生，以及出版社的全体工作人员，正是因为他们的慧眼和辛勤的付出，才使本书得以出版发行。

笔者愿与天下高贤志士一道，为推进中国传统（风水）文化的传承与发展，贡献自己的一份绵薄之力。

则，平生可慰也！

本人的联系地址：江苏省无锡市凤鸣山庄135号，邮编：214000，电话：15061801268。

最后，笔者草诗一首，作为本书的结束语：

随 风

元极混沌本无形，
山川河岳孕其中。
沧海桑田来复去，
莽莽大地潜龙踪。
机缘使然天地现，
阴阳互补万物隆。
五行生克无穷尽，
星辰北斗司天宫。
为君试说青囊语，
天涯海角结良朋。
见仁见智见风骨，
亦思亦笑亦随风。

陈良荃

2010年2月4日(立春)于无锡